Mémoires d'un micro

DES MÊMES AUTEURS

Jacques Doucet
Les secrets du baseball, essai, Montréal, Éditions de l'Homme, 1980. En collaboration avec Claude Raymond.
Baseball, Montréal, Montréal, EdiCampo, 1982.

Marc Robitaille
Des histoires d'hiver, avec des rues, des écoles et du hockey, récit, Montréal, VLB Éditeur, 1987.
Une enfance bleu-blanc-rouge, récits, Montréal, Éditions Les 400 coups, 2000. Direction de l'ouvrage.
Une vue du champ gauche, récits, Montréal, Éditions Les 400 coups, 2003. Direction de l'ouvrage.
Un été sans point ni coup sûr, récit, Montréal, Éditions Les 400 coups, 2004.
Des histoires d'hiver, avec encore plus de rues, d'écoles et de hockey, roman, Montréal, VLB éditeur, 2013.

Jacques Doucet et Marc Robitaille
Il était une fois les Expos – Tome 1: *Les années 1968-1984*, Montréal, Éditions Hurtubise, 2009.
Il était une fois les Expos – Tome 2: *Les années 1985-2004*, Montréal, Éditions Hurtubise, 2011.

Jacques Doucet
avec Marc Robitaille

Mémoires d'un micro

Jacques Doucet, la voix d'un sport

Récit autobiographique

Hurtubise

Catalogage avant publication de Bibliothèque et Archives nationales du Québec et Bibliothèque et Archives Canada

Doucet, Jacques

    Mémoires d'un micro : Jacques Doucet, la voix d'un sport

    ISBN 978-2-89723-278-8

    1. Doucet, Jacques. 2. Expos de Montréal (Équipe de base-ball). 3. Journalistes sportifs - Québec (Province) - Biographies. I. Robitaille, Marc, 1957- . II. Titre.

GV742.42.D68A3 2013   070.4'49796357092   C2013-941421-5

Les Éditions Hurtubise bénéficient du soutien financier des institutions suivantes pour leurs activités d'édition :

- Conseil des Arts du Canada ;
- Gouvernement du Canada par l'entremise du Fonds du livre du Canada (FLC) ;
- Société de développement des entreprises culturelles du Québec (SODEC) ;
- Gouvernement du Québec par l'entremise du programme de crédit d'impôt pour l'édition de livres.

Conception graphique : René St-Amand
Photographie de la couverture : Mathieu Bélanger
Maquette intérieure et mise en pages : Folio infographie

Copyright © 2014, Éditions Hurtubise inc.

ISBN (version papier) : 978-2-89723-278-8
ISBN (version numérique PDF) : 978-2-89723-279-5
ISBN (version numérique ePub) : 978-2-89723-280-1

Dépôt légal : 4ᵉ trimestre 2014
Bibliothèque et Archives nationales du Québec
Bibliothèque et Archives Canada

Diffusion-distribution au Canada :
Distribution HMH
1815, avenue de Lorimier
Montréal (Québec) H2K 3W6
www.distributionhmh.com

Diffusion-distribution en Europe :
Librairie du Québec/DNM
30, rue Gay-Lussac
75005 Paris FRANCE
www.librairieduquebec.fr

Imprimé au Canada
www.editionshurtubise.com

Préface

Jacques Doucet n'est pas un voyageur comme les autres.

Pendant plus de trois décennies, il a fait cent fois le tour de l'Amérique. Il a vu et revu toutes les grandes villes du Nouveau Monde.

Surtout, il a voyagé accompagné, jamais seul. Durant tous ses voyages, nous étions quelques centaines de milliers avec lui.

À chacun de ces voyages, il nous a raconté une histoire à sa façon unique.

Chaque fois, c'était une histoire originale, dont il ne connaissait pas la fin, ni le déroulement, ni les héros, ni les boucs émissaires, ni les détours ou les imprévus qui allaient parsemer son récit.

Mais, accrochés à ses propos, à sa couleur unique, à sa mémorable voix, nous n'avons rien manqué. Aucun détail.

Faisons un petit bond dans le passé. Le 5 août 1921, les Phillies de Philadelphie sont les visiteurs au Forbes Field de Pittsburgh. Les Pirates ont gagné le match 8-5. C'était le premier match de baseball présenté à la radio. La station s'appelait KDKA, et l'annonceur en devoir s'appelait Harold Arlin, 25 ans, un annonceur de nuit qui était employé de la compagnie Westinghouse. Il n'a connu ni une longue ni une glorieuse carrière, mais il était le premier.

Au cours des décennies qui allaient suivre, le sport du baseball a été raconté par des milliers de spécialistes. Certains d'entre eux pour quelques années, d'autres sur une très longue période.

Ces derniers sont devenus, dans chaque ville où ils travaillaient, virtuellement indissociables de l'équipe à laquelle ils étaient attachés.

Vin Scully à Los Angeles, Harry Caray à Chicago, Mel Allen et Red Barber, Dizzy Dean, Jack Buck, Jon Miller ou Ernie Harwell, et encore plein d'autres. Tous de grands conteurs, tous profondément liés à la *game*. Ils avaient aussi un point en commun : la langue.

Jacques Doucet a été le seul à avoir connu une si longue et fructueuse carrière en français. Et ce n'est pas le fruit du hasard.

Il aura été un inventeur, un pionnier, un créateur d'expressions. Celui qui, plus que tout autre, aura servi le baseball dans notre langue.

Pour les milliers d'amateurs de baseball francophones, comme moi, il était le lien entre Rusty, Felipe, Coco, Vlad, le Kid, le Hawk et nous.

Rajoutez à cette liste locale tous les Bonds, Aaron, Carlton, Mays ou Ryan. Tous ces personnages plus grands que nature étaient, soir après soir, les héros derrière les propos du grand raconteur qu'a toujours été Jacques Doucet.

Mais il y a plus encore dans le livre que vous vous apprêtez à lire. Il y a l'histoire, il y a aussi les émotions et la passion. Il y a les rencontres qui ont façonné ce que Jacques Doucet est devenu. D'extraordinaires rencontres avec des hommes inspirants, d'autres moins. Des bouffons, des intellectuels, des bums, des originaux et des détestables. Tous, presque sans exception, ont leur place dans le récit de la vie de Jacques Doucet.

Ce livre est un voyage. Un voyage en classe affaires. Jacques Doucet nous entraîne dans l'univers de ses souvenirs et nous offre un formidable condensé des expériences vécues pendant 36 ans, entre le début du printemps et la fin de l'automne.

Il y a des rencontres qui changent la vie des uns et des autres. Des rencontres que personne ne peut prévoir, et qui pourtant portent des fruits si juteux qu'on ne peut penser à ce qu'aurait été la vie sans elles. La rencontre entre Jacques Doucet et Marc Robitaille est une de celles-là.

Je sais que j'ai un siège dans les loges. J'ai connu les deux hommes avant même qu'ils ne se connaissent eux-mêmes. Un mariage idéal. Entre deux passionnés, deux hommes d'une grande humilité et d'une grande authenticité.

Vous avez su apprécier les deux premiers fruits de cette rencontre, avec *Il était une fois les Expos*.

Voici la confirmation que, parfois, la vie et le destin ont des idées géniales.

Bon voyage.

Christian TÉTREAULT

Introduction

Le sport-spectacle est une curieuse affaire. On prête une personnalité aux clubs professionnels – le panache et la grâce des Canadiens de Montréal, la rugosité ouvrière des Bruins de Boston, la supériorité impériale des Yankees de New York, le mauvais karma des Cubs de Chicago –, trouvant dans ces attributs une raison de les aimer ou les détester viscéralement.

Certes, la personnalité de ces équipes vient d'abord des joueurs qui ont marqué son histoire. Mais l'image qu'on a d'un club tient parfois à d'autres facteurs moins tangibles : la ville qu'il représente, le stade où il dispute ses matchs – comment ne pas aimer une équipe qui évolue au Wrigley Field ? – ou même le logo sur l'uniforme.

Mais il y a autre chose qui nous attire vers une équipe – sa voix. Car les équipes ont une voix : celle des descripteurs qui racontent leurs matchs.

Pour ceux qui ont eu le bonheur de l'entendre, René Lecavalier a non seulement modelé l'image qu'ils se sont faite des Canadiens de Montréal, mais de tout le hockey professionnel en général. Grâce au verbe et au ton de M. Lecavalier, le hockey semblait une affaire plus sérieuse, plus élégante et plus noble qu'elle ne l'est en réalité.

Jacques Doucet a fait la même chose pour les Expos de Montréal et le baseball.

En fait, cette voix avait même un avantage sur celle de M. Lecavalier : elle se faisait entendre à la radio, un média qui laisse toute la place à la voix de la personne qui raconte. Qui plus est, cette voix nous suivait partout – sur la galerie, dans l'auto, au chalet, à la plage – puisque c'était l'âge d'or des « radios transistor », ces petits appareils conçus pour être glissés dans une poche.

Bien sûr, il y avait le timbre : chaud et profond, ample et généreux, jamais agressif – mais sachant aussi s'emballer quand la situation le demandait. Mais le propos suivait, aussi : intelligent, documenté, assuré, teinté d'humour. Il restait toutefois toujours modéré, nuancé, comme si le descripteur avait voulu nous rappeler que la vérité (à propos d'un joueur, d'une situation de jeu) est toujours plus complexe qu'en apparence.

Une des plus belles qualités de toute forme d'art est de nous faire croire que tout ça vient naturellement, sans effort : qu'une chanson est arrivée comme par magie à son compositeur, qu'un peintre a croqué son tableau le temps d'un coucher de soleil, en sirotant un verre de rosé.

Il en allait de même avec le travail de Jacques Doucet au micro des Expos. Pendant 33 ans, il nous a donné l'impression qu'il *conversait* avec ses partenaires (qu'il s'agisse de Claude Raymond, de Rodger Brulotte, Marc Griffin ou d'un autre), pimentant sa description d'anecdotes ou de réflexions à mesure qu'elles lui venaient à l'esprit, comme on le fait en bavardant avec un copain. Évidemment, il n'en était rien.

Je ne dis pas qu'il n'improvisait jamais – car il excelle aussi dans l'art d'attraper une balle au bond –, mais ses reportages étaient toujours rigoureusement préparés, les sujets à aborder prédéterminés, toujours consignés sur plusieurs pages de notes manuscrites. Je l'ai un jour vu se préparer pendant de longues heures pour un match de mi-saison de la ligue Can-Am comme s'il s'était agi d'un match de Série mondiale pour un auditoire d'un million d'amateurs.

Finalement, il y avait le ton. Le ton projeté par une voix relève du mystère. Ce n'est pas quelque chose qu'on peut formater, arranger ; après tout, on est ce qu'on est. Et le ton de Jacques Doucet est – avant toute chose – rassurant. Écouter un match de baseball raconté par la voix des Expos, c'était entrer dans une zone de confort où le danger n'existait pas. Certes, il y aurait du mouvement – des montagnes et des vallées, des bons coups comme de moins bons –, mais on sortirait de l'histoire intacts, comme on se sent après avoir passé une soirée en bonne compagnie. Si, par malheur, l'équipe se faisait malmener, la voix ne manquait jamais de se faire rassurante : demain, ça irait mieux.

Quand nous avons fait la promotion des deux tomes du livre *Il était une fois les Expos* il y a quelques années, beaucoup d'ancien(ne)s fidèles des matchs des Expos à la radio venaient à la rencontre de leur commentateur préféré pour lui confier s'être souvent… endormis en écoutant un match à la radio ! C'était évidemment un compliment : ce qu'ils disaient en fait, c'est qu'ils s'étaient abandonnés à ses bons soins jusque dans leur sommeil, comme un enfant en confiance laisse un parent l'endormir avec une histoire. Un de ces auditeurs lui a d'ailleurs un jour avoué que dans sa vie, il avait plus souvent entendu la voix de Jacques Doucet que celle de son propre père.

Quand une histoire prend fin, il y a toujours un double deuil à faire : on perd non seulement l'histoire, mais l'accompagnement de la voix de son narrateur. Après ce que j'ai vu et entendu ces dernières années, je suis convaincu qu'un grand nombre d'amateurs du baseball du Québec s'ennuient autant des reportages radiophoniques de Jacques Doucet que des Expos eux-mêmes.

Les deux tomes du livre *Il était une fois les Expos* contiennent plus de 1 400 pages décrivant toute l'histoire du club, de sa genèse jusqu'à ses derniers soupirs. Ce qui ne s'y trouve pas toutefois, ce sont les histoires du descripteur et journaliste qui a accompagné l'équipe pendant 36 ans.

Or, pendant les entretiens que j'ai eus avec Jacques sur les gens et événements qui ont marqué l'existence du club (une centaine d'heures enregistrées puis retranscrites), une multitude d'anecdotes plus personnelles trouvaient toujours le moyen de s'immiscer entre les souvenirs d'un match ou le rappel d'une course au championnat. Comme on peut s'en douter, c'était souvent les histoires les plus savoureuses, les plus rigolotes, les plus invraisemblables…

Que faire de toutes ces anecdotes? Les intégrer aux livres sur les Expos aurait dispersé le récit et allongé considérablement une histoire déjà foisonnante... Nous avons donc convenu de les réunir dans un autre ouvrage – celui que vous tenez aujourd'hui entre les mains.

Jadis, lorsqu'un match était longuement interrompu à cause de la pluie, les commentateurs radio remplissaient le temps d'antenne en racontant une succession d'histoires qu'ils n'avaient pas le temps d'aborder durant la description régulière de parties. Comme le baseball produit plus d'anecdotes que tous les autres sports réunis, c'était souvent le meilleur moment de tout le reportage.

Mémoires d'un micro est de cet ordre. L'histoire des Expos étant suspendue indéfiniment, je vous invite donc à vous rendre sur la passerelle des journalistes, à entrer dans le studio de CKAC et à vous tirer un siège juste à côté de celui de Jacques Doucet lui-même, la voix des Expos. Vous verrez, les histoires ne tarderont pas à suivre...

Marc ROBITAILLE

Prologue

Il y a des gens qui attendent la retraite en rayant dans un calendrier chaque jour qui leur reste à travailler, il y en a d'autres qui l'appréhendent comme la mort.

Un commentateur de matchs de baseball majeur ne voit pas les choses de cette façon. Huit mois sur douze, il décrit manche après manche, jeu après jeu, lancer après lancer. Le reste du temps, il fait un peu de radio ou de télévision, un peu de travail promotionnel – et à travers tout ça, il prend un peu de vacances. Puis, l'année suivante, ça recommence.

Le commentateur décrit l'histoire d'un club pièce par pièce à mesure qu'elle se déroule. Comme il s'agit d'une histoire en principe sans fin, il revient chaque année pour en décrire le chapitre suivant. Il ne pense jamais à la fin de l'histoire et, conséquemment, pas beaucoup plus à sa propre fin de vie au travail – ou même à sa fin de vie tout court.

J'ai été au micro des Expos à temps complet pendant 33 ans. Quand les Expos ont quitté Montréal en 2004, j'avais 64 ans. Pour un grand nombre de personnes, 64 ans, c'est 12 mois avant la retraite. La fin des Expos aurait donc pu, en principe, représenter le signal que le temps était venu pour moi de me reposer.

Or, une retraite à 65 ans ne faisait absolument pas partie de mes plans : je me voyais faire ce métier pendant encore 7 ou 10 ans, peut-être même plus si la santé me le permettait.

Le légendaire descripteur Vin Scully a aujourd'hui 86 ans et il décrit avec bonheur les matchs des Dodgers à la télévision depuis 65 ans.

Mel Allen a commenté les matchs des Yankees durant sept décennies, Ernie Harwell a été la voix des Tigers de Detroit pendant 42 étés – 55 en tout si on compte ses affectations précédentes.

Ces trois cas ne sont pas une exception : les commentateurs qui ont plus de 30 ans de carrière derrière le micro sont nombreux dans le baseball majeur. Contrairement à beaucoup d'autres domaines, l'âgisme n'a pas encore gagné le monde des commentateurs sportifs, particulièrement au baseball. Le public aime ses habitudes, il aime retrouver année après année les mêmes acteurs, les mêmes voix, particulièrement à une époque où les têtes d'affiche ont plus tendance à rouler qu'à durer. De leur côté, les commentateurs continuent parce qu'ils adorent ce qu'ils font.

Aux États-Unis, si un commentateur ne s'entend plus avec la direction de l'équipe ou de la station qui l'emploie, ou s'il a tout simplement envie de changement, il a toujours la possibilité d'offrir ses services ailleurs. Avant de commenter les matchs des Astros de Houston, Milo Hamilton avait couvert les Cubs et les Pirates.

Hélas, ce n'est pas un choix que j'avais : les Expos partis, il n'y avait pas beaucoup d'équipes de baseball majeur cherchant un commentateur francophone…

Quand l'achat des Marlins de la Floride par Jeffrey Loria s'est concrétisé à la fin de 2001, le marchand d'art m'avait demandé si j'étais intéressé à le suivre à Miami. Je ne sais pas s'il avait en tête un rôle de commentateur – l'ancien commentateur des Expos Dave Van Horne était déjà à Miami dans ce rôle à ce moment-là –, mais je n'ai pas donné suite à l'idée. Avoir été plus jeune, j'aurais peut-être considéré un déménagement, mais pas au tournant de la soixantaine. Il n'a jamais été sérieusement question non plus que je suive les Expos à Washington, même si le président du club Tony Tavares m'avait demandé si un rôle pouvait m'intéresser dans l'organisation (il n'avait cependant pas mentionné de rôle de commentateur).

Le choc du départ des Expos passé, je me suis dit que je ne resterais certainement pas chez moi à me tourner les pouces. Vrai, le baseball n'était pas au sommet de sa popularité au Québec, mais je me disais qu'un média ou un autre serait peut-être intéressé à publier les écrits de quelqu'un qui avait suivi de près les activités du baseball majeur pendant 36 ans.

Je me suis d'abord adressé au journal *La Presse*. Après tout, j'y avais travaillé pendant dix ans avant de passer derrière le micro et j'aimais toujours écrire. Je croyais pouvoir intéresser les patrons du quotidien à publier mes vues sur le baseball en général, qu'il s'agisse du baseball majeur, professionnel mineur, senior ou junior, sur le baseball amateur ou international. Je proposais une rubrique par semaine, de la dernière semaine des camps d'entraînement du baseball majeur jusqu'à la fin de la Série mondiale.

La réponse du journal m'a assommé. On n'était pas intéressé par ce genre de rubrique parce que, m'a-t-on expliqué, le baseball n'intéressait plus personne à Montréal. Je suis revenu à la charge: si *La Presse* n'en voulait pas, peut-être qu'un ou l'autre des quotidiens de Gesca (*Le Soleil* de Québec, *Le Droit* d'Ottawa, *La Tribune* de Sherbrooke…) serait intéressé? On m'a répondu que les contraintes financières ne le permettraient pas.

J'ai alors communiqué avec les gens de CKAC. Après 23 ans à l'emploi de cette station, ma réputation n'était plus à faire auprès des auditeurs. On pourrait peut-être m'embaucher comme personne-ressource sur le baseball. Nouveau refus. On m'a fait savoir que toutes leurs ressources financières avaient été investies dans le hockey de la LNH – en prenant soin d'ajouter que le baseball n'intéressait plus personne…

Finalement, j'ai frappé à la porte de RDS, qui s'apprêtait alors à lancer le Réseau Info-Sport (RIS). J'ai expliqué à un membre de la direction qu'être devant la caméra ne m'intéressait pas plus que cela, mais que si on avait besoin d'un vétéran pour enseigner aux jeunes comment bâtir un bulletin de nouvelles sportives et le faire dans un bon français, je pourrais être leur homme. On n'a jamais donné suite à ma proposition.

C'est alors que je me suis souvenu d'une rencontre avec un vieux copain, Raymond Fortin, du *Journal de Montréal*. Quelques années plus tôt, Raymond m'avait demandé ce que j'entendais faire si les Expos devaient éventuellement partir. Je lui avais répondu ce que je répondais toujours : pour l'instant, ils sont encore là. Il m'a tout de même proposé de lui faire signe si jamais je ne trouvais rien, il pourrait toujours me trouver du boulot comme rédacteur de cahiers publicitaires.

Constatant que rien ne débloquait, j'ai passé un coup de fil à Raymond et peu après je commençais à écrire des textes sur le cinquantenaire de l'Oratoire Saint-Joseph ou sur la décoration de salles de bains… Or, même si j'appréciais énormément le travail que m'offrait Raymond – ça me gardait actif et me permettait d'arrondir mes fins de mois –, je n'avais pas beaucoup d'expérience dans le domaine et ne me sentais pas vraiment à ma place dans ce type d'écriture.

Je réalisais que je n'aurais pas la fin de carrière que j'aurais espéré avoir…

J'ai alors repensé aux mots que j'avais un jour entendus de la bouche de Gene Mauch, le premier gérant des Expos.

Lors du premier camp du club en 1969, Mauch avait fait une petite mise en garde aux représentants des médias locaux : « Vous verrez, une saison de baseball c'est long. Il y a beaucoup de hauts et de bas. L'important, c'est de ne pas s'emballer exagérément pendant les hauts et de ne jamais se laisser aller au découragement pendant les bas. C'est la seule façon de survivre dans ce sport. »

J'ai toujours pensé que ces sages paroles ne s'appliquaient pas qu'au monde du sport.

Avec les Expos, j'avais vécu une foule de moments extraordinaires : assisté à des exploits remarquables et fait de fabuleuses rencontres. La grande famille du baseball m'avait accueilli comme un des siens et j'avais eu un plaisir fou à faire ce métier. Il y avait eu des moments moins heureux, certes, mais jamais aussi sombres que ceux que je vivais maintenant. Bien sûr, je me consolais à l'idée que j'avais eu la chance d'être aux premières loges de la formidable aventure des Expos pendant plus de trois décennies. Mais quand on a goûté à ces choses, ça fait mal de les voir toutes disparaître aussi brutalement.

Tout de même, me rappelant les paroles de Mauch, je refusais de me laisser abattre par la situation. Après tout, il suffirait d'un « oui » pour que le train se remette sur les rails.

C'est alors que j'ai reçu un coup de fil que je n'aurais jamais pu prévoir.

À l'autre bout de la ligne se trouvait Michel Laplante, le gérant des Capitales de Québec, une équipe de la ligue Can-Am installée à Québec depuis 1999.

J'avais fait la connaissance de Laplante au cours de l'hiver 2000 alors que, comme lanceur dans le réseau des filiales des Expos, il avait été invité à faire partie de la caravane annuelle du club. Un jour, Michel avait appris qu'une invitation lui était faite pour le prochain camp d'entraînement du grand club. Au cours du camp, nous nous étions liés d'amitié, nourrissant la même passion pour le baseball.

Après le camp, Michel avait ensuite poursuivi son petit bonhomme de chemin, lançant à Ottawa et à Richmond dans le baseball AAA avant d'aboutir à Québec où il avait été tour à tour lanceur et instructeur des lanceurs des Capitales. Puis, en 2005, il avait accepté le poste de gérant des Capitales et avait mené son équipe jusqu'en finale. La ligue Can-Am est une ligue professionnelle, indépendante du baseball majeur, dont le calibre se situe quelque part entre les niveaux A et AA.

Alors qu'on échangeait les salutations d'usage, je me suis dit qu'il m'appelait sans doute pour savoir si je pouvais le mettre en contact avec des gens du baseball majeur susceptibles de l'aider à dénicher du talent pour son club.

Mais Michel avait une tout autre idée en tête : « Jacques, j'aimerais que tu sois bien franc avec moi. Accepterais-tu de venir commenter les matches des Capitales à la radio de Québec ? »

J'étais estomaqué : « Es-tu sérieux ? »

Michel a interprété ma question comme un refus sans appel et il n'a pas cherché à cacher sa déception : « Ouais, je me doutais bien que ça ne marcherait pas. »

En fait, je voulais seulement en savoir plus : « Michel, tu connais mon amour du baseball et de la radio, mais la saison des Capitales dure quatre mois, à ce que je sache. Même lorsque j'étais à l'emploi des Expos, je n'ai jamais quitté la maison pour une aussi longue période.»

Laplante a tout de suite vu une ouverture dans mes propos : « Et si tu radiodiffusais seulement les matches locaux ? »

J'ai tout de suite pensé à la distance Québec-Montréal. Je n'avais plus 30 ans et l'idée de faire des allers-retours à tous les jours de matchs était loin de m'emballer. « C'est bien beau, Michel, mais lorsque les Capitales jouent à domicile, vous y êtes pour au moins une semaine ou dix jours. Je ne me vois pas voyager entre Québec et Longueuil, soir et matin, pendant une semaine ou plus. »

« Et si tu pouvais profiter d'un pied-à-terre à Québec ? »

Au fil des années, j'ai appris à connaître Michel Laplante et je sais qu'il n'attaque pas une situation sans être préparé à toute éventualité.

Quant à moi, je sentais l'excitation me gagner peu à peu : « Écoute, Michel, reviens-moi avec une proposition précise et j'ai l'impression que ça sera pas difficile de s'entendre… »

Encore sous le choc, je suis allé en parler à ma conjointe Corrie. Sa réaction a été aussi directe que spontanée : « Tu vas accepter, j'espère ? » « Est-ce que je suis si difficile à supporter à la maison ? », je lui ai demandé à la blague. En réalité, Corrie savait que je m'ennuyais terriblement du baseball et de la radio et que l'offre de Laplante était pour moi quelque chose comme une planche de salut.

Quelques jours plus tard, Michel revenait avec une offre en bonne et due forme. La proposition des Capitales ne ressemblait en rien à ce que je gagnais chez les Expos, mais je n'ai pu m'empêcher de sourire en réalisant que c'était presque autant ce que m'avait récemment offert le réseau RDS pour un match de baseball majeur télévisé, offre que j'avais refusée car elle était d'environ la moitié de ce que le réseau m'avait payé deux ans auparavant pour les séries de championnat et mondiales…

J'ai néanmoins accepté sur-le-champ l'offre de Michel, lui précisant que s'il pouvait éventuellement mettre un peu de viande autour de l'os, ce ne serait pas de refus.

J'étais donc officiellement de retour dans le baseball organisé. Bien sûr, il n'y aurait pas de Dodgers de Los Angeles ou de Yankees de

New York, pas de Barry Bonds ou de Derek Jeter, pas de voyages en avion, pas le *glitz* des majeures, et pas d'auditeurs partout en province comme à l'époque où nos reportages allaient chercher le million d'auditeurs.

Mais ce serait un vrai retour aux sources, un recommencement, comparable au temps où je couvrais le baseball mineur sur l'île de Montréal et aux environs, comme au temps des débuts des Expos au parc Jarry, alors que le baseball majeur se jouait à des échelles plus humaines.

D'une certaine façon, j'aurais la chance de reprendre toute l'histoire du début, où elle avait commencé quelques décennies plus tôt...

CHAPITRE 1

De Granby aux majeures

Un métier contribue largement à façonner la personne que l'on devient. De la même façon, nos premières expériences de vie jouent presque toujours un rôle dans le type de travail qu'on choisira de faire une fois adulte.

En ce qui me concerne, ce serait mentir d'affirmer que j'ai eu une illumination à 10 ans après avoir entendu la description d'un match de baseball à la radio. Mais d'aussi loin que je me souvienne, le sport a été le centre de gravité de ma vie.

Comme bien des jeunes Québécois, le hockey a été le premier sport à me captiver. Les samedis matins d'hiver, je me levais, déjeunais et mettais aussitôt mes patins pour me rendre à la patinoire de quartier. Quand je les enlevais, c'était pour aller au lit. Au tournant des années 1950 – je suis né en 1940 – les héros de l'époque avaient pour nom Émile Bouchard, Elmer Lach, Bill Durnan et, évidemment, Maurice Richard. C'était à la radio que nous suivions les exploits de nos idoles (la télé-vision viendrait un peu plus tard), notre imaginaire stimulé par les descriptions enthousiastes du commentateur Michel Normandin.

L'été, mes amis et moi passions aussi nos journées dehors à nous inventer des jeux et, immanquablement, nous aboutissions dans la cour d'un collège pour jouer au baseball, ou du moins une simulation du baseball (on appelait cela la « scrubbe ») puisque le baseball organisé était à peu près inexistant à l'époque. J'ai appris assez tôt à devenir frappeur ambidextre – comme Mickey Mantle – mais j'étais, hélas !

loin d'avoir sa moyenne au bâton… Quand, à 11 ans, on m'a mis une paire de lunettes devant les yeux, j'ai compris pourquoi je fendais l'air plus souvent qu'à mon tour…

Ces marathons de hockey et de baseball, c'est à Granby qu'ils avaient lieu, car bien que je sois né à Montréal, la famille (mes parents, moi et ma sœur Louise, qui venait tout juste de naître) s'est installée en 1944 dans la petite ville du sud-est de la métropole quand mon père s'est vu confier un emploi de professeur à l'École d'arts et métiers de Granby.

Si j'ai beaucoup vécu ma passion des sports en compagnie de mes camarades de classe ou de quartier, je l'ai peut-être encore davantage partagée avec mon père, un très grand fervent de sports.

Jean-Marcel Doucet était érudit dans plusieurs domaines, sa polyvalence l'amenant à enseigner autant le français que les mathématiques, la chimie ou la géographie. Tout semblait intéresser cet homme. Mais le sport était peut-être une plus grande passion encore.

Papa a largement contribué à piquer mon intérêt pour le sport – *tous* les sports. Lui et moi, on se lançait la balle dans la rue, on jouait au tennis et je l'accompagnais souvent pour le voir jouer comme receveur dans sa ligue de balle-molle, jusqu'à ce qu'il se fracture une cheville et que Lucille, ma mère, décrète que la balle-molle, c'en était fait pour lui… Mon père m'emmenait souvent au stade Laval à Granby pour voir jouer notre équipe locale de la Ligue provinciale – du très bon baseball, soit dit en passant – et, une ou deux fois par été, nous nous rendions à Montréal voir jouer les Royaux au stade Delorimier.

Le baseball occupait une place bien spéciale à la maison puisque c'était le sport de prédilection de mon père. Je me souviens d'heures passées en sa compagnie à regarder des matchs nous provenant de la télévision américaine les samedis après-midis, à écouter Gene Kirby (qui est plus tard devenu secrétaire de route des Expos) et l'ex-lanceur Dizzy Dean, et à apprendre à chaque match de nouveaux mots, de nouvelles expressions (avec Dizzy Dean, plusieurs de ces expressions ne figuraient pas dans le dictionnaire…).

Le principal défaut de mon père était probablement d'être un partisan des Yankees… Comme tout adolescent qui se respecte, je ne pouvais pas partager ses allégeances, alors je me suis campé du côté des Dodgers. Plus tard, après le premier match de la Série mondiale de 1963, j'avais eu le culot de venir déranger mon père pendant qu'il donnait un cours pour lui annoncer que *mes* Dodgers avaient planté *ses* Yankees 5-2 et que *mon* Sandy Koufax avait passé 15 de *ses* Yankees dans la mitaine !

Mon père a même agi comme instructeur de mon équipe de hockey junior. Le joueur envers lequel il était le plus sévère était moi, bien entendu (surtout, il ne fallait pas être accusé de favoritisme !), et autant j'aimais et j'admirais mon père, autant j'ai détesté jouer au hockey sous ses ordres.

Si le sport n'a pas été son gagne-pain principal, mon père a quand même souvent arrondi ses fins de mois en collaborant aux pages sportives de journaux locaux de Granby, comme *La Voix de l'Est* ou *La Revue de Granby*. Plus tard, il a signé une rubrique au *Dimanche-Matin* (dont il fut un des premiers employés) ainsi qu'au *Journal de Montréal*. Fait moins connu, papa a aussi fait un peu de radio, décrivant les matchs des Vics de Granby de la Ligue provinciale de hockey, ainsi que de l'équipe de baseball locale.

En l'écoutant ainsi à la radio, jamais je n'aurais pu m'imaginer qu'un jour, c'est moi qui me retrouverais à mon tour derrière un micro. En effet, au début des années 1960, le jeune adulte que je devenais n'était pas destiné au journalisme, ni même à l'enseignement, comme mon père. En fait, je n'avais aucune idée de ce que je voulais faire dans la vie et quand j'ai quitté les Belles-Lettres au Collège de Saint-Hyacinthe, ç'a été pour explorer le monde du travail – et, bien sûr, gagner un peu d'argent.

Cet emploi, c'est à la Banque de Montréal que je l'ai trouvé. Après avoir passé quelques mois à m'occuper de traites bancaires et autres tâches de bureau, j'ai été promu comme commis aux caisses.

Mon salaire de 35 dollars par semaine ne me permettant pas précisément d'accéder à l'autonomie financière dont je rêvais, j'ai commencé à arrondir mes fins de mois en faisant de la traduction à la pige pour l'hebdomadaire montréalais *Dimanche-Matin*, dont le bureau-chef de la section sports se trouvait à Granby (le journal y était aussi imprimé). Pour un avant-midi de traduction de dépêches de sports, on me payait 10 dollars, presque le tiers de ce que je gagnais à la banque en une semaine complète !

Après deux ans dans un boulot m'apparaissant désormais comme un cul-de-sac, je me suis confié à mon père : « Papa, je m'ennuie à mourir à la banque, ça ne peut plus continuer. Il faut que je me trouve une autre job. Mais t'inquiète pas, je vais quand même continuer de travailler là-bas jusqu'à ce que je trouve autre chose. » Je ne voulais surtout pas être un fardeau pour mes parents, d'autant plus qu'une nouvelle venue venait tout juste de s'ajouter à la famille, la petite Jacqueline, née en septembre 1959 (19 ans après moi !).

« Si tu veux mon avis, a dit mon père, je pense que tu devrais quitter ton emploi maintenant et concentrer tes efforts à te trouver quelque chose à ton goût, à travailler dans un endroit où tu te sentiras à ta place. Je t'ai fait vivre jusqu'à 18 ans, je peux bien le faire encore quelques années de plus. »

Avec le recul, je peux affirmer que c'est probablement le meilleur conseil qu'on m'ait donné de toute ma vie.

Les choses n'ont pas tardé à se mettre en place. Les samedis où je travaillais au *Dimanche-Matin*, j'avais fait la connaissance de journalistes d'expérience comme Gérard Champagne et Rhéaume « Rocky » Brisebois, respectivement du quotidien *La Presse* et de la Presse canadienne, qui y travaillaient occasionnellement. Brisebois m'avait déjà dit qu'il y aurait peut-être une ouverture à *Parlons Sports*, un hebdomadaire presque exclusivement dédié au Canadien et à la Ligue nationale de hockey, et cette idée avait fait son chemin dans mon esprit.

J'ai fait mes bagages et suis allé m'installer à Montréal chez une tante qui m'hébergerait temporairement moyennant une petite compensation financière.

Dès mon arrivée là-bas, j'ai relancé Rocky Brisebois qui m'a cette fois parlé d'une autre ouverture : à la Presse canadienne, l'agence de presse nationale qui produisait des textes destinés aux divers journaux du pays.

J'ai présenté ma candidature et c'est ainsi qu'à 19 ans, j'ai décroché mon premier emploi à plein temps de journaliste. Je dis journaliste, mais en réalité mon rôle se limitait à traduire des articles portant sur le sport. À la Presse canadienne, Rocky était le seul de la section sportive française à se rendre sur le terrain couvrir les activités des Canadiens, des Alouettes ou des Royaux. Les autres devaient se contenter de traduire les textes d'autres journalistes.

La façon dont le travail était organisé à la Presse canadienne donnait lieu à des situations pour le moins absurdes. Si, par exemple, le premier ministre du Québec allait prononcer un discours au Palais du commerce pour un auditoire francophone, c'était un journaliste du service anglais qui s'y rendait. Le journaliste écrivait son texte en transposant en anglais ce qui avait été dit en français et nous, on traduisait son texte en français – en espérant citer le premier ministre le plus correctement possible ! C'était aberrant, mais c'était la façon de faire qui prévalait là-bas à l'époque.

En avril 1961, le monde des médias montréalais a connu une vraie onde de choc quand la présidente du quotidien *La Presse*, madame Angelina Berthiaume-Du Tremblay, a annoncé qu'elle quittait le journal – et projetait de lancer un tout nouveau quotidien.

Une des héritières de Trefflé Berthiaume, le fondateur de *La Presse*, madame Du Tremblay avait accédé en 1955 à la présidence du journal à la suite du décès de son mari, l'ancien propriétaire et président du quotidien, Pamphile-Réal Du Tremblay.

Cette décision avait de quoi étonner. *La Presse* était alors une entreprise florissante, tirant ses journaux à 300 000 exemplaires et jouissant d'un appui commanditaire inégalé au Canada ; le vénérable quotidien (fondé en 1884) avait, dans les années précédentes, installé ses pénates dans un tout nouvel édifice au 7, rue Saint-Jacques (où il se situe toujours, d'ailleurs). Bref, l'entreprise avait le vent dans les voiles. Or, il se trouve que madame Du Tremblay ne reconnaissait plus le journal qu'avait dirigé son mari pendant 23 ans, estimant que la salle de rédaction avait été prise d'assaut par des athées et des communistes...

Attirant avec elle Jean-Louis Gagnon, ancien rédacteur en chef de *La Presse*, et quelques autres journalistes, elle lançait, à l'automne 1961, *Le Nouveau Journal*, un quotidien d'après-midi qui entrerait directement en compétition avec son ancien journal.

C'est à nul autre que Rocky Brisebois que Jean-Louis Gagnon a confié la direction des pages sportives. Brisebois a aussitôt contacté d'anciens collègues ou connaissances comme Jacques Barrette, Jean-Pierre Sanche et… moi.

J'étais alors depuis deux ans à la Presse canadienne et même si j'aimais bien mon travail, la perspective de participer à la mise sur pied d'un nouveau journal m'emballait et j'ai décidé de sauter dans la barque.

Pour une aventure, c'en fut toute une ! D'abord, il nous a fallu bâtir la section des sports à partir de rien. Nous n'avions effectivement rien : pas de banque de données, pas d'archives photos : je nous vois encore découper des photos à même des magazines américains pour nous constituer un petit fonds d'images…

Étant le jeunot de la salle de rédaction, mon travail consistait principalement à traduire des textes mais j'ai également eu l'occasion de couvrir quelques événements sportifs.

À la suite d'une course effrénée contre la montre, le premier numéro a vu le jour au début septembre. Nous en étions tous bien fiers : en à peine six mois, à partir de zéro, nous avions créé un journal. Une des particularités du *Nouveau Journal* était que les textes commençaient et finissaient toujours sur une même page : il n'y avait qu'une seule retourne, et elle s'appliquait à un article de la page frontispice.

Jean-Louis Gagnon voyait grand pour le journal, trop en fait. Quand *La Presse* envoyait un photographe couvrir un événement, il en affectait trois. Nos concurrents envoyaient un hélicoptère sur les lieux d'un accident ? Il en dépêchait deux. Certes, il voulait une couverture approfondie des événements, le meilleur journal possible, mais l'argent qu'il dépensait était celui de sa patronne, pas le sien. Des proches de madame Du Tremblay ont bientôt commencé à lui souffler à l'oreille que le rédacteur en chef de son journal était en train de dilapider sa fortune…

En juin 1962, Rocky Brisebois avait décidé de prendre quelques semaines de vacances et il m'avait demandé de le remplacer pendant son absence (un de mes premiers gestes avait incidemment été d'engager mon père pour faire de la traduction). Mais Rocky n'a jamais repris son poste : avant son retour de vacances, le journal, étouffant sous les dettes, a dû mettre la clé sous la porte, sa dernière édition paraissant le 21 juin. Madame Du Tremblay avait décidé qu'une meilleure façon d'investir sa fortune serait de démarrer une fondation pour venir en aide aux personnes âgées.

La belle aventure du *Nouveau Journal* avait duré exactement neuf mois. Malgré tout, comme c'est souvent le cas dans les débuts d'une entreprise, l'expérience avait été extraordinaire, exaltante.

Je suis alors revenu à la Presse canadienne au service des nouvelles radio-télé. Peu après, je me suis payé une semaine de congé sans solde pour me marier (j'avais, l'année précédente, rencontré Lise Ménard, la femme qui deviendrait mon épouse) et partir en voyage de noces. Hélas, après cinq jours de lune de miel, nous avons dû rentrer, faute de fonds…

À mon retour, mon père m'a suggéré de passer le voir à Granby : un certain Gérard Champagne souhaitait me rencontrer. Gerry était ce journaliste de *La Presse* que j'avais côtoyé au *Dimanche-Matin* et il se trouvait qu'il était à la recherche d'un journaliste pour la section des sports dont il était le directeur. Un de ses journalistes (Pierre Proulx) venait de quitter le journal pour aller travailler à Télé-Métropole et Gerry voulait combler le poste. Est-ce que ça pouvait m'intéresser ?

Le lundi suivant, j'ai rencontré Fernand Lévesque – frère de René –, alors secrétaire de la rédaction à *La Presse* et responsable des embauches. À la suite d'une longue entrevue, la seule pierre d'achoppement demeurait (comme c'est souvent le cas) le salaire. Un peu agacé devant mon entêtement – nous étions à quelques dollars près d'une entente –, Lévesque m'a alors demandé quand je serais prêt à entrer en poste. Je lui ai répondu : «Ce soir.» Constatant ma motivation, il m'a consenti le salaire que je lui demandais et le soir même, je commençais une longue et belle aventure qui durerait 10 années.

J'ai donné mes deux semaines d'avis à la Presse canadienne et pendant ces deux semaines, j'ai cumulé deux emplois à temps plein : j'entrais à la Presse canadienne à six heures le matin et je terminais ma journée à *La Presse* vers deux heures du matin…

Mon arrivée à *La Presse*, dans un emploi stable et bien rémunéré, ne pouvait pas tomber mieux puisqu'en mai 1963 ma vie prenait un autre tournant : ma fille Martine venait au monde. Le jeune homme de Granby qui, quelques années plus tôt, habitait chez ses parents et se morfondait dans un travail qui ne lui convenait pas était maintenant père de famille et journaliste à temps plein dans le plus grand quotidien montréalais…

⚾

La Presse a été à la fois un milieu de travail stimulant et une porte d'entrée sur une multitude d'univers sportifs.

En plus de continuer à faire de la traduction de textes provenant des fils de presse, j'ai couvert un large éventail de sports amateurs, qu'il s'agisse de boxe, de hockey (la Ligue métropolitaine junior) ou de cyclisme (Les Six-Jours, le Tour cycliste du Saint-Laurent).

J'ai été affecté à la couverture de football amateur (junior ou senior) ou semi-professionnel (les Rifles du Québec et les Castors de Montréal), où j'ai fait la rencontre de types sympathiques comme Sam Etcheverry ou l'homme d'affaires montréalais Johnny Newman (qui deviendrait éventuellement un des premiers entrepreneurs pressentis pour se porter acquéreur des Expos).

J'ai aussi couvert du baseball. Les Royaux ayant plié bagage deux années auparavant, nous devions nous tourner vers la Ligue Montréal junior et la Ligue nationale junior, dont certains des matchs étaient disputés au parc Jarry.

Le 3 juin 1964, *La Presse* a subitement cessé de publier. Inquiets des pertes d'emplois qui résulteraient de changements technologiques que comptait réaliser notre employeur, les typographes ont déclenché un arrêt de travail, stoppant net la production du journal. La direction a réagi en imposant aussitôt un lock-out pour l'ensemble des employés de l'entreprise. Soudainement, des centaines de personnes se retrouvaient sans travail. Et sans revenu.

On dit souvent qu'une porte qui se ferme en fait inévitablement ouvrir d'autres – et ça a été le cas pour moi cette fois-là.

Je n'ai pas perdu de temps à me dénicher quelques contrats de traduction, ainsi que des affectations de scripteur pour des bulletins de sports à la radio et la télévision. On m'a également engagé comme rédacteur du journal des employés de la brasserie Dow. Surtout, j'ai fait mes premières armes à la radio.

Après la brève aventure du *Nouveau Journal*, Rocky Brisebois s'était retrouvé à la direction de la section des sports à CJMS, une des principales radios privées de l'époque. Pour la troisième fois de ma jeune carrière, mon mentor – car c'est bien le rôle qu'il a joué dans ma carrière – m'ouvrait à nouveau une porte.

Rocky commentait les matchs des Alouettes à CJMS. Il m'a invité à me joindre à lui comme animateur de la mi-temps, une expérience dont je garde d'heureux souvenirs.

Mon incursion à la radio fut toutefois de courte durée puisqu'en décembre 1964, les typographes du journal signaient une entente avec l'employeur et, en janvier, les presses recommençaient à tourner.

Avec le temps, je commençais à développer quelques trucs de journaliste.

Le bruit courait que l'entrepreneur Johnny Newman, qui venait de lancer une équipe de football (les Castors), avait l'intention de faire construire un stade en banlieue pour y déménager le club. Or, personne ne savait avec quelle municipalité une entente avait été ratifiée (ou était sur le point de l'être). Un jour, on apprend qu'une conférence de presse va avoir lieu à Montréal le lendemain pour rendre l'annonce publique.

Évidemment, ce qu'un journaliste veut toujours, c'est d'être informé d'une nouvelle avant son annonce officielle. J'ai décidé d'aller aux sources en appelant directement les maires de quelques municipalités.

Je joins le maire de Laval : « Bravo, monsieur le maire ! Je viens d'apprendre que vous allez accueillir l'équipe de football les Castors ! » Le maire semblait étonné : « Il y a eu des discussions, sans plus. » Puis, j'appelle le maire de Longueuil : « Je crois comprendre que vous allez construire un terrain de football. Félicitations ! » « Je ne sais pas d'où vous tenez vos sources, mais il n'y a rien de la sorte dans nos plans. » Finalement, j'appelle à Verdun : « C'est une bonne nouvelle, ce stade, monsieur le maire ! » Là, le maire était bien embêté : « Mais comment vous avez appris ça ? » J'avais mon scoop.

Une heure plus tard, je reçois un appel de Johnny Newman lui-même. Il ne veut pas me dicter de ligne de conduite, mais il n'a pas envie de voir sa conférence de presse torpillée par une fuite dans les médias. « Que comptez-vous faire, M. Doucet ? » Bien sûr, je ne voulais pas le mettre dans l'embarras en sortant la nouvelle avant sa conférence, mais je n'avais pas envie non plus de « m'asseoir » sur l'information pour ensuite voir un compétiteur nous damer le pion. « Monsieur Newman, votre conférence est à midi et notre journal ne paraît en kiosque qu'à onze heures. Ça ne devrait pas poser de problème. »

Après la conférence de presse, Newman est passé me voir. Je lui ai dit : « Vous voyez, M. Newman, tout s'est bien passé… » « Oui, mais vous savez quoi ? Les autres journalistes sont tous furieux contre moi ! »

Au début de 1965, notre petite Martine avait presque deux ans et ma femme et moi attendions maintenant un deuxième enfant pour l'été. Sur le plan professionnel, ma vie normale avait repris son cours, le lock-out étant maintenant chose du passé. Je me sentais de plus en plus à l'aise dans mes fonctions de journaliste et j'avais du plaisir à exercer mon métier.

Je voyais bien que mon père était heureux de la façon dont les choses se déroulaient pour moi. Il lisait fidèlement mes textes dans *La Presse*, avait suivi mes reportages radio sur le football des Alouettes. Certes, il adorait son métier et ne se plaignait pas de son sort, mais je crois qu'il enviait la chance que j'avais de gagner ma vie avec ma plume.

Mais les prochaines années s'annonçaient prometteuses pour lui : il avait 52 ans, prendrait sa retraite dans 3 ou 4 ans, ce qui lui laisserait plus de temps pour se consacrer à des projets qui lui tenaient à cœur, comme cette chronique qu'il signait chaque semaine au *Dimanche-Matin* et dans l'hebdo anglophone *Granby Leader Mail*.

Le 1er février 1965, comme il le faisait souvent, Jean-Marcel est allé dîner à la maison en compagnie de ma sœur Louise, qui travaillait à l'époque dans l'administration de l'École des arts et métiers où enseignait notre père. Après le dîner, il est allé s'étendre un peu, se plaignant d'un malaise à la poitrine. Une heure plus tard, il mourait d'un infarctus.

Il n'y a pas d'âge pour perdre un parent. Au décès de papa, j'avais 25 ans, Louise en avait 21 et la petite Jacqueline, elle, était encore d'âge préscolaire. Très certainement, la mort de notre père a laissé un énorme vide pour nous, comme pour ma mère, évidemment. Je sais que dans mon cas, je perdais non seulement un père, mais un formidable compagnon, un conseiller, un mentor. Je n'aurais plus de phare pour éclairer mon chemin. Désormais, je devrais faire ça par moi-même.

L'un de mes plus grands regrets est qu'il n'ait pas vécu pour assister à l'arrivée des Expos à Montréal. Non seulement cet événement l'aurait enchanté au plus haut point mais je suis persuadé que ça l'aurait probablement incité à déménager la famille dans la région métropolitaine pour pouvoir voir les matchs sur une base quotidienne.

Je sais aussi qu'il aurait été bien fier de m'entendre au micro des Expos. Une chose est certaine : pour lui, la porte de mon studio aurait toujours été grande ouverte.

La plupart des journalistes sportifs œuvrant au Québec rêvent, à un moment ou un autre, de devenir un de ceux qui couvrent les activités quotidiennes d'une des plus prestigieuses organisations sportives d'Amérique, les Canadiens de Montréal.

Au milieu des années 1960, le journaliste du *beat* du Canadien à *La Presse* était un journaliste d'expérience du nom d'André Trudelle. Mais après plusieurs années dans ce rôle, Trudelle commençait à en avoir assez de vivre dans ses valises et il avait manifesté à ses patrons son intention de passer le flambeau.

Question d'alléger l'horaire d'André, Gerry Champagne – qui dirigeait toujours la section des sports – nous avait à l'occasion demandé, à moi et à d'autres, de faire des séjours à l'étranger avec le club.

Je me rappelle être allé à Detroit ou encore à Chicago à quelques occasions. Parmi les souvenirs qui me restent, je revois encore l'entraîneur Toe Blake circulant dans le vestiaire de l'équipe pour distribuer une petite enveloppe aux représentants des médias montréalais qui avaient fait le voyage avec le club. C'est qu'à l'époque, les allocations de voyage des reporters n'étaient pas défrayées par le journal mais par... l'équipe elle-même ! Blake nous remettait nos enveloppes comme s'il s'était agi d'un cadeau, sans doute pour nous rappeler que nous serions plutôt malvenus de critiquer le club...

Même si les relations entre les journalistes et la direction de l'équipe étaient parfois houleuses, il demeure que les Canadiens, c'était les Canadiens, et la LNH, c'était les ligues majeures ! Qui aurait pu refuser d'être sur le *beat* du Canadien ? Pas moi, en tout cas.

Un beau jour, Gerry Champagne a réuni les trois jeunots de son équipe, Guy Pinard, Gilles Terroux et moi. « André va quitter le *beat* à la fin de la saison. On va le remplacer par l'un ou l'autre de vous trois. Celui de vous qui va manifester le plus d'intérêt pour le poste aura d'excellentes chances de l'avoir. »

Guy Pinard était affecté à la couverture des Alouettes ainsi qu'à l'athlétisme et semblait très satisfait de son sort, tandis que Gilles Terroux, étonnamment, ne semblait pas plus intéressé que cela. Mes chances semblaient donc excellentes.

Dans les mois qui ont suivi, j'ai fait des pieds et des mains pour impressionner mes patrons. J'ai sacrifié plusieurs samedis soirs pour me rendre au Forum donner un coup de main à Trudelle (en me rendant dans le vestiaire des visiteurs après le match, par exemple); j'ai apporté du travail à la maison de façon à me libérer aussi pour les matchs du Canadien présentés à Montréal les mercredis.

Malheureusement pour moi, ces efforts ont été vains: la direction a décidé d'offrir le poste à Gilles Terroux. Raison évoquée? Gilles avait plus d'ancienneté que moi à *La Presse*...

Qu'est-ce qui avait réellement motivé la décision de Gerry Champagne? Le syndicat était-il intervenu en faveur de Terroux pour défendre le principe d'ancienneté? Y avait-il une autre raison? Je ne l'ai jamais su.

Quoi qu'il en soit, j'étais très amer, convaincu que les règles du jeu avaient été changées en cours de route ou, pire, qu'on m'avait menti dès le départ. La mort dans l'âme, je me voyais condamné à couvrir le sport mineur pour le reste de ma carrière. Quand on est dans la vingtaine, on manque parfois de perspective, on voudrait que tout aille vite, on ne peut pas comprendre que tout vient à point à qui sait attendre...

N'arrivant pas à accepter la décision, j'ai même envisagé de m'expatrier aux États-Unis avec ma famille...

Quelques mois auparavant, la Ligue nationale de hockey avait annoncé qu'elle procéderait à une expansion de ses cadres pour la saison 1967-1968. La ligue avait octroyé une concession à Los Angeles, concession dont le Torontois millionnaire Jack Kent Cooke s'était porté acquéreur. J'ai pris l'initiative de lui écrire pour lui faire savoir que s'il entendait dire qu'un journal de Los Angeles était à la recherche d'un journaliste connaissant le hockey pour couvrir les activités des Kings, je serais disponible – que ce soit pour écrire en anglais ou en français (il y avait plus de 200 000 francophones vivant à Los Angeles à l'époque). J'ai reçu une réponse comme quoi les journaux locaux avaient déjà tous mis la main sur des experts de hockey.

Ma demande de citoyenneté américaine pouvait attendre...

Peu de temps après cet épisode, l'annonce d'une autre expansion – cette fois dans un autre sport majeur – a fait le tour de l'Amérique.

En 1967, les dirigeants de la Ligue américaine ont annoncé qu'ils comptaient ajouter deux clubs à leur circuit dès 1969. Peu après, la Nationale annonçait aussi une expansion pour la même saison.

La Ville de Montréal n'a pas tardé à se mettre au travail, le maire Jean Drapeau confiant le dossier de la présentation de candidature de Montréal à son bras droit, Gerry Snyder, le vice-président du comité exécutif de la Ville.

Montréal avait plusieurs prises contre elle : son climat nordique, sa situation géographique (à l'extérieur des États-Unis) et, bien sûr – surtout, peut-être –, l'absence d'une infrastructure pouvant accueillir du baseball de niveau majeur. Elle devait aussi se mesurer à une féroce compétition des représentants de villes telles Milwaukee et Buffalo, qui exerçaient un lobbying très intense sur les autorités du baseball majeur (le futur commissaire Bud Selig faisait partie du groupe de Milwaukee).

Mais la métropole canadienne avait aussi des atouts considérables : un important bassin de population, plusieurs financiers d'envergure, des possibilités d'acquisition de droits de télévision fort intéressantes et une promesse écrite de la main du maire Drapeau de procéder à la construction d'un stade couvert le plus rapidement possible. L'immense succès d'Expo 67, qui avait contribué à positionner Montréal comme grande ville de stature internationale, jouait évidemment aussi en sa faveur. Finalement, la ville avait, au sein même des instances du baseball majeur, des appuis de taille, dont celui de Walter O'Malley, le très influent propriétaire des Dodgers de Los Angeles, qui gardait de très favorables impressions de Montréal et des Royaux, le club-école des Dodgers, du temps où ces derniers étaient établis à Brooklyn.

Malgré tout, la perspective de voir Montréal obtenir un club était accueillie dans les milieux sportifs d'ici avec énormément de scepticisme, voire de défaitisme.

Alors directeur des pages sportives du *Montréal-Matin*, l'influent Jacques Beauchamp était un grand amateur de baseball et aussi un grand défenseur de Montréal comme ville de sports. Pourtant, il avait pris la décision de n'envoyer aucun de ses journalistes à Chicago pour couvrir la conférence de presse où on dévoilerait l'identité des deux villes qui se joindraient à la Ligue nationale. Il ne croyait tout simplement pas aux chances de Montréal de l'emporter.

À *La Presse*, mon patron Gerry Champagne, lui aussi fervent de baseball, a pour sa part décidé de se rendre à Chicago avec l'éditorialiste en chef des sports, Marcel Desjardins.

Le soir du 27 mai 1968, je me trouvais à Montréal, au centre Paul-Sauvé, où je couvrais Les Six Jours, une course cycliste qui attirait passablement d'amateurs de vélo chaque année.

Alors que la soirée tirait à sa fin, l'annonceur maison Claude Mouton – qui a agi par la suite au même titre pour les Expos et les Canadiens – a attiré l'attention des quelques milliers de spectateurs avec une nouvelle qui venait tout juste de lui être communiquée. « Mesdames et messieurs, nous apprenons à l'instant que le baseball majeur vient d'octroyer une franchise aux villes de San Diego et de… Montréal ! » La foule rassemblée à l'amphithéâtre s'est levée d'un bloc pour applaudir chaudement l'improbable nouvelle. Sur la piste, les cyclistes, confus, se demandaient bien ce qui se passait…

Le lendemain, je débarquais en coup de vent dans les bureaux du journal où Gerry Champagne, tout juste revenu de Chicago, n'avait pas encore pris sa première gorgée de café.

« Gerry, le baseball, c'est à moi ! »

CHAPITRE 2

Dans la cour des grands

Le joueur de baseball qui vient d'être repêché par une équipe des ligues majeures ne s'attend évidemment pas à se tailler tout de suite une place dans le grand club. Il faut normalement des années d'apprentissage dans les clubs affiliés avant qu'on lui accorde la chance de se mesurer aux meilleurs de la profession. Car le saut entre les circuits mineurs et le *show* – comme on désigne les majeures dans le jargon – peut avoir de quoi donner le vertige.

C'est tout aussi vrai dans le monde du journalisme sportif.

En 1968, le (relativement) jeune journaliste que j'étais – j'avais 28 ans – avait couvert les activités du baseball junior dans la région montréalaise pendant quelques étés en plus d'avoir hérité, à mes débuts à *La Presse*, du mandat de recueillir les résultats des matchs des majeures à mesure qu'ils arrivaient. J'avais également, bien sûr, vu quantité de matchs à la télévision.

Mais là, c'était tout autre chose : Montréal avait maintenant son équipe des ligues majeures, et j'étais celui à qui « le plus grand quotidien français d'Amérique » avait confié la couverture de l'équipe…

Pour tout dire, la marche était haute. Non seulement me fallait-il étoffer ma compréhension des règles du baseball et mes connaissances de la riche histoire des ligues majeures, mais je devais aussi apprendre à décoder les règles non écrites du travail de *beatwriter* (le journaliste qui suit un club sur une base quotidienne) : comment s'adresser aux joueurs, gérants et dirigeants, puis, surtout, apprendre à bâtir son réseau de contacts dans toutes les villes de la Ligue nationale… Nous étions bien sûr plusieurs dans le même bateau à Montréal, que ce soit Louis Bergeron du *Journal de Montréal*, Ted Blackman de *The Gazette* ou Danny Rosenberg du *Montreal Star*.

Jean-Paul Sarault, du *Montréal-Matin*, et Gérard Champagne, le directeur des pages sportives à *La Presse* (et mon patron), étaient parmi les rares à se retrouver en terrain familier puisqu'ils avaient eu la chance de couvrir les Royaux jusqu'à leur départ de Montréal en 1960. La Ligue internationale n'était pas une ligue majeure, mais le calibre des équipes AAA des années 1940 et 1950 pouvait se comparer avantageusement à des équipes de l'expansion de 1969 comme les Expos.

Gerry Champagne était un mordu de baseball et même si j'étais le principal représentant de *La Presse* en matière de balle, il n'était pas question qu'il rate le premier camp d'entraînement du club…

Il m'avait donc accompagné à West Palm Beach, en Floride, ce qui s'était avéré fort utile pour moi puisqu'il avait pu me prodiguer plusieurs conseils sur le travail de *beatwriter*, en plus de me présenter à quelques figures connues d'autres équipes qu'il avait côtoyées à l'époque des Royaux, comme l'ancien lanceur Don Newcombe, le célèbre annonceur Vin Scully, l'ancien lanceur des Royaux Tommy LaSorda ou Clyde King, qui était désormais le gérant des Giants de San Francisco.

Gerry a donc été mon premier mentor dans ma transition du baseball junior aux grandes ligues.

Toutefois, mon principal mentor – un véritable professeur, en réalité – a sans contredit été Gene Mauch, le premier gérant des Expos, une formidable tête de baseball qui a piloté des clubs des majeures pendant 26 ans.

Mauch avait la réputation d'être un dur avec les membres des médias. De plus, il était bien connu qu'il ne tolérait pas qu'on soumette son travail à du *second-guessing*, qu'on mette en doute ses décisions stratégiques. Une de ses plus célèbres déclarations allait comme suit : « Je ne suis pas le gérant parce que j'ai toujours raison… mais j'ai toujours raison *parce que* je suis le gérant. » Ce n'est pas un hasard si son surnom dans l'industrie était « Le Petit Général »…

Mais au printemps 1969, les Expos et les médias québécois étaient en mode lune de miel et les têtes dirigeantes du club n'étaient pas sans savoir qu'il y avait un certain travail d'éducation – et de relations publiques, aussi – à faire auprès de ceux qui rapporteraient les faits et gestes de l'équipe jour après jour pendant presque huit mois.

C'est ainsi qu'après toutes les séances d'entraînement – et, plus tard, après les matchs pré-saison – Gene Mauch recevait les journalistes pour s'entretenir avec eux des progrès de ses joueurs ou encore de sa philosophie de jeu, pimentant la discussion d'histoires qu'il avait vécues comme joueur, gérant dans les mineures ou encore à la barre des Phillies de Philadelphie.

Je dois préciser que le camp des Expos se déroulait dans des installations pour le moins rudimentaires. Colocataires négligés du petit Stade municipal de West Palm Beach – qu'ils partageaient avec les Braves d'Atlanta –, les Expos, en petits nouveaux qu'ils étaient, faisaient figure de parents pauvres dans cet arrangement.

Les Expos n'avaient pas de bureaux fixes, mais une grande remorque où on avait aménagé des espaces pour le président, le directeur-gérant, le relationniste et leurs secrétaires. L'équipe n'avait pas droit au terrain principal pour ses exercices, seulement pour les matchs hors-concours. Les joueurs devaient s'entraîner sur des terrains auxiliaires derrière la clôture du champ centre et celle du champ droit.

Comme galerie de presse, pour surveiller les entraînements ou les matchs intra-équipe, on avait installé une plate-forme où se trouvaient quelques tables et quelques chaises. La direction des Expos avait cru bon y installer un genre de bar où on servait de la bière, quelques boissons fortes ou gazeuses ainsi que des craquelins et du fromage. Rapidement, l'endroit a été baptisé le Cheese Room, et les conversations après les entraînements ont eu tendance à s'étirer dans le temps à mesure que le camp progressait…

Après avoir fait le bilan de la journée, Gene Mauch – ou parfois un de ses adjoints comme Cal McLish, Bob Oldis ou Peanuts Lowrey –

interrogeait aussi les journalistes pour apprendre à mieux les connaître. Après quelques consommations, les anecdotes fusaient de toutes parts dans le Cheese Room.

Gene nous a parlé du jour où Fidel Castro – qui venait tout juste de prendre le pouvoir – a été témoin de la victoire ultime du club cubain qu'il (Mauch) gérait : « Il a sauté sur le terrain et m'a embrassé devant des milliers de spectateurs ! » Mauch a raconté qu'il croyait alors avoir été l'objet d'un grand honneur mais qu'il a rapidement déchanté quand il a vu l'attitude que Castro a ensuite adoptée face aux Américains : « De toute ma vie, Castro est l'homme qui m'a le plus déçu. » Entre autres histoires, le Petit Général a raconté qu'un jour, après avoir commis « une grossière erreur de distraction » dans un match – il était alors à la barre des Phillies –, il s'était lui-même imposé une amende de 250 dollars...

Mais au-delà des anecdotes, le gérant des Expos était une source inépuisable de renseignements, un remarquable analyste de ce jeu si simple et si complexe qu'est le baseball, un type exceptionnellement brillant, qui connaissait le livre des règlements du baseball encore plus à fond que certains arbitres...

Il nous expliquait quel devait être le positionnement des joueurs de l'avant-champ au moment d'un relais provenant de tel ou tel voltigeur, le raisonnement derrière la composition d'un alignement de frappeurs ; son analyse des avantages et inconvénients du frappeur désigné (l'introduction de ce nouveau règlement était alors sur la table de travail des grands bonzes du baseball) était réfléchie et limpide (il s'opposait à son introduction, bien sûr).

Gene Mauch a piloté les Expos pendant sept saisons, et en sa compagnie, je n'ai jamais cessé d'apprendre.

La principale « histoire » de ce premier camp d'entraînement de 1969 a très certainement été la saga entourant la venue de Rusty Staub avec les Expos.

Le 22 janvier, quelques semaines après le repêchage initial des clubs de l'expansion, les Expos avaient mis la main sur la vedette montante des Astros de Houston en retour de Jesus Alou et Donn Clendenon, deux des joueurs établis qu'ils avaient obtenus dans le repêchage. Les médias, les fans et la direction du club étaient enchantés : à 24 ans seulement, Staub constituait le noyau à partir duquel on assemblerait cette équipe. Le plan de marketing du club avait d'ailleurs rapidement commencé à s'orienter autour de celui qu'on surnommerait bientôt le Grand Orange.

On le sait, rien n'aura jamais été facile pour les Expos de Montréal. Cette tendance n'a, hélas, pas pris de temps à se manifester : quelques jours après la transaction, Donn Clendenon a annoncé qu'il ne se rapporterait pas aux Astros et qu'il venait d'accepter la vice-présidence de Scripto, une entreprise de... stylos de la région d'Atlanta. Clendenon avait 36 ans et estimait que son avenir résidait davantage dans les stylos que dans les bâtons de baseball.

Pour la direction des Astros, l'affaire était simple : le baseball majeur n'avait qu'à invalider la transaction, retourner Alou à Montréal et Staub à Houston. Une telle disposition était d'ailleurs prévue dans les règlements du baseball majeur dans les cas où un joueur obtenu dans une transaction décidait d'accrocher ses crampons.

Mais les Expos ne l'entendaient pas ainsi : pour eux, il n'était pas question de perdre Rusty Staub à un moment si crucial de l'histoire de la concession. Heureusement pour eux, deux autres acteurs importants voyaient les choses du même œil : Rusty Staub lui-même (qui a bientôt déclaré qu'il prendrait sa retraite plutôt que de retourner à Houston – où il ne s'entendait pas avec la direction du club) et Bowie Kuhn, le commissaire du baseball, qui venait tout juste d'entreprendre un premier mandat dans ce rôle.

Quelques jours plus tard, le bureau du commissaire rendait sa décision : la transaction demeurait valide et Staub restait un Expo. Le 12 mars 1969, Rusty Staub participait à son premier match avec le club.

La direction des Astros a accusé le commissaire d'avoir un parti pris pour les Expos, ce qui, de toute évidence, n'était pas totalement faux. Sans doute que Bowie Kuhn avait voulu donner un coup de pouce à la jeune organisation alors qu'elle en était à ses premiers pas. Mais un autre enjeu, plus personnel celui-là, était aussi entré en ligne de compte. Quelques mois plus tôt, John McHale avait décidé de renoncer au poste de commissaire du baseball (pour lequel plusieurs propriétaires l'avaient pressenti), préférant se lancer dans l'aventure d'une équipe de l'expansion. Ce faisant, il laissait ainsi la voie libre à Kuhn – un de ses anciens collègues du bureau du commissaire – qui convoitait le prestigieux rôle de commissaire depuis l'annonce du départ du général William D. Eckert, le précédent titulaire du poste. Bowie Kuhn lui devait bien ce retour d'ascenseur.

En marge de la décision, le bureau du commissaire a sommé les parties de s'entendre sur une forme de compensation. À la toute fin du camp, les Expos ont envoyé deux lanceurs (Jack Billingham et Skip Guinn) aux Astros pour compenser la perte de Clendenon qui, entre-temps, avait décidé de poursuivre sa carrière avec les... Expos!

Cette longue saga nous a permis de découvrir qui étaient ces hommes à la tête des Expos.

Le président John McHale avait une prestance naturelle, qui commandait immédiatement le respect. Tout au long du camp d'entraînement, lui et Jim Fanning, le directeur-gérant, n'avaient jamais perdu leur sang-froid, leur affabilité et leur sourire. Pourtant, plusieurs circonstances auraient pu assombrir leur humeur, car en plus de la longue saga Clendenon-Staub, un boycott des joueurs (sur une question de partage de revenus issus de la Série mondiale) avait ralenti le début des camps des majeures. De plus, la mise sous contrat de quelques joueurs (dont Maury Wills et Rusty Staub) avait été ardue.

Mais McHale et Fanning avaient manœuvré de manière calme, posée, avisée – et avaient fort bien tiré leur épingle du jeu dans chacun de ces litiges. De son côté, Charles Bronfman s'était avéré d'une grande solidarité avec ses hommes de baseball, notamment dans le dossier Staub, leur assurant qu'il se battrait avec la dernière énergie pour le garder à Montréal. Avec, en plus, une solide tête de baseball aux rênes de l'équipe (Mauch), les Expos étaient, j'en étais persuadé, entre très bonnes mains.

Toutefois, les premières semaines de vie de l'équipe m'ont fait comprendre que nous, les journalistes, devrions gagner la confiance de l'état-major du club, qu'elle n'était pas acquise. Ils ne nous connaissaient pas et restaient toujours un peu sur leurs gardes. Avec Jim Fanning, par exemple, il fallait savoir lire entre les lignes, parce qu'il cachait toujours bien son jeu.

J'ai aussi compris assez rapidement que la direction du club était plutôt à cheval sur les principes – plus que d'autres organisations. Par exemple, si les Expos et une autre équipe réalisaient une transaction et s'entendaient pour ne rien annoncer avant, disons, 15 h le lendemain, l'équipe montréalaise respectait cette consigne à la lettre. McHale était un homme de principes et quand il donnait sa parole, il n'y dérogeait pas.

Le problème, c'est que les autres clubs n'avaient pas toujours cette rigueur, et ils ne se privaient pas de donner le scoop à *leurs* journalistes. Si bien que nous, à Montréal, étions souvent un pas derrière nos confrères du sud de la frontière dans l'annonce de nouvelles.

Parfois, cette attitude nous obligeait à quelques ruses. Pendant le premier camp, tous les journalistes surveillaient les faits et gestes de Jim Fanning et de son vis-à-vis des Astros, Spec Richardson, question de savoir de quelle façon ils régleraient le dossier Clendenon-Staub. Je me souviens que pendant un match pré-saison, Fanning et Richardson étaient assis directement sous la passerelle, scrutant les pages des guides de presse des deux équipes. À l'aide de jumelles, j'avais tenté de discerner les noms des joueurs qui pouvaient bien les intéresser – sans y parvenir toutefois…

Après un certain temps, on a compris que si on voulait en savoir plus, il faudrait avoir recours à nos contacts dans les autres villes du circuit. Ainsi, je passais de temps en temps un coup de fil à un collègue américain, qui m'apprenait parfois que les Expos étaient en négociation pour échanger tel joueur contre un autre. Or, quand je posais ensuite la question à McHale ou à Fanning, ils niaient tout, déclarant que les deux clubs n'étaient pas en pourparlers.

C'était frustrant, mais c'était la philosophie qu'avait instaurée John McHale. D'ailleurs, les Expos de cette première administration n'ont jamais vraiment dérogé à ce principe…

Pour moi, les premières semaines de la saison initiale des Expos seront toujours marquées d'une aura de magie, comme si l'équipe était vraiment touchée par la grâce.

D'abord, avant même de disputer un seul match de saison régulière, les Expos ont attiré 150 000 personnes lors d'une parade organisée pour eux le 7 avril (un lundi de Pâques, une journée fériée). Les joueurs et la direction du club n'en revenaient tout simplement pas de l'accueil que les Montréalais avaient réservé à des athlètes qu'ils ne connaissaient à peu près pas.

Puis, le lendemain, lors du match inaugural du club, disputé à New York devant une foule de 44 451 spectateurs, les deux équipes ont pris tour à tour les devants dans le match, les releveurs des Expos gaspillant presque une avance de 5 points dans la 9e manche avant de l'emporter de justesse 11-10. Si les lanceurs n'ont rassuré personne, l'équipe a démontré une belle fougue à l'offensive – jusqu'au lanceur Dan McGinn, qui a frappé le premier circuit de l'histoire de la concession.

Six jours plus tard, le 14 avril, les Expos réussissaient leur entrée en scène en sol montréalais de manière exceptionnelle. Une météo inespérée (un rare 71° F), un stade bondé (29 184 spectateurs), une foule heureuse et enthousiaste, et un coup de foudre instantané pour le héros du jour, Mack Jones, auteur d'un circuit de trois points dès la 1re manche. Les Expos ont même trouvé le moyen de triompher (8-7) des Cards de Saint Louis, les champions de la Série mondiale de la saison précédente.

Pour plusieurs des personnes réunies au parc Jarry ce jour-là, l'événement suscitait beaucoup d'émotion puisqu'il représentait rien de moins que la réalisation d'une utopie : assister à un match de baseball majeur dans un parc à un jet de pierre de chez eux. Je me rappelle avoir vu mon patron, Gerry Champagne, pleurer à chaudes larmes durant les hymnes nationaux.

Trois jours plus tard, dans un match disputé un soir de temps pluvieux au vieux stade Connie Mack de Philadelphie, le jeune lanceur Bill Stoneman lançait un premier match complet dans les majeures : rien de moins qu'un match sans point ni coup sûr ; un exploit rarissime, du jamais vu pour une équipe de l'expansion.

Quand je suis allé au bureau le lendemain, Champagne n'en revenait pas de la chance que j'avais eue d'assister en personne à un tel exploit. Lui qui avait des années de couverture du baseball derrière la cravate, jamais il n'avait été témoin d'un match sans point ni coup sûr. Moi, à ma deuxième semaine de couverture de baseball majeur, j'avais eu le privilège d'assister à cet événement exceptionnel.

Malgré les performances très inégales des Expos de 1969 et des conditions climatiques souvent médiocres, cette première saison de baseball à Montréal avait été un succès sur toute la ligne, le petit stade du parc Jarry ayant reçu la visite de 1 212 608 spectateurs. Ce qui était remarquable au parc Jarry, c'était cette atmosphère festive, ces manifestations qui explosaient spontanément dans les gradins (plutôt que d'être complètement formatées comme c'est le cas au Centre Bell de nos jours). Au parc Jarry, il y avait le gigueur qui dansait dans les escaliers, le violoneux qui s'installait sur l'abri des Expos entre les manches, le vendeur ambulant qui lançait ses sacs de *pinottes* avec une précision chirurgicale. On a aussi vu un spectateur se présenter au parc avec un canard – pour lequel il avait acheté un billet…

Je me rappelle que lors d'une visite des Padres de San Diego à Montréal, Buzzie Bavasi, l'ancien directeur-gérant des Royaux de Montréal – qui était alors président et copropriétaire des Padres –, s'était extasié devant l'accueil du baseball à Montréal : « Ce soir, vous avez expulsé plus de spectateurs (il arrivait qu'on doive montrer la sortie à des spectateurs éméchés) qu'on en attire dans un programme double le dimanche après-midi ! » L'équipe de Bavasi n'avait attiré que 512 970 amateurs cette année-là.

À la fin de cette première saison, je me rappelle avoir pensé que je devais sûrement occuper le meilleur emploi dans la meilleure ville du monde.

◗◖

Ma lune de miel avec les Expos et le baseball majeur a duré toute cette première saison (et, à vrai dire, quelques saisons de plus encore). Seul un incident – ne m'impliquant pas directement – est venu assombrir quelque peu ce tableau idyllique.

L'épisode s'est déroulé le 19 mai 1969, à bord d'un autobus conduisant l'équipe et les journalistes de l'aéroport de Houston à l'hôtel. Dans un article publié dans *The Gazette*, le journaliste Ted Blackman avait remis en question le travail de Donn Clendenon, qui semblait trouver le temps long à Montréal.

Mack Jones avait invité Blackman à venir s'asseoir à l'arrière de l'autobus pour s'expliquer au sujet de son article. Bientôt, il a été question d'un autre article de Blackman reprenant une citation de Maury Wills qui admettait connaître le pire début de saison de sa carrière.

— Je ne veux plus jamais que tu écrives mon nom dans ton journal, a dit Wills, s'immisçant dans la conversation.

— Je vais écrire ton nom aussi longtemps que tu seras l'arrêt-court partant des Expos, de répondre Blackman.

— Est-ce que je t'ai donné la permission d'écrire une révélation que j'avais faite à un autre journaliste ? C'est pas à toi que je parlais.

— Je me tenais à deux pieds de toi quand tu as fait cette déclaration-là près de la cage des frappeurs ! Il y a toujours plein de journalistes qui se tiennent autour, tu dois bien le savoir !

Posté un peu en retrait derrière Jones et Clendenon, Wills a alors étiré le bras et giflé Blackman en plein visage.

Le scribe montréalais mesurait 6 pieds et 2 et pesait 220 livres et il a fallu que Mack Jones intervienne pour ne pas qu'une bagarre éclate. La confrontation s'est arrêtée là mais tous les passagers – dont plusieurs journalistes – avaient été témoins de l'incident.

Une fois à l'hôtel, Jim Fanning avait réuni les journalistes d'urgence : « Qu'est-ce que vous allez faire avec ça ? Vous allez le sortir ou pas ? » Il n'avait donné d'ordre à personne mais, bien évidemment, il souhaitait que l'affaire en reste là.

Gerry Champagne – il avait parlé au nom de *La Presse* puisque j'étais encore le junior – était d'avis qu'il valait mieux garder ça mort : « Si personne n'en parle, nous n'en parlerons pas non plus. » Tous se sont mis d'accord là-dessus.

Personnellement, je n'étais pas de cet avis : l'incident avait été vu de tous ; tôt ou tard, ça finirait pas sortir. Surtout, j'avais trouvé le comportement de Wills inacceptable, indigne d'un athlète professionnel. Fallait-il le protéger uniquement parce qu'il s'agissait de l'illustre Maury Wills ?

Deux jours plus tard, Ted Blackman – sans doute après en avoir discuté avec ses patrons – a décidé de sortir l'histoire lui-même. Nous avons donc tous été pris de court.

Quant à moi, j'avais complètement ignoré Wills pendant le reste de notre séjour à l'étranger. Mais lors du retour de l'équipe à Montréal, avant le début d'un match en après-midi au parc Jarry, je me trouvais dans l'abri des joueurs en train de noter la formation des Expos lorsque j'ai senti une petite tape amicale sur l'épaule : « *Hi, buddy, how are you ?* »

Quand j'ai vu que c'était lui, la réplique ne s'est pas fait attendre :

— *F... you, Wills, I'm not your friend.*

— Qu'est-ce que je t'ai fait pour que tu me dises ça ?

— À moi, personnellement, rien. Mais tu as frappé un journaliste et je ne veux plus rien savoir de toi.

Et là-dessus, j'ai tourné les talons. Ce jour-là, Wills a été blanchi en quatre visites au bâton et sa moyenne a glissé à ,198. Après le match, Wills est resté longtemps sur le banc des joueurs, seul et songeur, avant de rentrer dans le vestiaire.

Le lendemain, Wills déposait une courte lettre sur le bureau de Jim Fanning pour lui annoncer sa décision de mettre un terme à sa carrière.

Après quelques jours de méditation, Wills a rallié l'équipe mais nous savions tous qu'une transaction était imminente – le vétéran arrêt-court avait demandé aux Expos de l'échanger.

Sa requête a été exaucée le 11 juin alors que les Expos étaient à San Diego.

Je m'en souviens très bien : c'était en après-midi, j'étais en train de jouer au bridge en compagnie de quelques joueurs des Expos dans une chambre d'hôtel donnant sur une piscine quand soudainement, de la porte-patio ouverte, est apparu Maury Wills, venu saluer ses ex-coéquipiers.

Il avait été échangé aux Dodgers de Los Angeles (avec Manny Mota) en retour de Ron Fairly et de Paul Popovich. Wills n'a toutefois pas pris la peine de me dire adieu…

L'année suivante, j'ai aussi eu une confrontation majeure avec une autre tête d'affiche des Expos. Et pas la moindre : le gérant Gene Mauch.

C'était en 1970 lors d'une série à Pittsburgh alors que Gene avait été cité dans un journal local après avoir lancé à un jeune journaliste qui couvrait les Pirates qu'il n'avait pas le droit de lui poser la question qu'il venait de lui adresser. C'est que le gérant des Expos avait jugé la question insignifiante, indigne de lui, le renommé gérant des ligues majeures.

Après la lune de miel entre le premier gérant des Expos et les médias à l'époque du *Cheese Room* du premier camp, on avait découvert le vrai Gene Mauch. Quand la saison régulière avait commencé, l'ambiance autour du gérant des Expos avait changé du tout au tout. Certes, Mauch pouvait toujours être charmant et vif d'esprit, mais il savait aussi être agressif, colérique avec les arbitres, teigneux avec les joueurs adverses et, à l'occasion, méprisant avec des journalistes qui ne lui semblaient pas de calibre.

Ayant lu l'article et jugeant le comportement de Mauch inacceptable, je l'ai confronté avant le début de la rencontre suivante.

— Gene, est-ce que c'est vrai que tu as refusé de répondre à la question d'un journaliste parce que tu ne la trouvais pas valable ?

— Rassure-toi, je n'agirais pas comme ça avec "mes" journalistes de Montréal.

— Peu importe d'où vient un journaliste ou l'âge qu'il a, si quelqu'un veut apprendre les subtilités du baseball majeur, il a le droit de poser les questions qu'il veut poser, même si elles te paraissent stupides...

Pendant deux semaines, je ne lui ai pas adressé la parole une seule fois. Même au cours des voyages en avion ou en autobus, lorsqu'il venait s'installer à mes côtés pour me demander une cigarette (je fumais à l'époque), je lui tendais mon paquet sans dire un mot.

Ma grève du silence a pris fin environ deux semaines plus tard lors d'un séjour à Chicago. Le directeur des voyages, Gene Kirby, un bonhomme qui en avait vu d'autres, a convié les journalistes au club Playboy. Comme par hasard, il avait installé Gene Mauch à mes côtés. Gene m'a offert de fumer le calumet de la paix et j'ai accepté. Ultimement, l'incident a assaini l'air entre lui et moi et ce fut le début d'une belle amitié.

Au début des années 1970, le travail de journaliste sportif différait considérablement de ce qu'il est devenu depuis.

D'abord, les outils : pas de traitement de texte, pas d'Internet. Inimaginable aujourd'hui, bien sûr, mais on arrivait néanmoins à se tirer d'affaire raisonnablement bien par d'autres moyens.

Il y avait les fils de presse, bien sûr, qui nous fournissaient les nouvelles quotidiennes provenant des principales agences de presse (comme UPI) et auxquels tous les grands quotidiens avaient accès.

Je me faisais aussi un devoir de me procurer les principales publications américaines qui traitaient de baseball : *The Sporting News*, *Sports Illustrated*, *Sport*, et à chaque séjour des Expos aux États-Unis, j'en profitais pour mettre la main sur ce qu'on pouvait difficilement trouver ici.

On disait du *Sporting News* que c'était la bible du baseball et c'est exactement ce que c'était. Un nouveau numéro d'une soixantaine de pages paraissait *chaque* semaine; dans chacun, on retrouvait un compte rendu détaillé des principaux événements ayant marqué la semaine de chacune des 24 équipes des majeures. Écrits par des journalistes de chacune des villes des majeures (Ted Blackman était le représentant de Montréal), les comptes rendus, toujours étoffés, brossaient un portrait global de l'évolution de chaque club. En plus de ces textes, on retrouvait des éditoriaux de la plume des meilleurs observateurs du baseball en Amérique, de Leonard Koppett à Dick Young, en passant par le rédacteur en chef, C.C. Johnson Spink, le fils de J.G. Taylor Spink, le maître d'œuvre du *Sporting News* de 1914 à 1962, qui en a fait le réputé journal qu'il est devenu. En outre, on pouvait y trouver les boxscores de tous les matchs des majeures – même ceux de pré-saison! De nos jours, un journaliste qui voudrait avoir accès à toute cette information devrait naviguer sur plusieurs sites Internet...

À partir du *Sporting News* et des autres revues du genre, je me suis bâti avec les années une importante base de données maison à laquelle je me référais périodiquement.

Pour les statistiques, les guides de presse (publiés annuellement par chacune des équipes) étaient utiles, bien sûr, mais comme ils ne couvraient pas l'année en cours, il fallait donc être constamment à l'affût des quotidiens – ou du *Sporting News* – pour être à jour.

Par ailleurs, quand les Expos jouaient en soirée le samedi, je m'assurais toujours de regarder le match du samedi après-midi que retransmettait l'un ou l'autre des réseaux américains (au Québec, Radio-Canada diffusait aussi ces matchs à son antenne). Je me disais que tout ce que je lisais ou voyais finirait bien par servir tôt ou tard.

Une autre différence considérable concerne la façon dont nous procédions pour expédier nos textes. Aujourd'hui, un journaliste envoie tout naturellement son texte par courriel, le journal en fait la révision, puis met le texte en pages (ou en ligne pour son édition électronique). C'était un peu plus compliqué du temps où j'ai commencé...

Une fois un article écrit, le journaliste devait aller voir un des opérateurs de Western Union qui se trouvaient dans chacun des stades. Il remettait sa copie dactylographiée à l'un d'eux en lui mentionnant le numéro de code correspondant à son journal (il n'aurait pas fallu que le texte aboutisse chez un journal rival!). L'opérateur plaçait le texte devant lui et le retapait sur une linotype, une machine d'imprimerie permettant une composition rapide de lettres, de signes et d'espaces. C'est cette reconfiguration du texte qui était expédiée jusqu'aux bureaux du journal.

Les textes rédigés en anglais étaient évidemment monnaie courante pour ces opérateurs mais quand ils se retrouvaient devant un texte en français, il leur fallait prendre le temps de bien lire chaque mot pour ne pas produire un texte qui serait incompréhensible à l'arrivée. De plus, comme l'appareil ne permettait pas de reproduire les accents, il fallait qu'à l'autre bout, un employé de *La Presse* s'assure de les ajouter à nos textes.

C'était, comme on dit, une autre époque.

Une autre différence fondamentale entre aujourd'hui et le début des années 1970, c'est le rapport que nous, les membres des médias, entretenions avec les joueurs.

Les Expos du début des années 1970 alignaient encore beaucoup de joueurs qui avaient grandi à l'époque où les membres d'une équipe passaient énormément de temps ensemble à jouer aux cartes ou à bavarder ensemble. La plupart du temps, la conversation tournait autour du baseball.

Un vétéran comme Bobby Wine – qui a remplacé Maury Wills comme arrêt-court régulier des Expos après le départ de ce dernier – arrivait au stade trois heures avant le match et parlait baseball. Dans les hôtels, les avions, ça parlait de baseball: Ron Fairly, Bob Bailey, Elroy Face et bien d'autres avaient roulé leur bosse et avaient toujours des histoires à raconter – entre eux, évidemment, mais aussi avec nous, les gens des médias. Bien que plus jeune, Rusty Staub était une véritable machine à parole ; une fois lancé, il n'était plus possible de l'arrêter.

Les gars aimaient leur sport et en connaissaient assez bien l'histoire, une caractéristique qui s'est un peu perdue par la suite. Je me souviens qu'au début des années 1990, à l'occasion d'un banquet pour la fondation des Expos, le jeune Delino DeShields avait remarqué que Claude Raymond était en grande conversation avec Lou Brock – le grand joueur des Cards de Saint Louis des années 1960 et 1970 –, bavardant comme deux vieux copains ne s'étant pas vus depuis longtemps. DeShields était intrigué : comment se faisait-il que Lou Brock semblait si familier avec un des analystes télé de Montréal ? « Delino, je lui ai dit, Claude Raymond a lancé dans les majeures pendant 10 ans ! » DeShields était ahuri : il ignorait tout de l'homme qu'il côtoyait depuis quelques années déjà.

Notre rapport avec les joueurs de l'époque des débuts des Expos était aussi énormément facilité par un facteur : l'argent. Ou plutôt, la modestie des sommes en jeu.

Certains joueurs des majeures ne gagnaient pas beaucoup plus que nous. En 1970, le salaire minimum d'un joueur était de 12 000 dollars, le salaire moyen, un peu sous les 30 000 dollars. Quand j'ai commencé à travailler à CKAC en 1972 (comme commentateur radio), on me payait 17 500 dollars par année – j'étais donc mieux payé qu'une recrue des Expos.

Ainsi, nos préoccupations se rejoignaient plus facilement. Il pouvait arriver qu'un joueur se confie à nous au sujet d'une préoccupation du moment : la laveuse automatique de la maison venait de sauter et il faudrait trouver le moyen de la remplacer…

La plupart des joueurs avaient des emplois durant la saison morte : vendeur d'automobile ou d'assurance, ouvrier dans la construction. Certains étaient engagés par le club pour prononcer des conférences par l'entremise du Speaker's Bureau. Les joueurs ne levaient pas le nez sur les 1 000 dollars qu'une participation à la caravane d'hiver des Expos pouvait ajouter à leur compte de banque. Quand un joueur participait à une entrevue à la radio, il pouvait recevoir une petite compensation d'un commanditaire, un vêtement, un bon d'achat...

Par ailleurs, il n'était pas rare que des joueurs se retournent vers le propriétaire de l'équipe pour lui demander un prêt destiné à l'achat d'une maison. Ou de l'argent, tout bonnement. Un jour, le voltigeur Mack Jones, en conversation avec Charles Bronfman, lui avait demandé une petite faveur : « Hé, boss, pourriez-vous me prêter un 5 ? » « Pas de problème », lui a dit le propriétaire des Expos en sortant un billet de 5 dollars de son porte-monnaie. « Euh, je voulais dire 5 000 dollars », a alors précisé Mack...

Quand les salaires ont commencé à exploser à la fin des années 1970 (avec l'avènement de l'autonomie des joueurs), le rapport des gens des médias avec les athlètes professionnels a commencé à changer. En l'espace de quelques années, nos soucis respectifs n'étaient plus du tout les mêmes.

De nos jours, les joueurs discutent plus souvent entre eux de leurs investissements, échangent des noms de fiscalistes, cherchent à savoir quels sont les États américains où il est avantageux (fiscalement) d'installer leur famille, etc.

C'est dans l'ordre des choses : une fois devenu indépendant financièrement, on a plus peur de la fin du monde que de la fin du mois.

Personnellement, il y a très peu de joueurs avec lesquels je me suis lié d'amitié en 36 ans avec les Expos.

Le premier nom qui me vient en tête est bien entendu celui de Claude Raymond.

Quand Claude était joueur, je passais naturellement un peu plus de temps en sa compagnie qu'avec d'autres joueurs puisque nous venions du même coin de pays. Après sa retraite comme joueur actif, notre rapport s'est bien entendu solidifié, puisque nous avons passé 12 ans ensemble à décrire les matchs des Expos à la radio.

Un autre joueur que je considère comme un ami est un des joueurs des premières années des Expos, Ron Hunt. Ron n'était pas le gars le plus facile d'approche et il accordait rarement son amitié, surtout à un représentant des médias, mais une fois que vous aviez obtenu sa confiance, il était votre ami pour la vie.

Il y a plusieurs années, Ron a accueilli mon fils Jean-Marcel chez lui, à sa ferme de Wentzville, près de Saint Louis. Mon fils y avait passé l'été pour parfaire son anglais. Précisons qu'il n'était pas revenu de chez les Hunt avec le vocabulaire anglais idéal… mais il avait bien apprécié l'expérience.

Hunt et moi sommes toujours restés en contact, unis par une forte amitié et une passion commune : la pêche. Souvent, lors de voyages des Expos à Saint Louis alors que nous avions une journée de congé, Ron – alors retraité du baseball – venait me prendre à l'hôtel vers les 5 h et nous allions à la pêche chez un de ses amis pour ensuite nous rendre déguster nos prises dans un restaurant qui apprêtait nos poissons. Encore aujourd'hui, nous communiquons par courriel ou au téléphone sur une base mensuelle, projetant un autre voyage de pêche.

J'ai toujours entretenu d'excellentes relations avec Rusty Staub (j'avais traduit la biographie *Le Grand Orange des Expos*, écrite par John Robertson). Rusty n'a pas joué longtemps à Montréal (trois saisons et demie), mais nous nous sommes toujours revus avec énormément de plaisir et je le considère davantage comme un ami que comme un ancien porte-couleurs des Expos.

Lors des premiers camps d'entraînement, les joueurs habitaient souvent à Singer Island, en banlieue de West Palm Beach, et j'avais l'occasion de les rencontrer, soit au restaurant ou encore à l'épicerie. Un jour, j'ai croisé le lanceur Bill Stoneman par hasard et je lui ai présenté un de mes voisins, un type du nom de Gilles Beauregard, un grand amateur de baseball et des Expos.

Par la suite, Beauregard et Stoney s'étaient liés d'une forte amitié, si bien que Bill nous invitait parfois, Gilles, moi, ainsi que nos épouses, à souper chez lui. On voit très rarement des athlètes professionnels agir de la sorte envers un partisan, mais Stoney était un gars simple, qui ne se prenait pas pour un autre. Il est par ailleurs devenu le premier joueur des Expos à épouser une Québécoise, alors qu'il a uni sa destinée à Diane Falardeau, une hôtesse d'Air Canada, qu'il avait rencontrée lors d'un vol de l'équipe en 1969.

Avec les gérants, j'ai eu un rapport privilégié avec Dick Williams – qui ne détestait pas les marathons de cartes agrémentés de quelques verres de scotch – et Felipe Alou, ce dernier étant, comme Ron Hunt, un de mes bons compagnons de pêche.

Sinon, j'ai toujours pensé qu'il était important d'établir une démarcation entre la relation professionnelle et la relation amicale. Certains journalistes se sont trop rapprochés de joueurs et c'est leur crédibilité de journaliste qui en a souffert. En revanche, un journaliste comme Pierre Ladouceur de *La Presse* a toujours été très professionnel ; Serge Touchette, le *beatwriter* du baseball au *Journal de Montréal* pendant de nombreuses années, s'est peut-être lié d'amitié avec deux ou trois joueurs, mais lui aussi a toujours maintenu une certaine réserve.

Comme journaliste affecté à la couverture des Expos pour *La Presse*, j'avais un certain avantage sur mes collègues des autres journaux : je travaillais pour un journal d'après-midi. À l'époque, *La Presse* et le *Montreal Star* ne paraissaient en kiosque qu'après le coup de midi. Tous les autres, *Le Journal de Montréal*, le *Montréal-Matin* et la *Gazette*, paraissaient en matinée.

Alors que mes collègues devaient se presser de livrer leur texte après le dernier retrait d'un match, je pouvais travailler le mien jusqu'après minuit si ça me chantait.

Ça me permettait aussi de demeurer un peu plus longtemps dans le vestiaire après les parties.

Ainsi, quand Gene Mauch et les joueurs avaient répondu aux questions des journalistes après le match et que le vestiaire se vidait, moi, j'avais le loisir de rester autour un peu plus longtemps, de me déboucher une bière et d'attendre que Mauch ait fini de prendre sa douche pour bavarder encore un peu plus avec lui. « Qu'est-ce que tu fais là, toi ? », me demandait-il en rentrant dans son bureau dans ses habits de ville.

Je me rappelle la première fois que Mauch a été hué par les partisans des Expos. C'était en juin 1969, lors d'un programme double contre les Cards de Saint Louis, un doublé que les Expos avaient perdu 8-1 et 8-3. Quand il avait entendu les huées, Gene avait entrepris d'agiter les bras comme un maestro qui dirige un orchestre. Évidemment, le geste avait provoqué une vague de nouvelles huées.

Dans le vestiaire, on pouvait voir que l'incident l'avait quand même un peu affecté, même s'il se gardait bien de le montrer. Comme j'étais un des derniers à partir, j'ai offert à Gene de le reconduire à son hôtel du centre-ville. En route, je lui ai posé une question que les autres journalistes n'avaient pas osé poser lors du petit debriefing d'après-matchs : « Tu penses pas qu'en agissant comme tu l'as fait, tu as mis un peu d'huile sur le feu ? » Gene avait répondu par une de ces pirouettes dont il avait le secret : « Ben quoi, je trouvais que leurs huées étaient pas mal cacophoniques, alors j'ai voulu mettre un peu d'ordre là-dedans... »

Mais j'avais eu une bonne discussion avec lui et ça m'avait donné un bon papier pour le lendemain.

Il arrive toutefois que ce qui semblait au départ une bonne idée pour obtenir de la copie s'avère finalement plutôt douteux...

J'ai toujours aimé jouer au tennis, et au cours des nombreux voyages des Expos à travers l'Amérique, j'apportais presque toujours ma raquette, car plusieurs de mes compagnons de voyage, journalistes, commentateurs, administrateurs ou joueurs, partageaient aussi ce goût pour les sports de raquette, qu'il s'agisse de tennis, racquetball, squash ou badminton.

Un jour que nous étions à Houston, je me suis arrêté dans le lobby de l'hôtel où nous logions pour bavarder avec Dave Van Horne, commentateur au réseau anglais des Expos, et Jim Fazholz, le vice-président responsable de la radio et de la télévision chez les Expos, eux aussi amateurs de tennis.

Nous discutions de la possibilité d'aller disputer un match le lendemain matin quand est arrivé le lanceur des Expos Carl Morton, auteur d'une fiche de 18-10 la saison précédente (qui lui avait d'ailleurs valu le titre de Recrue de l'année dans la Ligue nationale). Après nous avoir entendu parler de notre projet, Morton nous a dit qu'il aimerait bien se joindre à nous.

Fazholz a réussi à nous réserver un court à l'Université Rice et nous nous sommes donné rendez-vous à 9 h dans le lobby de l'hôtel. Ne perdant jamais de vue mon boulot, je me disais que ce serait une façon intéressante d'en apprendre un peu plus sur le lanceur étoile des Expos.

Même si c'était en matinée, il faisait une chaleur torride, plus de 100 °F – sur un court de ciment, par-dessus le marché. Nous avons dû jouer pendant au moins une heure et demie – et sué à très grosses gouttes. Mais j'étais content puisque j'avais pu causer avec Carl loin des oreilles indiscrètes de mes confrères.

Or, à notre retour à l'hôtel, un homme nous attendait dans le lobby: Gene Mauch. Quand il a vu de quoi nous avions l'air – les cheveux en broussaille, le visage rougi –, il nous a fixés de son fameux regard perçant.

«Quel beau groupe vous faites, vous quatre, il a dit, les dents serrées. Un journaliste, un de nos commentateurs et un de nos vice-présidents qui sont allés jouer au tennis avec mon meilleur lanceur et par une chaleur inhumaine... C'est la première et la dernière fois que ça se produit, tenez-vous-le pour dit!», a lancé le gérant des Expos en tournant les talons.

Pas de doute: nous avons eu aussi chaud dans le lobby de l'hôtel que sur le court de tennis!

C'est aussi à mes dépens que j'ai appris qu'il vaut mieux ne pas transgresser certaines règles non écrites du baseball majeur.

Durant l'été 1969, mon patron Gerry Champagne m'avait demandé d'aller rencontrer les deux lanceurs prévus pour le premier match d'un double présenté en soirée entre les Expos et les Cards de Saint Louis: Larry Jaster des Expos et Bob Gibson des Cards. Il souhaitait que je m'entretienne avec chacun d'eux et que je les prenne en photo.

Mais les lanceurs des majeures ne veulent pas être importunés les jours où c'est à leur tour de lancer. Ce n'est pas que Bob Gibson ne voulait pas être importuné un jour de match, c'est qu'il *détestait* ça.

Gibson était non seulement un athlète imposant, mais il avait aussi la peau très noire, ce qui rendait son regard encore plus intimidant. C'était d'ailleurs une des raisons de ses remarquables succès au monticule. Je me suis approché de lui mais n'ai pas eu le temps de dire grand-chose: Gibson m'a reviré de bord comme ça ne m'était pas souvent arrivé dans ma vie.

J'ai rappelé Gerry Champagne pour lui annoncer que ça ne marcherait pas avec Gibson. Il a ri et m'a dit de me rabattre sur Jaster.

Des années plus tard, j'ai revu Gibson alors qu'il faisait de la radio avec l'annonceur Mike Shannon pour le compte des Cards. Quand je lui ai rappelé l'incident, il ne s'en souvenait pas, mais il a ri un bon coup.

Parfois, avec un coup de main, on arrive plus facilement à parler aux dieux du stade.

Un jour, à Pittsburgh, le grand Roberto Clemente avait connu un match difficile, étant retiré sur des prises à ses premières présences au bâton. Mais il s'était racheté en fin de match en faisant gagner son club grâce à un coup sûr opportun.

Après le match, le gérant Danny Murtaugh des Pirates nous attendait, comme c'était son habitude, dans sa chaise berçante... Clemente, qui n'était pas facile d'approche, s'était pour sa part réfugié dans la petite salle du soigneur.

Mais mon idée était faite, je voulais parler au grand Roberto Clemente. «Danny, j'aimerais bien parler à Roberto mais il est dans le bain tourbillon où on n'a pas le droit d'aller.» Murtaugh se lève et me dit: «Viens avec moi.»

Quelques instants plus tard, Clemente a vu entrer son gérant accompagné de ce scribe montréalais et de quelques autres journalistes qui n'étaient pas pour rater cette occasion. «*Roberto, this is Jacques Doucet from the Montreal Expos and he'd like to talk to you. But it can't wait because he has this deadline, you see...*» Toujours dans le jacuzzi, Roberto a répondu à mes questions et tous les autres journa-listes en ont profité pour noter ses réponses.

C'est une des rares fois où j'ai vu des journalistes entrer dans le sanctuaire qu'est le local du soigneur.

Si certains joueurs n'aimaient pas parler aux médias, d'autres ne leur adressaient tout simplement pas la parole. Willie Mays avait été éreinté par des journalistes plus tôt en carrière et refusait la plupart des entrevues. Steve Carlton a passé une décennie à ne jamais s'adresser à un journaliste.

Le releveur des Expos Mike Marshall, lui, acceptait de répondre à nos questions, mais il aurait peut-être été mieux de laisser faire…

Durant son séjour de quelques années chez les Expos, Marshall est devenu l'un des meilleurs releveurs des majeures, sinon le meilleur. Le problème, c'est qu'il le savait trop. Il avait beau ne faire que 5' 10", il devait penser qu'il mesurait 7' tellement il nous regardait de haut.

Pourtant, fort d'un dossier de 7-22 en 89 matchs avec Detroit, Seattle et Houston avant d'arriver à Montréal, il n'avait vraiment rien pour pavoiser de la sorte. Toutefois, après que Gene Mauch l'eut converti en releveur et lui eut confié le rôle de spécialiste de fin de match à la place de Claude Raymond, Mike Marshall s'est mis à agir comme un coq dans un poulailler.

Un jour, je l'avais interviewé à la suite d'un sauvetage de fin de 9e manche au cours duquel un frappeur avait frappé une très longue fausse balle qui était passée à quelques centimètres du poteau de démarcation. Interrogé à savoir s'il avait eu chaud quand la balle avait quitté le bâton du frappeur, Marshall a répondu sans broncher : « Pas du tout. Je lui avais servi un tir à l'intérieur. Je savais qu'il frapperait une fausse balle… »

Les journalistes n'étaient pas les seuls qui avaient maille à partir avec Marshall. Plusieurs de ses coéquipiers n'étaient pas capables de le blairer.

Un jour où Marshall lançait en relève, Ron Hunt avait commis une erreur coûteuse à la défensive. Au monticule, Marshall avait longue-ment fixé Hunt à sa position au deuxième but.

Loin d'être intimidé par l'attitude de Marshall, Hunt avait demandé un temps d'arrêt et s'était dirigé vers le monticule. À la hauteur de Marshall, Hunt a fait mine de s'intéresser au sac de résine qui se trouvait près de la plaque du lanceur. Mais ses propos pour le lanceur étaient on ne peut plus clairs : « Tu me fais ça une autre fois et je te fous mon poing sur la gueule, ici, devant tout le monde. » Heureusement, Marshall avait pris son trou. Connaissant Hunt comme je le connais, si le lanceur avait continué à le provoquer, la bagarre aurait éclaté sur-le-champ.

D'ailleurs, une bagarre est effectivement survenue entre Marshall et un coéquipier, mais pas ce jour-là. L'histoire vient du commentateur et ex-receveur Tim McCarver dans son autobiographie *Oh, Baby, I Love It!*

Le 8 septembre 1972, les Expos et les Pirates étaient à égalité à 2-2 en début de 12e manche, et Marshall était au monticule. Avec un coureur au troisième et deux retraits, Roberto Clemente s'est amené au bâton. McCarver a demandé un temps d'arrêt et s'est rendu au monticule parler avec Marshall. Aussitôt, Gene Mauch est allé les rejoindre.

Avec Clemente au bâton, il valait mieux jouer de prudence et lui donner une passe gratuite, d'autant plus que le prochain frappeur, Bob Robertson, présentait une moyenne sous les ,200. Sauf que Marshall ne l'entendait pas de cette façon : il voulait affronter Clemente. Pas question, lui ont répondu Mauch et McCarver.

Se ralliant à contrecœur à l'avis du receveur et du gérant, Marshall a donc donné un but sur balles intentionnel à Clemente. Malheureusement, la belle stratégie de Mauch et McCarver est tombée à l'eau quand Robertson a cogné un double qui a fait marquer deux points. Pirates 4, Expos 2.

Le dos tourné au marbre, Marshall a jeté le sac de résine au sol à quelques reprises, question de faire comprendre à McCarver que tout ça était de sa faute. Après avoir retiré le frappeur suivant, Marshall s'est précipité en direction de l'abri, le doigt pointé vers le receveur : « Toi, je ne veux plus jamais te voir au monticule à moins que ce soit *moi* qui te demande de venir! » McCarver raconte que la seule raison pour laquelle il ne lui a pas sauté au visage immédiatement, c'est que l'abri des joueurs était trop petit.

À la fin du match (perdu par les Expos), Marshall sortait de la douche quand McCarver, toujours en uniforme, s'est élancé vers lui et lui a sauté dessus.

Quand Gene Mauch est entré dans le vestiaire, les deux hommes se tapochaient à cœur joie. « Qu'est-ce qui se passe ici? », a crié le gérant. C'est alors que Ron Hunt s'est interposé : « Gene, si tu veux frapper Marshall toi aussi, il va falloir que tu fasses la queue comme tout le monde. »

À la fin de la saison 1973, en partie pour assainir l'atmosphère du vestiaire, les Expos ont échangé Mike Marshall aux Dodgers de Los Angeles.

Plusieurs années plus tard, lors d'un match des Anciens auquel il avait été invité avec d'autres, j'ai vu Marshall se promener sur le terrain du Stade olympique et sur la galerie de presse, cherchant quelqu'un avec qui bavarder. C'était un peu triste à voir, puisque tous, journalistes comme anciens joueurs, le fuyaient comme la peste.

Heureusement, tous les joueurs de baseball ne sont pas des Mike Marshall.

Un des athlètes les plus sympathiques qu'il m'ait été donné de croiser est très certainement Ernie Banks, le légendaire arrêt-court et premier-but des Cubs de Chicago.

En avril 1969, j'ai foulé pour la première fois le terrain du Wrigley Field, lieu sacré où Babe Ruth a, selon la légende, pointé de son bâton les gradins du champ extérieur avant d'y propulser une balle.

En m'approchant de la cage des frappeurs durant l'exercice au bâton, j'ai aperçu l'unique numéro 14 des Cubs qui bavardait, détendu, avec des coéquipiers et quelques journalistes.

Après son tour au bâton, je me suis timidement approché de celui qu'on appelle Mr Cub pour me présenter.

« *You're French, aren't you?* m'a demandé Ernie. *How do you say "It's a good day for two in French"?* »

« *It's a good day for two* » était la phrase fétiche de Banks, qui résumait bien sa passion du baseball.

J'ai répondu à Ernie que je traduirais l'expression par : « Une bonne journée pour deux. » Il m'a demandé de répéter ce bout de phrase quelques fois et m'a refait la demande les deux journées suivantes lors de l'exercice au bâton.

Quelques mois plus tard, alors que j'arrivais à mon hôtel à Washington pour assister à mon premier match des Étoiles, j'ai aperçu Ernie Banks en conversation avec des gens dans le lobby.

Soudainement, il a quitté le groupe et s'est dirigé vers moi en me tendant la main, un large sourire sur le visage :

« Bonjour, Jacques. Une bonne journée pour deux ? »

Je n'ai jamais oublié ce geste fait par un des très grands joueurs de baseball de tous les temps.

Un des avantages de travailler dans les médias écrits (plutôt qu'électroniques), c'est le temps dont on dispose pour réagir à un événement ou une situation.

En 1970, Claude Raymond avait connu une excellente saison avec les Expos. Souvent utilisé en fin de rencontre pour fermer les livres, il avait sauvegardé 23 matchs.

Or, le printemps suivant, Claude avait raté la dernière portion du camp d'entraînement en raison d'une bête blessure à une cheville (qu'il s'était infligée en courant sur un terrain détrempé) qui a pris plus de temps à guérir qu'escompté.

Quand la saison régulière a commencé, Claude commençait à retrouver sa forme mais une mauvaise sortie dans le 3e match de la saison l'a relégué aux oubliettes jusqu'au 29 avril. À ce moment, c'était Mike Marshall qui occupait le rôle de releveur de fin de match. Claude, lui, ne fut plus qu'utilisé en longue relève, et rarement dans des situations où les matchs étaient chaudement disputés. Pour exceller, plusieurs lanceurs – et Claude était un de ceux-là – ont besoin d'être plongés dans des situations corsées.

Les quotidiens montréalais (le *Montréal-Matin* et le *Journal de Montréal*, mais aussi la *Gazette* et le *Star*) ont commencé à décrier la situation, cherchant à comprendre pourquoi le club adoptait une telle position envers celui qui les avait si bien servis l'année précédente. « Qu'est-ce qui arrive avec Claude Raymond ? », avait demandé Jean-Paul Sarault dans le *Montréal-Matin*. « Il nous a donné 23 matchs sauvegardés l'an dernier et maintenant on ne le voit plus ? »

Moi, je n'avais pas tout de suite sauté dans la mêlée. Mon amitié avec Claude m'inspirait de la prudence, je ne voulais pas laisser mes sentiments dicter ma pensée. J'ai pris le temps d'analyser la situation, question d'appuyer mes arguments sur des faits. Quelques semaines plus tard, j'ai produit un long texte étoffé, qui faisait la démonstration, statistiques à l'appui, qu'on n'avait pas raison de laisser Claude Raymond de côté.

Une fois le texte publié, Jim Fanning est venu me voir (les articles des journaux francophones étaient toujours traduits pour la direction des Expos) pour en discuter : « C'était un bon texte, Jacques. Tu as probablement raison, peut-être que nous avons eu tort de procéder comme on l'a fait. Mais dès le début de la saison, McHale, Mauch et moi on avait décidé, d'un commun accord, que notre homme de confiance serait Mike Marshall. On a décidé qu'on vivrait ou mourrait avec cette décision. »

Sauf l'amitié que je porte à Claude, force est de reconnaître que compte tenu de l'incroyable performance de Marshall comme releveur numéro un – surtout en 1972 et 1973 –, leur pressentiment de miser sur lui avait été le bon. Mais il demeure qu'ils n'ont pas donné de deuxième chance à Claude Raymond.

En janvier 1972, les Expos annonçaient qu'ils lui donnaient son congé sans condition. À 34 ans, la carrière de joueur de Claude Raymond était subitement chose du passé.

Le plus gros scoop de mes trois années comme journaliste affecté à la couverture des Expos est survenu vers la fin de la saison 1971, alors que j'avais écrit dans *La Presse* que l'instructeur au 3e but des Expos, Don Zimmer, quitterait l'équipe à la fin de la saison pour occuper le rôle de gérant avec les Padres de San Diego.

Avant de publier le texte, j'étais allé voir le principal intéressé pour lui faire commenter la rumeur.

« Je sais pas où t'es allé chercher cette histoire-là, mais c'est complètement faux », m'a répondu celui qu'on appelait familièrement Popeye (il ressemblait effectivement au célèbre marin). Quand j'ai précisé qu'une personne bien informée m'avait confirmé l'information, Zimmer en a rajouté. « Ta source ne sait pas de quoi elle parle. J'ai jamais discuté de quoi que ce soit avec les Padres de San Diego. »

J'ai quand même fini d'écrire le texte et il a paru le lendemain. Avant le match, Zimmer est venu à ma rencontre. « Pourquoi t'as sorti ça ? Je t'ai dit que c'était pas vrai ! » Puis il en a rajouté encore un peu : « Je vais faire un *deal* avec toi : si jamais je deviens le gérant des Padres, je vous emmène, toi et tes chums, manger un steak dans le restaurant de ton choix. »

De deux choses l'une : ou bien ma source n'était pas aussi fiable que je l'avais pensé, ou bien Zimmer essayait de m'en passer une vite.

Quelques semaines plus tard, les Padres de San Diego annonçaient l'embauche d'un nouvel adjoint à leur gérant Preston Gomez, un type du nom de… Don Zimmer. L'année suivante, 11 jours après le début de la saison, il devenait officiellement le gérant des Padres.

Mais Popeye était beau joueur, et lorsqu'il est revenu à Montréal durant l'été, il nous a invités, moi et quelques autres, à aller manger ce fameux steak dans un restaurant du centre-ville…

Dans les premières années du parc Jarry, il arrivait qu'on offre quelques petits mandats en à-côté aux membres de la presse.

C'est de cette façon que je me suis retrouvé à jouer occasionnellement le rôle de marqueur officiel de matchs du baseball majeur.

Il va sans dire qu'avant de marquer mon premier match, j'ai dû lire et relire le livre des règlements du baseball, dont j'avais sans cesse un exemplaire avec moi.

Le meilleur conseil que j'aie reçu est venu d'un vétéran collègue de Chicago, Jim Enright. Il m'a dit que pour éviter toute controverse, je devais m'assurer que le premier coup sûr d'un match devait en être un hors de tout doute. Pour les autres, j'avais le privilège de changer ma décision plus tard dans le match, même jusqu'à 24 heures après une rencontre. En agissant de la sorte, je n'aurais jamais l'odieux d'avoir déclaré un coup sûr douteux comme étant le seul d'un match, privant ainsi un lanceur d'un match sans point ni coup sûr.

Aussi, dans une situation douteuse, Enright m'a conseillé d'annoncer que ma décision n'était pas finale et que je préférais discuter avec les gens concernés avant de trancher.

À l'instar du travail d'arbitre, c'était un boulot qui soulevait bien des objections de la part des joueurs et gérants. Il arrivait même que ces derniers appelaient le marqueur officiel sur la passerelle pour se plaindre de telle ou telle décision.

Je me souviens qu'en août 1969, alors que Coco Laboy avait d'excellentes chances de mériter le titre de Recrue de l'année, j'avais débité Al Ferrara, le voltigeur de gauche des Padres de San Diego, d'une erreur à la suite d'une flèche que Laboy avait frappée en sa direction. Ferrara avait foncé sur la balle, mais celle-ci était passée par-dessus sa tête et Laboy avait pu filer jusqu'au deuxième.

Gene Mauch n'a pas pris de temps à m'appeler sur la passerelle pour contester ma décision. « Voyons, c'était un double, ça! À part ça, tu vois pas que Ferrara n'est pas un gant doré? »

Je n'avais pas envie de me laisser impressionner : « Écoute bien, Gene. Ferrera n'est peut-être pas un gant doré, mais il est dans le baseball majeur et un voltigeur des majeures aurait dû capter cette balle-là! Je ne veux plus en entendre parler! »

Être marqueur officiel est un travail intéressant, mais combien ingrat. Et comme pour le travail d'arbitre, toutes les fois qu'on travaille de façon impeccable, personne ne s'en rend compte !

Un autre boulot auquel j'ai été affecté pendant mes trois années de *beat* pour *La Presse*, c'est celui de... commentateur radio suppléant.

De 1969 à 1971, les matchs des Expos à la radio francophone étaient diffusés à CKVL ; le commentateur principal était Jean-Pierre Roy, l'ancien lanceur des Royaux de Montréal (et, très brièvement, des Dodgers de Brooklyn) dans les années 1940. Quant au rôle d'analyste (en anglais, on dit *color man*), il revenait à Jean-Paul Sarault (dont le job principal était celui de *beatwriter* pour le *Montréal-Matin*). Jean-Paul décrivait les 4e, 5e et 6e manches, Jean-Pierre faisait les autres.

Or, Jean-Pierre assumait aussi l'analyse des matchs hebdomadaires à la télévision, normalement diffusés le mercredi. Évidemment, quand il était à la télévision, il fallait le remplacer pour accompagner Sarault dans la description de matchs. Par exemple, lors du tout premier match des Expos à New York en 1969, c'est le journaliste Fernand Liboiron, du *Montréal-Matin*, qui avait épaulé Sarault pendant que Jean-Pierre travaillait aux côtés de Guy Ferron.

Dans les premiers mois d'existence des Expos, on avait fait l'essai de quelques autres « suppléants », mais l'expérience n'avait pas été concluante.

C'est alors que Jean-Paul Sarault a eu une idée qu'il a aussitôt soumise à John McHale et Jim Fazholz (alors responsable des médias pour les Expos) : « Pourquoi vous demandez pas au gars de *La Presse* ? Son français n'est pas méchant, il a déjà fait un peu de football à la radio et puis, comme journaliste qui couvre le club, il a l'habitude de parler à la radio. À part de ça, il voyage déjà avec nous autres : quand on sera sur la route, vous aurez pas à payer le voyage d'un autre gars. »

McHale et Fazholz ont accepté et m'ont offert de devenir le commentateur radio suppléant des Expos. J'y ai vu tout de suite une occasion intéressante de développer un autre aspect de mon travail. De plus, le cachet qui venait avec le job me permettrait d'arrondir mes fins de mois.

Chez mon employeur, cette affectation ne posait pas de problème, d'autant plus que nous étions un journal d'après-midi. « Je ne vois pas de conflit d'intérêt là-dedans, a dit Gerry Champagne, mon patron. Et puis c'est seulement une fois par semaine. »

Au début de notre collaboration, Jean-Paul faisait la description des neuf manches et moi je faisais les commentaires.

Le problème, c'est que Jean-Paul devait aussi commencer à écrire son texte du lendemain *pendant* le déroulement du match (le multitâches n'est pas d'hier…). Si bien qu'à un moment donné, il m'a fait comprendre qu'un de ces jours, il me passerait le micro pour que j'assume la description des manches médianes (les 4e, 5e et 6e), question de lui donner le temps d'avancer dans son article (et de souffler un peu).

Alors, un mercredi, sans m'avertir d'avance, Jean-Paul lance dans le micro : « Mesdames, messieurs, pour la description des trois prochaines manches, voici Jacques Doucet ! »

Après avoir avalé de travers, j'ai attrapé le micro et n'ai pas eu le choix de plonger. Je ne me souviens plus des circonstances exactes de cette première fois, mais je crois qu'après être resté figé un peu, tout s'était bien déroulé.

J'ai agi comme commentateur suppléant pendant deux saisons et demie – pour un total d'une soixantaine de matchs.

Travailler avec Jean-Paul Sarault, c'était avoir l'assurance que la rigolade serait toujours de la partie. Il avait un extraordinaire sens de la répartie. Et avec lui, on ne savait jamais à quoi s'attendre.

À l'occasion, il prenait un malin plaisir à massacrer la langue française. Il pouvait très bien dire en ondes : « Les Expos sont accumulés au pied du mur », sachant très bien qu'il fallait dire « acculé ». Je lui disais : « Voyons donc, Jean-Paul… », et il répondait : « Je le sais, Jacques. C'est juste pour faire sursauter le monde. » Je l'ai déjà entendu faire un appel interurbain en disant à l'opératrice : « *My name is Sarault with an S, like Cincinnati.* »

Parfois, entre deux manches, nous avions à lire des publicités en ondes. Jean-Paul devait lire un court texte sur l'antisudorifique Right Guard, mais, à chaque fois, il trébuchait sur le mot « antisudorifique ». Alors quand venait le moment de lire la pub en ondes, il nous demandait – à moi et à notre technicien Paul Hébert – de ne pas le regarder et, surtout, de ne pas le faire rire.

Un jour, alors que Jean-Paul commence à faire son boniment, Hébert et moi on se lève pour quitter le studio sur la pointe des pieds. Conscient qu'il se passe quelque chose derrière lui, Jean-Paul se met à bégayer dès que le mot antisudorifique se met sur son chemin. Puis, réalisant qu'il est seul dans le studio, il se met à rire sans pouvoir s'arrêter. Il n'a jamais pu terminer sa lecture.

C'est par ailleurs Sarault qui m'a affublé de mon surnom, « Groucho ». Un jour, je m'étais présenté au stade avec les cheveux bouclés (on m'avait dit qu'une permanente pouvait contrer les effets de la calvitie…). Mon nouveau style n'avait pas impressionné Jean-Paul, qui pensait plutôt que ça me donnait des airs de Groucho Marx. Le nom est resté…

Au fil des ans, à chaque fois que je parle de mes débuts à la radio, je ne manque jamais de remercier Jean-Paul de m'avoir donné ma première chance. S'il ne m'avait pas recommandé aux Expos, je n'aurais fort probablement pas connu la carrière que j'ai eue par la suite.

En plus de travailler avec Jean-Paul, j'ai aussi eu le grand plaisir de travailler à la description d'un (un seul !) match des Expos en compagnie du grand René Lecavalier.

Peu de gens se souviennent de ceci, mais dans les premières années des Expos, la radio de Radio-Canada diffusait une fois par semaine – le samedi – un match de l'équipe montréalaise. Et le descripteur était nul autre que la prestigieuse tête d'affiche de *La Soirée du hockey*.

En plus de mes fonctions habituelles au journal, je travaillais comme recherchiste sur ce match du samedi. Un jour, je me présente au parc Jarry avec ma documentation habituelle pour apprendre que le partenaire d'ondes de M. Lecavalier souffre d'une extinction de voix et est resté à la maison. Si le réalisateur de l'émission était catastrophé,

M. Lecavalier, lui, avait déjà trouvé une solution : « Il n'y a pas de pro-blème, M. Doucet est ici… »

Le réalisateur est venu me demander si j'accepterais d'agir à titre d'analyste avec René Lecavalier. *Travailler avec René Lecavalier ?* J'aurais payé pour avoir cette chance… René était LE modèle à suivre pour tous les commentateurs en herbe, et comme tant de Québécois et Canadiens de langue française, j'avais assidûment suivi ses descrip-tions des matchs des Canadiens de Montréal.

Décrire un match à ses côtés a été une expérience formidable : non seulement René connaissait fort bien le baseball, mais j'ai aussi été à même d'apprécier combien avec lui la description d'un match prenait rapidement la forme d'un dialogue, d'un échange. Si, comme tous ceux qui ont eu le bonheur de l'entendre se souviendront, la qualité de son français était impeccable, sa facilité d'élocution était tout aussi exceptionnelle.

René Lecavalier avait également une mémoire phénoménale, et cela même pour un sport qui n'était pas son principal gagne-pain.

Le seul reproche qu'on pouvait lui faire est qu'il avait parfois ten-dance à poser une question… à laquelle il s'empressait de répondre lui-même ! Moi, je me contentais de répondre : « Effectivement, René. » Mais c'était facile d'être d'accord avec lui puisque ses analyses étaient solides, réfléchies.

J'ai fait ce travail de commentateur comme j'avais fait le travail de marqueur : en trouvant ça stimulant et formateur, mais sans pour autant vouloir en faire une carrière. À mes yeux, j'étais à *La Presse* pour rester. J'aimais écrire et le rythme de travail d'un quotidien me convenait parfaitement.

Mais la situation avait commencé à changer à *La Presse*. En juillet 1971, le journal avait été vendu à de nouveaux propriétaires (Power Corporation et Paul Desmarais) et rapidement, notre syndicat avait entrepris de longues et acrimonieuses négociations avec eux.

Par ailleurs, il s'était opéré un changement de garde progressif dans la salle de rédaction. À 32 ans, j'étais maintenant de la vieille garde et je commençais à me sentir de moins en moins à l'aise dans mon journal. Pendant la saison, tout allait bien, j'étais constamment avec les Expos, la moitié du temps à l'étranger, mais l'hiver je me plaisais moins à rester au bureau pour faire de la traduction ou d'autres « tâches connexes ». Mon mentor Gérard Champagne, un type d'une grande humanité que j'appréciais énormément, était décédé prématurément – à l'âge de 45 ans – en mai 1970. Une nouvelle vague de journalistes arrivait, je reconnaissais de moins en moins le journal qui m'avait accueilli 10 ans plus tôt.

De son côté, la direction des Expos avait pris une décision : on voulait des commentateurs radio entièrement dédiés à cette tâche. On a donc demandé à Jean-Paul Sarault de choisir : ou bien il prenait le poste de commentateur à plein temps et quittait le *Montréal-Matin*, ou bien il restait journaliste et cédait définitivement son micro.

Jean-Paul a choisi le *Montréal-Matin*.

Les Expos se sont tout de suite tournés vers moi : si j'étais prêt à quitter *La Presse*, ils m'engageaient sur-le-champ comme commentateur principal. Jean-Pierre Roy, lui, serait muté au rôle d'analyste.

À *La Presse*, j'avais un emploi « permanent », qui incluait caisse de retraite et avantages sociaux. Les Expos, eux, m'offraient un contrat d'un an. Ce n'était pas une décision facile. J'adorais mon travail de *beatwriter*, j'étais de plus en plus à l'aise comme reporter de baseball, et le salaire me convenait très bien. Toutefois, après avoir mûrement soupesé la question, j'ai décidé de plonger et de suivre ce que mes tripes me disaient de faire : choisir les Expos.

Pour me sécuriser, j'ai demandé à John McHale, le président des Expos, un contrat de deux ans : je voulais voir comment j'allais aimer ça et si le public allait m'accepter. Comme j'adorais écrire, j'ai aussi demandé la permission de continuer d'écrire ma chronique hebdomadaire sur le baseball dans le *Dimanche-Matin*. Monsieur McHale a acquiescé à mes deux demandes.

Je dis souvent que j'ai eu beaucoup de chance dans ma vie, que le *timing* – une chose qu'on ne contrôle pas vraiment – a souvent été parfait. Ça a rarement été aussi vrai qu'en ces circonstances-là : j'ai remis ma lettre de démission à *La Presse* le vendredi, et le lundi matin, le journal tombait en lock-out. Quant au *Montréal-Matin*, le quotidien qu'avait préféré mon collègue Jean-Paul Sarault aux Expos, il fermerait ses portes quelques années plus tard, en 1978.

Je suis resté au micro des Expos pendant 33 ans.

CHAPITRE 3

Métier : commentateur

La vie apporte décidément son lot de surprises : alors que je me voyais plus que jamais gagner ma vie comme journaliste pour la presse écrite et au moment où ma carrière trouvait sa vitesse de croisière, je changeais brusquement de parcours, troquant ma machine à écrire pour un micro.

J'ai souvent pensé à mon père en m'installant dans le petit studio du parc Jarry pour décrire un match des Expos. Si la mort ne l'avait pas surpris à 52 ans, Jean-Marcel Doucet aurait sans aucun doute été un des plus fidèles auditeurs du baseball des Expos à la radio. Je l'aurais certainement invité à me rejoindre occasionnellement sur la passerelle, trouvant aussi le moyen de lui céder momentanément le micro. Je sais qu'il aurait été fier de voir son fils devenir la voix des Expos.

Quand j'ai commencé à œuvrer comme commentateur à plein temps en avril 1972, la voix des Expos, c'était Jean-Pierre Roy. Jean-Paul Sarault étant davantage associé à son travail de journaliste pour le *Montréal-Matin* qu'à son boulot de commentateur (qui était un à-côté pour lui), le visage médiatique francophone numéro un du club était très certainement Jean-Pierre. Quand il ne commentait pas les matchs à la radio, l'ancien lanceur des années 1940 et 1950 agissait comme analyste avec Guy Ferron à la télévision de Radio-Canada.

Les plus anciens se rappelaient bien le lanceur des Royaux qui avait remporté 25 matchs pour ceux-ci en 1945, une performance exceptionnelle qui lui avait valu d'être invité au camp d'entraînement des Dodgers de Brooklyn le printemps suivant (le premier camp des majeures de Jackie Robinson, soit dit en passant).

Les histoires sur Jean-Pierre Roy étaient du domaine de la légende, qu'elles concernent sa défection de Brooklyn pour aller jouer dans une ligue hors-la-loi du Mexique en 1946, ses allers-retours d'une ville à l'autre – des deux côtés de la frontière et même à Cuba –, sa carrière de chanteur de charme à Las Vegas ou encore sa réputation de don Juan. En un peu plus de 50 ans de vie, Roy avait probablement vécu l'équivalent de deux ou trois – et il en vivrait d'autres encore…

Après l'annonce de l'octroi d'une franchise des majeures à Montréal en mai 1968, Jean-Pierre était aussitôt rentré des États-Unis, et la jeune organisation l'avait engagé sans tarder dans diverses fonctions de relations publiques, dont la vente de billets. C'est à son contact que John McHale a eu l'idée de lui offrir un emploi de commentateur à la radio. Jean-Pierre n'avait pas vraiment d'expérience dans le domaine mais il avait une personnalité engageante et, évidemment, connaissait très bien le baseball.

De 1969 à 1971, les amateurs de baseball de Montréal avaient découvert un type charmant, simple, sympathique, qui compensait amplement quelques maladresses lexicales ou syntaxiques – dues à un long séjour aux États-Unis – par un naturel désarmant.

J'avais pensé que cette première saison en serait une d'observation : Jean-Pierre continuerait de faire ce qu'il faisait depuis trois ans et je m'adapterais à ce fonctionnement en façonnant peu à peu ma propre «personnalité» de commentateur.

Mais chez les Expos et à CKAC, on me voyait plutôt comme chef d'antenne de l'émission ; on m'a même suggéré de faire la description des neuf manches, reléguant Jean-Pierre à un rôle d'analyste. Pour éviter de bousculer mon compagnon d'ondes – et pour épargner mes cordes vocales ! –, j'ai proposé que Jean-Pierre conserve la description des trois manches médianes (4e, 5e et 6e), comme le faisait autrefois

Jean-Paul Sarault. Toutefois, je trouvais important de renouveler quelque peu la formule du *Baseball des Expos* et j'en avais fait part à M. McHale : « Si jamais j'échouais dans mes nouvelles fonctions, je voudrais que ce soit à cause de *mes* idées, pas celles des autres... » Il comprenait mon point de vue : « Jacques, fais ce que bon te semble. »

En fait, je n'avais pas l'intention de révolutionner la formule. Mais il y avait certaines choses auxquelles je tenais, et qui me semblaient importantes pour le succès de l'émission auprès des auditeurs. Une de ces choses était les entrevues d'avant-match avec les joueurs.

À mes yeux, nos auditeurs – même ceux qui éprouvaient des difficultés en anglais – avaient envie d'entendre les Willie Mays, Hank Aaron, Tom Seaver et les autres grandes vedettes de la Ligue nationale répondre aux questions d'un interviewer bien de chez eux, et Jean-Pierre et moi avons convenu qu'il se chargerait de les rencontrer avant les matchs.

Ça a fonctionné pendant un certain temps, jusqu'à ce que Jean-Pierre délaisse peu à peu les joueurs et se tourne plutôt vers les gérants et les adjoints du gérant. La raison en était simple : il avait connu bon nombre d'entre eux alors qu'il était joueur et était plus à l'aise de bavarder avec eux qu'avec les vedettes de l'heure.

Ce n'était pas facile à faire – Jean-Pierre étant mon aîné d'une vingtaine d'années – mais plus tard durant la saison, j'ai dû revenir à la charge. Un soir, alors que nous soupions à Chicago, j'ai rouvert le sujet : « À partir de demain, je vais faire l'émission d'avant-match et tu feras celle d'après-match. Rappelle-toi qu'on avait convenu en début de saison que tu interviewerais les vedettes... » « Monsieur McHale est-il au courant ? » « Il m'a donné carte blanche, Jean-Pierre. Si t'es pas content, tu l'appelleras. »

Ce fut la seule occasion où il y a eu une friction entre nous. Jean-Pierre et moi nous sommes très bien entendus et après une saison, nous avions établi un mode de fonctionnement qui nous convenait à tous les deux.

Notre association n'a toutefois pas duré, puisqu'à la fin de cette première saison, Jean-Pierre Roy a quitté les Expos pour se joindre à la brasserie O'Keeke (le commanditaire numéro un des Expos à l'époque) à titre de relationniste. Jean-Pierre a pu conserver son rôle d'analyste à la télévision – au rythme d'un match par semaine – mais il n'a plus retravaillé à la radio.

Ce qui a peut-être été le plus difficile dans l'adaptation à mon nouveau métier de commentateur, ça a été de mettre de côté mon esprit critique de journaliste. Après 10 ans de métier dans le journalisme écrit, années passées à décortiquer les matchs, à analyser les stratégies (bonnes et mauvaises), à évaluer le jeu des athlètes et les décisions des dirigeants, je devais maintenant me limiter à décrire, le plus objectivement possible, ce qui se déroulait sur le terrain.

Cela étant dit, aucun commentateur associé à une équipe sur une base quotidienne n'aurait avantage à viser une impartialité absolue en décrivant un match. Quand on ouvre son micro, on sait que notre auditoire sera composé à 95 % (chiffre non scientifique !) de partisans du club local. Sans confondre le rôle de commentateur avec la passion du partisan aveugle (incapable de voir les bons coups de l'adversaire ou la justesse d'une décision d'un arbitre défavorisant son club), j'ai toujours pensé que mon rôle de commentateur était de faire participer l'auditeur à l'émotion d'un match. Or, cette émotion, elle est presque toujours partisane : rares sont les fans qui écoutent un match sans parti pris pour une équipe ou une autre, en souhaitant que les deux clubs jouent une belle partie ! Le plaisir vient évidemment de notre identification à la « cause » de notre club. S'il gagne, on sent qu'on a gagné aussi un peu ; s'il perd, on souffre *avec* lui, plus encore que pour lui.

Je sais que quand j'étais jeune, j'aurais été bien déçu d'entendre René Lecavalier ou Michel Normandin célébrer sobrement les exploits de Maurice Richard ou de Jean Béliveau. Entendre Rodger Brulotte crier : « BONSOIR, ELLE EST PARTIE ! » sur un coup de circuit de Larry Walker en fin de match agit comme une catharsis libérant l'auditeur de la tension qu'il a accumulée avec tout ce qui a précédé. D'une certaine façon, on lui doit ce moment d'exaltation, l'en priver serait non seulement de la mauvaise radio, ce serait aussi inélégant.

Pour les *broadcasters* œuvrant pour un réseau de télévision national, les choses sont évidemment bien différentes. Quand il décrit un match de Série mondiale, Vin Scully ne sait pas quel pourcentage de son auditoire appuie une équipe ou une autre. Dans ce cas, l'impartialité est évidemment le seul parti pris possible.

Même si j'ai agi pendant 33 ans comme commentateur d'une même équipe, je dois toutefois avoir réussi à conserver une bonne dose d'objectivité, car durant ma carrière, il est arrivé souvent que les joueurs des Expos me reprochent d'avoir décrit avec un peu trop d'enthousiasme le circuit d'un adversaire…

Dans les dernières années des Expos, le lanceur Livan Hernandez avait entendu ma description d'un circuit de l'équipe adverse, description qu'il avait trouvée trop emportée à son goût. Le lendemain, il était passé me voir :

— C'était quoi l'idée de crier comme ça ? On était en train de perdre !

— Toi, quand tu lances, tu donnes un spectacle, non ? Moi, c'est à la radio que je donne mon show.

— Oui, mais c'est pas correct, tu travailles pour les Expos !

— Livan, quand je fais de la radio, je décris ce qui se déroule sur le terrain. Qu'un bon coup vienne des Expos ou de l'adversaire, moi je le décris comme je le vois.

Je comprenais les arguments de Hernandez. Mais j'ai toujours essayé de ne pas être démesurément partisan. Dès mes débuts au micro, j'avais décidé qu'en étant le plus objectif possible (c'est-à-dire non indifférent, mais non partisan), ma crédibilité après des auditeurs ne serait que meilleure. Et je crois avoir réussi à le faire.

En me voyant confier le rôle de commentateur, il me fallait aussi gagner la confiance des dirigeants et des joueurs. Si on me donnait parfois accès à des informations privilégiées, il me fallait apprendre à les gérer. C'est ce qui m'a incité à m'éloigner davantage de mes anciens collègues journalistes que je retrouvais à bord des avions, des autobus, au stade ou encore au bar de l'hôtel après les rencontres. Une fois qu'on a gagné la confiance des joueurs et des dirigeants, il faut se tourner la langue sept fois avant d'émettre des opinions devant les gens des médias. Car une confiance gagnée au fil des années peut se perdre le temps d'une indiscrétion.

Par ailleurs, j'ai réalisé assez rapidement que le boulot de commentateur s'arrimait difficilement à celui de journaliste. Un jour, après que j'eus écrit un texte dans le *Dimanche-Matin* fustigeant une décision de la direction des Braves d'Atlanta, M. McHale m'a convoqué à son bureau : « Jacques, tu es un employé des Expos et une des lois non écrites du baseball majeur est que les employés d'un club ne peuvent pas critiquer une autre organisation. »

L'incident mettait vraiment en lumière la difficile cohabitation des deux rôles. J'ai donc dû laisser tomber ma chronique hebdomadaire – mais non sans avoir obtenu du président des Expos une légère augmentation de salaire en guise de compensation !

Je n'ai jamais suivi de cours pour apprendre comment on devient annonceur ou commentateur. Comme on le dit souvent, j'ai appris sur le tas, appris de mes erreurs. Un peu comme j'étais arrivé dans le monde du journalisme écrit.

À mes débuts, il n'y avait pas d'école de journalisme électronique et s'il y en avait une, j'ignorais son existence.

Comme on s'en doute bien, la description d'un match de baseball – qu'il soit à la radio ou à la télévision – est aux antipodes d'un sport comme le hockey, où l'action occupe toute la place. On dit que dans un match de trois heures, la balle est en jeu pendant un peu moins de six minutes… Le commentateur doit donc toujours avoir quelque chose d'intéressant à dire en ondes, encore plus lorsque le match traîne en longueur ou qu'il se déroule à sens unique. Quand une des équipes tire de l'arrière 8-1 en 3ᵉ manche, le match seul ne suffit pas pour maintenir l'intérêt de l'auditeur.

J'ai donc passé des heures et des heures à lire tout (ou presque) ce qui était publié sur le baseball chez nos voisins du Sud, avec encore plus de diligence qu'à l'époque où j'étais journaliste. Aussi, une fois de retour à la maison ou à l'hôtel après le match, je passais une bonne heure à compiler des statistiques que je ne pouvais pas trouver ailleurs, comme par exemple le rendement de nos lanceurs de relève contre les principaux frappeurs de la ligue. Je cherchais aussi à trouver la statistique *derrière* la statistique : un joueur qui vole 40 buts, combien de fois vient-il marquer ? Et le receveur qui est victime de 40 larcins, combien de points ça coûte à son équipe ? Ces statistiques ne se retrouvaient pas dans les journaux ou les guides officiels.

Ainsi, pour chaque match, j'avais toujours six ou sept pages d'histoires ou de statistiques glanées çà et là. Celles que je n'utilisais pas pendant le match serviraient peut-être pour un match subséquent.

On le sait, le baseball est LE sport des statistiques. Mais j'ai rarement rempli du temps d'antenne en défilant statistique après statistique puisqu'à mon avis, un grand nombre d'entre elles ne signifient rien. Par exemple, dire aux auditeurs que les Expos n'ont pas perdu contre les Cards un dimanche depuis trois ans n'ajoute rien à l'histoire du match en cours, c'est du remplissage. Par contre, savoir quel est le pourcentage de réussite d'un voleur de but comme Tim Raines contre le receveur Darrell Porter, ça peut être pertinent si on se retrouve en fin de match dans une rencontre serrée contre ces mêmes Cards et que Raines est au premier coussin.

Par ailleurs, contrairement à d'autres commentateurs qui aiment bien pimenter leur description des matchs avec des anecdotes tirées de la longue histoire du baseball, ça ne m'a jamais intéressé de lire des biographies de joueurs de baseball pour en tirer des anecdotes. J'ai toujours préféré m'en tenir à l'histoire quotidienne et à orienter mes commentaires sur les joueurs et dirigeants des Expos. L'histoire que nous racontions était celle du match en cours : il était donc important que nos explications s'y rapportent pour que nos auditeurs puissent profiter du match au maximum. À mes yeux, une anecdote sur Babe Ruth n'aidait en rien à éclairer ce qui se passait sur le terrain dans le moment présent.

Bien sûr, au fil des années, à mesure que l'histoire des Expos progressait, le bassin d'anecdotes s'enrichissait et mes collègues et moi avons pu en faire bénéficier nos auditeurs un peu plus chaque année.

Dans les années 1990, nous avons invité à quelques reprises Danielle Rainville, la talentueuse animatrice des *Amateurs de sports* à CKAC, à agir comme analyste de remplacement. Danielle connaissait le baseball et avait l'habitude de très bien préparer ses émissions. Mais le premier match qu'elle a fait à mes côtés l'avait un peu déstabilisée : « Jacques, après trois manches, je ne savais plus quoi dire ! » Elle s'était rendu compte qu'il fallait en dire, des choses, pendant un match… Ce n'est pas que sa préparation avait été fautive, c'est que dans la première heure, elle avait déballé tout ce qu'elle avait prévu dire ; elle n'avait pas pensé à doser ses interventions.

Avec les années, j'ai pris l'habitude de préparer plusieurs pages de notes avant chaque match. Parfois, je me sers de tout, mais en d'autres circonstances je peux en utiliser seulement les trois quarts ou la moitié. Ce qui n'a pas servi pendant un match servira peut-être le lendemain. Cette capacité de doser correctement vient avec l'expérience.

Quant à la description du match, je me fais un devoir de me limiter à décrire simplement ce que je vois sans inonder l'auditeur de détails : « La balle est frappée en hauteur du côté du champ droit. Le voltigeur s'approche, saisit la balle, c'est le retrait. » Par ailleurs, je m'assure aussi de ne pas tout défiler d'une traite, je fais une pause entre chacune des actions pour laisser l'auditeur se faire son film.

Dans mes premières saisons comme commentateur, je me faisais un devoir – quand nous étions à l'étranger – d'écouter certains de mes collègues américains, ceux que j'admirais comme les Vin Scully, Harry Kalas, Bob Prince, Jack Buck, etc. Durant nos reportages, j'apportais toujours un petit transistor et lorsque je cédais le micro à mon collègue, j'écoutais pendant une manche ou deux la façon dont ils décrivaient l'action sur le terrain. Je tentais de retenir la façon dont ils décrivaient certains jeux comme un circuit ou un double jeu, qu'il soit réussi par l'équipe locale ou l'adversaire. Ils sont été pour moi une grande source d'inspiration.

Évidemment, mon idole de toujours était et demeure monsieur René Lecavalier, en raison du calme dont il faisait preuve dans ses descriptions et, bien sûr, de la qualité impeccable de son français. Bien que le hockey et le baseball soient des sports totalement différents, M. Lecavalier a sans aucun doute été le descripteur qui m'a le plus marqué.

Avec le départ de Jean-Pierre Roy, il a évidemment fallu lui trouver un remplaçant.

Durant la saison 1972, nous avions fait des essais avec quelques analystes lorsque Jean-Pierre se joignait à Guy Ferron pour les matchs télévisés. Un de ceux-là avait été Ron Piché, l'ancien lanceur des Braves de Milwaukee qui travaillait dans l'administration du club depuis les débuts (à titre de surintendant des matchs locaux). Un autre que je brûlais d'envie de voir à l'œuvre derrière le micro, c'était Claude Raymond.

L'ancien releveur des Braves, des Astros et des Expos avait non seulement évolué pendant 12 ans dans les majeures, mais sa retraite remontait à quelques mois seulement ; il avait joué avec la grande majorité des joueurs toujours actifs dans le baseball – dont la plupart des joueurs des Expos : cette expérience n'avait pas de prix. De plus, Claude était un fin observateur du jeu, il s'exprimait bien, et le public québécois le tenait en estime.

Cette idée germait d'ailleurs dans mon esprit depuis un certain temps : après un match en 1970, j'avais rencontré Claude dans un lobby d'hôtel et plus tard on s'était retrouvés dans ma chambre avec une bouteille de cognac. Je lui avais alors dit : « Un jour, on sera tous les deux à la radio des Expos. »

Or, ce projet se butait à un obstacle majeur : Claude Raymond avait encore sur le cœur son très récent congédiement comme joueur…

Claude n'avait pas le pardon facile et il en voulait énormément aux Expos de l'avoir congédié à 35 ans, alors qu'il était persuadé d'avoir dans le bras encore quelques bonnes années comme lanceur. Certes, il avait accepté d'agir comme «analyste de relève» pour quelques matchs, mais il avait été là presque à titre d'invité spécial. Devenir analyste à temps plein signifierait devoir côtoyer sur une base quotidienne les Gene Mauch, Jim Fanning, John McHale, etc., ceux-là mêmes qui l'avaient mis de côté quelques mois plus tôt.

J'ai pris mon courage à deux mains et je lui ai passé un coup de fil: «Écoute, ça nous prend quelqu'un pour remplacer Jean-Pierre. Si tu es capable de faire abstraction de tes sentiments envers la direction de l'équipe et parler strictement baseball pendant trois heures, j'aimerais que tu travailles à mes côtés.» Il m'a dit: «Je ne sais pas. Je dois y penser.» Il m'a rappelé une semaine plus tard: «OK, je vais l'essayer.»

Il a assuré l'analyse pendant quelques matchs durant la saison et il m'a semblé qu'il avait eu du plaisir à travailler à mes côtés.

Les premières fois, le rôle de Claude se limitait à analyser le jeu puisque je prenais en charge la description des neuf manches. Mais je disais à Claude: «Observe bien comment je procède pour la description du jeu parce qu'un bon jour, tu auras à le faire aussi.» Puis, un jour, à New York, j'ai pris Claude par surprise – comme Jean-Paul Sarault l'avait fait avec moi – en annonçant au micro en début de 4e manche: «Et maintenant, à la description des trois prochaines manches, voici le meilleur releveur de l'histoire des Expos, Claude Raymond!» Il m'a regardé, les yeux grands comme ça, mais je dois dire qu'il s'est fort bien débrouillé dans les circonstances.

Une fois le départ de Jean-Pierre confirmé à la fin de 1972, je suis allé voir mon patron, Jim Faszholz, alors adjoint au président McHale: «Si vous voulez avoir Claude au micro à temps plein la saison prochaine, n'attendez pas trop avant de lui parler...» Peu après, Faszholz lui passait un coup de fil. Mais comme au bout de quelques semaines, rien ne semblait se concrétiser, j'ai décidé d'aller aux nouvelles:

— Jim, qu'est-ce qui arrive avec Claude?

— Ça négocie dur.

— Qu'est-ce que tu veux dire ?

— En fait, il demande beaucoup d'argent. Plus que toi.

— Écoute, Jim. Je ne sais pas ce qu'il demande, mais il le vaut. Claude a 17 ans de baseball professionnel derrière la cravate, et il est disponible en ce moment. Qu'il fasse plus d'argent que moi, je m'en fiche. L'ajout d'un Claude Raymond dans notre petite équipe serait un atout extraordinaire pour notre émission et pour les amateurs de baseball du Québec.

Je voyais que mes arguments faisaient leur chemin dans l'esprit de Faszholz. « Et si, par la suite, tu te sens mal de lui avoir consenti un salaire supérieur au mien, tu n'auras qu'à me donner une augmentation pour soulager ta conscience ! » Quelques semaines plus tard, les parties en arrivaient à une entente.

Ce fut le début d'une longue et fructueuse association qui a duré 12 ans. Avec Claude, nous avons jeté les bases de ce que seraient les cadres de la radiodiffusion française des matchs des Expos, qu'il s'agisse de méthode de travail, du rôle respectif de chacun, des expressions à utiliser ou à bannir de notre vocabulaire, et des statistiques à incorporer ou à éliminer de nos reportages.

On a convenu rapidement que c'est Claude qui irait rencontrer les joueurs avant les matchs. Ces rencontres informelles ne menaient pas toujours à une entrevue « officielle » mais elles permettaient à Claude de revenir dans le studio avec des renseignements qui nous étaient fort utiles dans nos reportages.

Nous avons travaillé très fort, durant et après les saisons, à polir notre travail en ondes. Quand on était sur la route, on parlait constamment de baseball, lui et moi : on discutait des initiatives qu'on avait tentées mais qui n'avaient rien donné, on explorait davantage celles qui avaient du potentiel. C'est Claude qui avait eu l'idée de faire tirer en ondes les balles fausses qui tombaient dans le filet (il allait les récupérer avec une épuisette). Après le match, on envoyait quelqu'un dans le vestiaire pour faire signer le joueur qui avait frappé la balle.

On profitait des voyages en avion pour continuer de travailler, en raffinant nos statistiques, par exemple. Claude se concentrait sur les lanceurs (il pouvait, par exemple, colliger tous les circuits accordés par les artilleurs des Expos) et moi je m'en tenais aux frappeurs. On peaufinait notre système d'année en année, sans l'aide d'ordinateurs, bien entendu. Les guides média nous fournissaient ces statistiques pour l'année précédente, mais ce qui nous intéressait surtout, c'était les chiffres de l'année en cours, et ceux-là, il fallait les colliger nous-mêmes, à la mitaine !

Pendant ces heures-là, on a aussi trouvé le temps de collaborer ensemble à l'écriture d'un livre d'enseignement du baseball *Les Secrets du baseball*, publié en 1980. Claude et moi disions souvent qu'on passait plus de temps ensemble qu'avec nos épouses !

Il arrivait que des collègues nous regardent de travers en nous apercevant nous échanger des feuilles de chiffres dans les avions, nous trouvant bien zélés. Alors après, quand ces mêmes collègues venaient nous voir pour obtenir certaines de nos statistiques, on était moins gênés de les inviter à les colliger eux-mêmes…

Avec sa solide expérience de joueur et sa détermination à perfectionner son travail d'analyste, Claude Raymond a été un formidable atout pour le baseball des Expos à la radio et, plus tard, à la télévision. Et un merveilleux compagnon de travail.

Après mon départ de *La Presse*, le poste de chroniqueur de baseball a d'abord été confié à Pierre Ladouceur. Puis plusieurs lui ont succédé, certains moins longtemps que d'autres…

Jamais je n'oublierai le court séjour de Jean Beaunoyer comme chroniqueur de baseball lors d'un voyage à Houston pour une série de trois matches contre les Astros. L'ami Beaunoyer avait une belle plume mais il était vraiment un néophyte en ce qui concerne le sport national de nos voisins du Sud.

Le 9 juillet 1976, Beaunoyer a assisté – comme nous tous – à un match mémorable.

Sauf qu'il ne s'est rendu compte de rien.

En effet, c'est ce jour-là que Larry Dierker, le grand droitier des Astros, a signé un match sans point ni coup sûr contre les Expos.

Une fois le match terminé, j'ai été surpris de voir, toujours sur la galerie de presse, notre ami Beaunoyer en train d'écrire son histoire du match. Intrigué, je me suis approché de lui et lui ai demandé ce qu'il était en train d'écrire.

Beaunoyer était fier de me parler de l'entrevue qu'il avait réalisée avant le match avec mon collègue Claude Raymond. « Je lui ai fait parler du temps où il jouait à Houston. »

Jean avait également été impressionné par l'esprit sportif des amateurs de baseball de Houston. « J'ai aussi écrit un texte sur la réaction des spectateurs en 8e manche quand Joe Kerrigan, le jeune releveur des Expos, a fait ses débuts dans les majeures en affrontant Larry Dierker. Les gens sont vraiment corrects de l'avoir applaudi aussi chaleureusement pour son premier match », de me répondre Beaunoyer.

Quand je lui ai mentionné qu'il ferait peut-être mieux de se rendre dans le vestiaire des Astros pour interviewer Dierker au sujet de l'exploit qu'il venait d'accomplir, disons que Beaunoyer a pris ses jambes à son cou pour aller cueillir ses commentaires !

En mars 2010, lors d'un séjour à Clearwater, en Floride, j'en ai discuté avec Larry Dierker lui-même lors d'un lunch en compagnie de l'ancien lanceur et gérant des Astros et du commentateur Dewayne Staats, des Rays de Tampa Bay.

Dierker se souvenait fort bien du match en question et il a précisé que l'ami Beaunoyer n'était pas le seul dans le stade à ne pas être au courant de l'exploit qui était à la veille de se réaliser... « Les Astros n'attiraient pas beaucoup de monde à ce moment-là et les gens du marketing tentaient, par toutes sortes de promotions, de faire gonfler les assistances. Et ce soir-là, la promotion identifiait un joueur de l'adversaire que le lanceur partant devait retirer sur trois prises. Si cela se produisait, tous les spectateurs avaient droit à une bière gratuite. Lorsque j'ai retiré Pete Mackanin sur trois prises en début de 7e manche, la majorité des quelque 12 000 spectateurs ont quitté leurs sièges pour prendre d'assaut les comptoirs de la bière. Si bien que beaucoup de ces gens-là n'ont appris que le lendemain matin que j'avais réussi un match sans point ni coup sûr... »

La tâche de commentateur est exigeante, certes, mais c'est un boulot qui génère un nombre incroyable d'histoires et de rigolades.

Un des incidents les plus cocasses dont j'ai été témoin est survenu à l'époque où l'équipe évoluait au parc Jarry.

Un employé des Expos de la première heure, Rodger Brulotte, était un joueur de tour invétéré. Un été, Rodger, alors aux ventes et opérations, avait entrepris de se promener dans le stade avec une flûte pour inviter joueurs, arbitres et même des spectateurs à souffler dedans. Mais l'instrument était truqué, contenant une bonne quantité de farine qui se retrouvait invariablement dans le visage de la pauvre victime qui avait consenti à souffler dedans.

À ce moment-là, Paul Hébert, notre technicien en studio, Claude Raymond et moi-même étions à la recherche d'un bruit amusant que nous pourrions faire entendre en ondes quand un joueur des Expos cognerait un circuit. Rodger et moi avons convenu de jouer un tour à Hébert – qui ne donnait pas non plus sa place comme joueur de tours – et de lui faire le coup de la flûte à farine.

Nous étions en ondes lorsque Rodger s'est présenté dans notre studio avec sa flûte. « Tiens, Paul, essaie donc ça pour voir si ça pourrait faire comme bruit », a dit Brulotte au technicien. Mais alors qu'Hébert s'apprêtait à essayer l'instrument, Claude Raymond s'en est tout de suite emparé. Il a ouvert la fenêtre du studio et s'est penché au-dessus de la foule, avec l'intention de surprendre les spectateurs avec un son qu'il imaginait tonitruant.

Entre deux lancers, j'ai pesé sur le bouton interrupteur de mon micro pour tenter de dissuader Claude mais il avait déjà soufflé dans la « flûte enchantée ».

On a alors vu un Claude Raymond en pleine maîtrise de soi se retourner lentement vers nous sans dire un mot. Quand on a vu le visage et les lunettes blancs comme neige, on a tous été pris d'un rire compulsif. Incapable de compléter le dernier retrait de la manche, j'ai fait signe à Paul Hébert de lancer la pause commerciale.

Au retour de la pause, je pleurais encore de rire et j'ai tenté tant bien que mal d'expliquer aux auditeurs ce qui venait de se passer. Si Claude n'a pas beaucoup ri cette fois-là, ce n'était certainement pas le cas de son épouse Rita, qui écoutait de chez elle le match à la radio. Quarante ans plus tard, elle en rit encore lorsqu'on lui rappelle l'anecdote.

Nous avions souvent prévenu Rodger de cesser ses plaisanteries (en plus de sa flûte à farine, il nous sortait régulièrement d'autres gadgets comme un téléphone à eau, etc.), sinon il pourrait bien un de ces jours aller faire un tour dans le filet suspendu au-dessus du marbre, à une vingtaine de pieds sous notre studio. Ce n'était pas des paroles en l'air, et nous savions que le filet pourrait facilement supporter le poids de Rodger (plus léger, à l'époque) puisque des tonnes de neige s'y accumulaient l'hiver.

Mais Rodger ne prenait pas notre menace au sérieux et les farces et attrapes se succédaient sans répit. Un jour, j'ai décidé que ce serait sa fête.

Ça se passait par un bel après-midi ensoleillé alors que les Expos s'apprêtaient à affronter les Cards de Saint Louis. J'ai obtenu l'assistance de Gilles Désormeaux, le responsable de la sécurité au parc Jarry (un gaillard de 6'5", 240 lbs) ainsi que de deux de ses acolytes. Paul Hébert a alors informé Rodger qu'on voulait le recevoir dans nos studios pour notre émission d'avant-match.

L'heure venue, Rodger s'est dépêché vers notre studio en grimpant les marches deux par deux – ce n'est jamais quatre par quatre dans son cas – mais dès qu'il a vu le grand Gilles dans le studio, il a su qu'il était dans le trouble : « Oh, non… » On n'a pas mis de temps à confirmer ses craintes : « Eh oui, mon ami, c'est aujourd'hui que ça se passe… »

Désormeaux a alors empoigné Brulotte par la ceinture de son pantalon et Claude Raymond a ouvert la fenêtre. Bien que Rodger se soit démené comme un diable dans l'eau bénite, Gilles n'a pas eu trop de

mal à lui faire faire un splendide vol plané en criant un retentissant
« *FLY!!!* ».

La vue de Rodger coincé dans le filet du parc Jarry avec ses souliers
à gros talons valait à elle seule le prix d'entrée. Le fou rire n'était pas
seulement pris dans le studio mais aussi sur le terrain, où quelques
joueurs des Cards, dont Tim McCarver et Nelson Briles, l'ont invité
à sauter du filet : « *Don't worry, we'll catch you!* »

Je pense bien qu'il n'a jamais eu aussi peur de toute sa vie. À ma
connaissance, ce fut la seule fois où Rodger Brulotte a été aphone
pendant trois jours… Après cet épisode historique, les tours pendables
de Rodger ont soudainement cessé…

Quand les Expos ont fait leurs débuts en 1969, Rhéaume « Rocky »
Brisebois était le directeur des sports à CJMS, une des principales
stations du paysage radiophonique de l'époque à Montréal. Brisebois
voulait m'engager sur une base ponctuelle pour faire des reportages
sur les Expos : « Viens, il me dit, je vais te présenter à Paul-Émile
Beaulne, le directeur de la programmation. »

Le moins que l'on puisse dire, c'est que Beaulne n'avait pas le même
enthousiasme pour le baseball que Brisebois : « Si vous voulez mon
avis, le baseball ne marchera pas à Montréal. Le problème, c'est que
c'est à tous les jours. Les gens sont ancrés dans leurs habitudes radio
et ils n'embarqueront pas là-dedans. »

En 1972, quand le *Baseball des Expos* est passé de CKVL à CKAC,
Paul-Émile Beaulne était désormais de la programmation à CKAC.
Les Expos étaient à ce moment-là solidement implantés au Québec et
les matchs à la radio attiraient un très large auditoire à Montréal et
partout en province. Avant de partir pour le camp d'entraînement,
Jean-Pierre Roy et moi avions rencontré le patron pour discuter de
l'année qui s'en venait. Évidemment, je n'ai pas pu m'empêcher de lui
rappeler ses paroles : « Comme ça, Paul-Émile, le baseball ça marchera
pas à Montréal ? »

Durant l'été, la station a invité Jean-Pierre et moi-même à un souper pour faire le bilan de la mi-saison. « Messieurs, de dire Baulne, je dois vous faire un aveu. J'ai un camp de pêche au lac Simon. Quand j'embarque dans ma chaloupe après le souper pour prendre quelques truites, tout ce que j'entends autour du lac, c'est Doucet et Roy. Dans tous les chalets, les gens écoutent le baseball... »

Un peu plus tard, CKAC est devenue la première station au Québec à atteindre le million d'auditeurs.

Bien sûr, nos reportages n'étaient pas à eux seuls responsables de ces scores. Mais le baseball est un sport d'habitudes. Quand les gens se couchaient le soir après avoir écouté le match, leur appareil était réglé à CKAC. Le lendemain, quand ils allumaient la radio, ils y étaient encore, et ça leur permettait de découvrir d'autres émissions, d'autres animateurs qu'ils finissaient par adopter aussi.

Aussi étrange que cela puisse paraître aujourd'hui, quand les Expos ont commencé leurs activités en 1969, le CRTC (le Conseil de la radiodiffusion et des télécommunications canadiennes) a accordé une licence de diffusion à l'équipe. Une équipe de baseball dans un rôle de diffuseur ? C'était une situation pour le moins saugrenue et à l'automne 1974, le CRTC a décidé de corriger le tir en exigeant que les Expos vendent leurs droits de radiodiffusion à une station radio montréalaise.

Au printemps 1975, nous revenions tout juste du camp d'entraînement des Expos en Floride quand John McHale m'a convoqué à son bureau. « Jacques, à partir de demain, tu traverses la rue. » À l'époque, les Expos avaient pignon sur rue au 1010, rue Sainte-Catherine Ouest, et CKAC était installé de l'autre côté de la rue, au coin Metcalfe. « C'est là que tu t'en vas travailler... »

Le CRTC avait exigé qu'un des deux annonceurs devienne un employé de la station et les Expos avaient décidé que ce serait moi (ce qui était logique, Claude Raymond ayant été membre du club quelques années auparavant).

Je n'avais pas d'autre choix que d'accepter, mais j'étais déçu. Moi, je me voyais employé des Expos pour le reste de ma carrière – comme je m'étais vu journaliste de *La Presse* jusqu'à la retraite…

Mes liens étaient désormais chez les Expos, je ne connaissais pas les gens de CKAC – et je n'étais pas sans savoir que le grand patron (Paul-Émile Baulne) n'était pas le plus grand amateur de baseball…

Je dois toutefois reconnaître que la suite des choses a été heureuse et qu'éventuellement je me suis senti autant chez moi à CKAC qu'avec les Expos – à assumer parfois des tâches qui débordaient de mes compétences.

Comme les dirigeants de la station de l'époque ne connaissaient rien au baseball, ils m'ont demandé à mon arrivée chez eux de négocier les contrats avec toutes les stations radiophoniques du Québec. Une quarantaine de stations de la province étaient alors affiliées à Télémédia. Si, au départ, ces tâches connexes me semblaient bien éloignées de mes principales fonctions, j'avoue que j'ai pris plaisir à apprendre comment les choses se passent de l'autre côté du décor.

Le patron pouvait me dire quelque chose comme : « L'année passée, on a donné 5 000 dollars à chacune des stations, cette année il faut baisser ce montant-là. » Alors j'allais rencontrer les dirigeants des stations pour vendre ma salade.

Je me rappelle une négociation avec Radio-Nord, une station d'Abitibi qui était, au début des années 1970, administrée par les frères Gourd. Ils avaient un contrat avec Radio-Canada qui les forçait à prendre un certain nombre d'heures de programmation par semaine. Nous, on voulait entrer sur leurs ondes mais ils étaient réticents. Ils voulaient avoir 50 matchs, moi j'en exigeais un minimum de 100.

Finalement, un des frères Gourd m'appelle et me dit : « Venez me voir. Venez me convaincre. » Je me rends à Rouyn et je commence les pourparlers : « On va vous payer un certain montant pour avoir du baseball à votre antenne mais ça nous prend un minimum de 100 matchs. » Gourd répond qu'il va y réfléchir et me revenir là-dessus le lendemain.

Il est 8 h le lendemain quand le téléphone sonne dans ma chambre d'hôtel. C'est Gourd qui me dit : « Monsieur Doucet, on va faire un test.

On va ouvrir les lignes, on va demander aux auditeurs s'ils veulent du baseball ou non. Pouvez-vous être à la station d'ici une demi-heure ? »

En raccrochant, j'appelle aussitôt Me Normand Grimard, un avocat d'Abitibi (devenu sénateur par la suite), un ami de Jean-Pierre Roy. Grimard était un grand fan de baseball qui déplorait le fait que les amateurs de baseball de la région étaient obligés de se déplacer en auto jusqu'au sommet d'une colline pour capter le signal des matchs ! Je lui dis : « Normand, as-tu des chums à Val-d'Or, à Rouyn-Noranda, à Amos ? Peux-tu t'arranger pour qu'ils appellent à Radio-Nord dans la prochaine heure ? » Il a appelé ses amis et les lignes n'ont jamais dérougi pendant toute l'heure où j'ai été en ondes. On a signé le contrat et Gourd n'y a vu que du feu.

Je n'étais pas un expert des négociations, mais j'avais, il faut le croire, quelques tours dans mon sac...

Il n'y a pas de doute dans mon esprit qu'un des facteurs responsables de ces succès étaient les fameuses « caravanes » que les Expos organisaient au début de chaque année. Elles nous donnaient une visibilité extraordinaire auprès du public québécois.

La brasserie O'Keefe défrayait 90 % des coûts de la caravane, un investissement qui en valait la peine puisque l'entreprise profitait de cette promotion pour s'infiltrer dans les régions et s'approprier des parts de marché des grands brasseurs comme Labatt et Molson. Les Expos, eux, profitaient de ces caravanes pour... vendre des billets. Dès qu'on arrivait dans une ville, le représentant des ventes aux groupes se rendait rencontrer les clubs sociaux, les Lions, les Optimistes. Il allait aussi voir l'association des employés de telle ou telle usine pour intéresser ces gens à venir au baseball en groupe.

Les caravanes se rendaient aux quatre coins de la province : à Québec, Trois-Rivières et Sherbrooke, mais aussi à Rouyn-Noranda, dans l'Outaouais, au Saguenay, au Lac-Saint-Jean. On est allés à Rimouski, Rivière-du-Loup, jusqu'à Sept-Îles. On se déplaçait souvent en voiture (genre station-wagon) ou alors en caravane de type Winnebago.

Dans la journée, on visitait des écoles, des usines. Ensuite, on allait à des soupers dans des gymnases ou des sous-sols d'écoles, et les profits des ventes de hot dogs et de bière allaient à l'association de baseball locale. Quand on se rendait dans un centre commercial, c'était la cohue, la réponse du public était exceptionnelle. Je me souviens d'une visite aux Galeries de Hull qui avait attiré des milliers de personnes. Je me rappelle avoir signé au-delà de 1 000 cartes postales lors d'une séance de signatures dans une station de métro de Montréal. En plus de nous, les commentateurs, l'organiste Fernand Lapierre nous accompagnait presque toujours, ne manquant jamais l'occasion de faire lever le party.

Évidemment, le point de mire était les joueurs – avec lesquels les amateurs pouvaient avoir un rare contact direct. Au début des années 1970, les joueurs ne faisaient pas des fortunes (en 1972, le salaire moyen se situait à 34 000 dollars), alors ils ne levaient pas le nez sur les 1 000 dollars par semaine que la brasserie leur consentait. Des gars comme Ron Hunt ne refusaient jamais de faire le voyage. Steve Rogers est venu souvent, tout comme Larry Parrish. Parfois, des instructeurs (adjoints du gérant) se joignaient au groupe. Peut-être que c'était pour eux une façon de prendre congé du domicile… mais il demeure que la plupart des gars adoraient les caravanes. Pour eux, c'était à peu près la seule occasion qu'ils avaient de rencontrer le public québécois.

Comme plusieurs amateurs parlaient peu ou pas anglais, il revenait à Jean-Pierre Roy, Claude Raymond, Ron Piché, Rodger Brulotte ou à moi-même de jouer les interprètes entre les joueurs et le public. Mais alors que pour les joueurs, la tournée prenait fin au bout d'une semaine (d'autres les remplaçant pour la portion suivante de la caravane), nous étions en selle pour la durée de la tournée. Après un mois, je dois dire que nous en avions soupé des hot dogs, des buffets froids et des sandwichs au poulet… Même l'alcool coulant à flots nous intéressait moins au bout d'un mois…

Il y a aussi que ces caravanes finissaient par nous coûter des sous: non seulement il n'y avait pas de 1 000 dollars par semaine pour nous (ces tournées faisaient partie de nos « tâches connexes »), mais pendant des années on n'avait pas droit à des comptes de dépenses non plus. Certes, les nuitées et les repas étaient payés, mais il arrivait souvent que des amateurs nous rejoignent au bar de notre hôtel pour continuer de bavarder avec nous, s'attendant à ce qu'on paie la tournée (ce que nous finissions souvent par faire).

Les caravanes permettaient aussi à un gars comme Rodger Brulotte d'élargir sa palette de gags… Un jour, notre groupe avait rencontré quelques classes de jeunes malentendants dans un gymnase d'école. Rodger s'était arrangé pour cacher la particularité de ce public à notre organiste Fernand Lapierre. Ce pauvre Fernand s'est démené sur son clavier pendant de longues minutes sans comprendre pourquoi la salle ne réagissait aucunement à ses gigues et autres airs entraînants : « Les gars, je comprends pas ce qui se passe », a dit un Lapierre débobiné après sa prestation. « C'est la première fois que ça m'arrive ! » Celle-là, on en a ri jusqu'à la fin de la caravane…

Je garde un excellent souvenir de ces caravanes : elles nous ont permis d'établir un contact plus humain avec les joueurs ainsi qu'avec nos auditeurs. C'était un réel plaisir d'entendre combien ces fans aimaient le baseball et appréciaient notre travail.

Si les caravanes des Expos étaient l'occasion par excellence de connaître davantage les joueurs et mes collègues, les « tournées des médias » étaient aussi des occasions de se lier d'amitié avec les gens du milieu. Dans ces tournées, des représentants des médias imprimés et électroniques se mêlaient à d'anciens athlètes pour se disputer des matchs de hockey amicaux. J'étais dans la quarantaine et je me débrouillais assez bien sur patins, alors j'adorais ces tournées.

Je me souviens de la première tournée européenne du groupe (organisée par François Béliveau du journal *La Presse*) dans les années 1980 : c'est à cette occasion que j'ai eu la chance de côtoyer le légendaire Maurice Richard. Ma chambre d'hôtel était à quelques pas de celle qu'il partageait avec sa femme Lucille. On a eu l'occasion d'échanger sur plusieurs sujets d'intérêt commun, comme la chasse et la pêche.

La première chose qui m'avait frappée avait été de constater à quel point Maurice était reconnu et apprécié partout en Europe. Quelques années après avoir pris sa retraite, il avait fait une tournée en Tchécoslovaquie et son passage là-bas avait largement contribué à mousser sa légende sur le vieux continent. Partout où on allait, en France, en Suisse, en Allemagne, les gens se massaient autour de lui pour obtenir son autographe. La très grande majorité de ces personnes n'avaient jamais vu jouer l'ancien capitaine du Canadien de Montréal mais ils savaient qu'ils avaient un grand devant eux.

Au Québec et dans le reste du Canada, la même admiration prévalait. Qu'on se trouve au Lac-Saint-Jean ou à Rouyn-Noranda, on organisait des séances d'autographes qui ne dérougissaient jamais. Des hommes et des femmes emmenaient leurs enfants : « Regarde, c'est le Rocket, Maurice Richard, mon idole d'enfance. »

Alors dans la soixantaine, Maurice chaussait les patins comme nous, mais pour agir comme arbitre. J'ai pu constater de visu ce qu'on voulait dire quand on parle du regard de feu du Rocket. Quand il nous disait : « Bon là, les petits gars, c'est assez... », on se pliait vite aux directives de l'arbitre Richard.

Pour le taquiner, les gars lui servaient parfois une bière après avoir arraché l'étiquette de la bouteille. À chaque fois, Maurice refusait de la prendre : il n'aurait jamais couru le risque de boire à son insu un produit Molson ! C'était à l'époque où il en avait gros sur le cœur contre la compagnie qui, estimait-il, l'avait laissé tomber après sa retraite comme joueur.

J'ai aussi eu l'occasion d'être son coéquipier lors d'un match amical. Un jour, une connaissance me parle d'un match entre amis à Laval. « Je sais que tu aimes jouer au hockey, Jacques. Tu vas probablement rencontrer du monde que tu connais. D'ailleurs, le Rocket joue avec nous autres. » « Maurice Richard va être là ! ? ! » Je n'aurais pas manqué ça pour tout l'or au monde.

Le sort a voulu que je joue dans son équipe – comme défenseur. Maurice avait alors environ 60 ans et si le passage du temps l'avait quelque peu ralenti, ses réflexes, eux, étaient étonnants. Les gars lui disaient : « Va te placer devant le but et on va essayer de te la passer. » Or, dès qu'il avait la rondelle, Maurice la mettait dans le but. J'ai beaucoup joué au hockey dans ma vie, mais autant de précision, de force et de vitesse d'exécution, je n'avais jamais vu ça…

J'ai aussi eu la chance de me retrouver sur une patinoire pour des matchs (à fins caritatives) avec des joueurs comme Jean Béliveau et Henri Richard. C'est là qu'on réalise combien ils sont vraiment une coche au-dessus de tous les autres. La vitesse d'exécution, la précision des passes, le jeu de ces gars-là était exceptionnel. On a beau les avoir vu jouer depuis les gradins, c'est seulement quand on les côtoie sur une patinoire qu'on réalise combien ils sont bons. Et, encore, je parle ici de joueurs qui n'étaient plus à leur apogée depuis longtemps…

Une des beautés du direct est, bien sûr, l'imprévu, la possibilité que quelque chose d'extraordinaire survienne sur le terrain, devant nos yeux. En 33 ans de descriptions (36 si j'inclus mon rôle de suppléant pendant les trois premières saisons des Expos), j'ai été bien entendu témoin d'une très grande quantité de performances individuelles ou collectives sortant vraiment de l'ordinaire.

La contrepartie du direct, c'est qu'une fois qu'une gaffe fait son chemin jusqu'en ondes, il faut faire preuve d'une certaine créativité pour réparer – ou, avec un peu de chance, camoufler – l'erreur. Comme on dit, on ne peut pas remettre le dentifrice dans le tube une fois qu'il est sorti…

Un jour, les Expos disputaient un match pré-saison aux Tigers de Detroit à Lakeland, en Floride. Avant le match, je me rends sur le terrain bavarder avec le gérant Sparky Anderson des Tigers. On parle de choses et d'autres et il me remet l'alignement partant de la rencontre, un document qui m'était indispensable parce qu'à l'entraînement, plusieurs joueurs de la formation ne sont pas des réguliers du club : ce n'est pas toujours évident de savoir qui est qui – d'autant plus qu'à l'époque, les noms des joueurs ne figuraient pas sur les uniformes des joueurs des Tigers.

Rodger Brulotte et moi faisons notre émission d'avant-match sans porter attention à l'annonceur maison qui présente les alignements de joueurs. Il aurait peut-être fallu qu'on le fasse, puisque après avoir décrit le match pendant trois manches – et vanté les mérites du jeune lanceur des Tigers –, je me suis rendu compte que j'avais parlé d'un gars qui n'avait pas mis les pieds sur le terrain de la journée !

Pendant la pause, Rodger me regarde, l'air bien embêté : « Qu'est-ce qu'on fait ? » Pour moi, la réponse était évidente : « On ne dit rien. On passe par-dessus. » C'était un match hors-concours, disputé de jour, diffusé seulement à la radio. Lequel de nos auditeurs aurait pu relever l'erreur ? Il valait mieux laisser passer.

J'ai déjà dit à Rodger et à Claude (Raymond) : « Si on est dans un match à l'étranger et que tu annonces qu'une balle est frappée au champ gauche alors qu'elle est frappée à droite, ne te corrige pas, fais-la attraper par le voltigeur de droite. » À l'époque, la plupart des matchs n'étaient pas télédiffusés et personne n'aurait réalisé la méprise : j'estimais qu'il valait mieux faire un petit accroc à la vérité que d'interrompre la description pour se corriger.

Une fois, j'étais toutefois allé assez loin dans l'embellissement de la réalité. Claude et moi étions à décrire un match à Cincinnati et un journaliste local à la recherche d'exotisme nous avait demandé de passer du temps dans notre studio pour entendre la description d'un match en français. On a dit oui et il s'est installé juste derrière nous.

Pendant la pause publicitaire, on bavarde avec le type et sans qu'on s'en rende compte – la pub s'était étirée plus longtemps que prévu – le match reprend. Et voilà que le premier frappeur – Tim Wallach – cogne un circuit sur le premier lancer. Quand la pause se termine, Wallach est en train de contourner le troisième but et je me dis : ce n'est pas vrai que nos auditeurs vont rater ce moment-là à cause d'un commercial...

Mon père, Jean-Marcel Doucet, enseignant d'une grande polyvalence, grand amateur de sport... et même journaliste sportif occasionnel.

Mon père m'a très tôt initié à la pratique de plusieurs sports... dont, évidemment, le baseball.

Dans la salle de rédaction de *La Presse*, dans les années 1960. De gauche à droite, votre humble serviteur, Gérard Champagne et Gilles Terroux.

Moment de détente sur les allées avec mon patron Gérard Champagne.

Sur la galerie de presse du parc Jarry, à la fin des années 1960. Est-ce bien utile de parler des progrès de la technologie depuis les machines à écrire et les télétypes de cette époque?

Me voici désormais le commentateur des parties des Expos de Montréal,
au début des années 1970.

À la même époque, une visite très spéciale au parc Jarry, celle du légendaire
Jackie Robinson, qui pose ici en compagnie de l'équipe de radiodiffusion
anglophone des Expos, Russ Taylor et Dave Van Horne, et de leurs homologues
francophones, moi-même et mon collègue Jean-Pierre Roy.

Deux photos en duo avec mon partenaire Claude Raymond à des époques différentes. Au début des années 1970...

... et au début de la décennie suivante. Au total, Claude et moi avons fait équipe durant 12 saisons.

Une joyeuse bande sur la galerie de presse... À mes côtés, de gauche à droite,
Jean-Paul Chartrand Jr, Claude Raymond et Rodger Brulotte.

Avec son style coloré, sa
célèbre « signature » d'un
coup de circuit et sa profonde
connaissance du jeu, Rodger
n'a pas tardé à faire sa
marque comme analyste.

En compagnie de Pierre Arsenault, un analyste et camarade que j'ai beaucoup apprécié malgré son trop court séjour à mes côtés en studio.

Avec deux précieux collaborateurs, Alain Chantelois, un analyste haut en couleur, et Bryan Burgess, réalisateur de nos matchs.

Sur cette photo, la boucle est bouclée alors qu'on me voit entre mes premier et dernier complices à la description des matchs des Expos : Jean-Pierre Roy et Marc Griffin.

Le 5 juillet 1994 se déroule au Dodger Stadium un événement historique dans l'histoire du baseball : un premier match commenté en cinq langues différentes ! De gauche à droite, les auteurs de l'exploit : Rick Monday (anglais), Richard Choi (coréen), moi-même (français), Steven Cheng (mandarin) et Jaime Jarrin (espagnol).

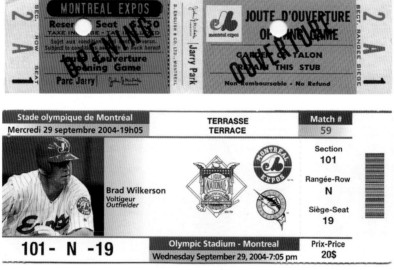

Une autre boucle bouclée : deux billets, autant de matchs historiques, les premier et dernier matchs des Expos de Montréal disputés à domicile.

Je saute aussitôt sur le micro et alors que le joueur des Expos rentre à l'abri, j'annonce : « Wallach est au bâton… Le premier lancer… Oh ! la balle est frappée, elle est loin, elle est loin, ELLE EST PARTIE ! »

C'était carrément de la recréation de match comme il s'en faisait aux débuts de la radio aux États-Unis.

Le journaliste m'a regardé d'un air ahuri. « *We're on radio*, j'ai dit. *Nobody will know the difference.* » Il n'en revenait tout simplement pas. Chose certaine, il avait eu sa dose d'exotisme pour la journée.

Un jour, après la fin d'une Série mondiale, je reçois un appel de Roger D. Landry, alors président du quotidien *La Presse*. Monsieur Landry me dit qu'il a suivi notre couverture des matchs à la radio tout en regardant les images diffusées par un réseau américain et qu'il n'a que des éloges à nous faire : « J'ai remarqué qu'à chaque lancer, vous pouviez annoncer si la balle était dans la zone des prises ou pas, avant même la décision de l'arbitre ! Ça prend vraiment un œil exceptionnel pour être capable de faire ça ! »

Je l'ai remercié d'avoir pris la peine de m'appeler et lui ai dit que je ne manquerais pas de transmettre ses compliments à Rodger. Après avoir parlé à mon camarade de travail, nous avons décidé de laisser passer quelques semaines avant de lui avouer le secret de notre perspicacité : un décalage image-son qui nous donnait un avantage d'une fraction de seconde sur la télédiffusion ! Monsieur Landry l'avait trouvée bien bonne…

Il arrive qu'on ne puisse vraiment pas faire autrement qu'admettre en ondes qu'on s'est trompé.

À l'époque où les Expos étaient à Jarry, CKAC avait lancé le concours « La manche du coup de circuit chanceux ». Les auditeurs participants envoyaient une note à la station avec leurs coordonnées. Si un joueur des Expos frappait un circuit pendant une manche donnée, l'auditeur dont le nom avait été pigé remportait la cagnotte. S'il n'y avait pas de circuit, l'argent s'accumulait dans la cagnotte.

Les Expos de l'époque n'avaient pas beaucoup de frappeurs de puissance et après plusieurs semaines, la cagnotte a grimpé à 7 000 dollars.

À la « manche du coup de circuit chanceux », j'ai répété plusieurs fois le nom de l'auditeur participant ainsi que le montant de la cagnotte, le concours prenant soudainement plus d'importance que le match. Un frappeur des Expos s'est amené au bâton et a cogné une balle avec énormément d'autorité au champ droit. J'attrape le micro : « Oh, la balle est retroussée loin, *très loin*... ET ELLE EST PART... Oh, pardon, c'est une fausse balle... Euh, pardon, monsieur... »

Je n'ai jamais su si cet auditeur était à l'écoute à ce moment-là ni comment il a réagi en apprenant qu'il avait en l'espace d'une seconde gagné et perdu 7 000 dollars. Et c'est sans doute mieux comme ça...

Rodger Brulotte est arrivé au micro des Expos un peu par accident.

Un jour, au camp d'entraînement, Claude Raymond avait dû rater quelques matchs et on avait eu l'idée d'inviter Rodger dans le siège d'analyste. À ce moment-là, Rodger était au service de relations publiques des Expos ; il n'avait pas beaucoup d'expérience au micro mais c'était un gars qui adorait les communications.

Travailler avec Rodger avait été ce printemps-là une expérience fort agréable. Sa connaissance approfondie du baseball et ses années à côtoyer les joueurs de l'équipe compensaient bien le fait qu'il n'avait pas fait carrière dans le baseball organisé. Rodger avait vraiment touché à tout : il avait fait du dépistage, organisé des camps d'entraî-nement, agi à titre de secrétaire de route, travaillé au marketing... Alors avec lui on pouvait parler de n'importe quoi ; s'il y avait un temps mort, je pouvais, par exemple, lui demander ce que faisait un secré-taire de route, comment travaillaient les dépisteurs, ou encore l'inviter à raconter la fois où il était allé chercher Gary Carter à l'aéroport la première fois que le Kid est venu à Montréal, etc. Une seule question et il devenait intarissable.

Sur un plan plus personnel, je dois dire que son enthousiasme et son sens de l'humour m'avaient été salutaires : j'étais à ce moment-là en instance de divorce (vous devinez bien que le rythme de vie d'un commentateur de baseball n'est pas le mieux adapté à la vie de couple…). Avec ses histoires et son sens de la répartie, Rodger avait vraiment trouvé le moyen de me dérider. Je n'ai jamais oublié son aide à ce moment-là et je sais qu'en d'autres circonstances, j'ai pu lui retourner la faveur.

L'expérience n'est pas allée plus loin jusqu'à ce que Jean-Pierre Roy décide, à l'automne 1983, de quitter la télévision pour aller travailler à plein temps à la brasserie O'Keefe. Il fallait trouver un autre analyste pour accompagner le commentateur Raymond Lebrun sur les ondes télé de Radio-Canada et la direction a arrêté son choix sur Claude Raymond – un choix tout à fait naturel. Claude y a vu une occasion de vivre moins souvent dans des valises : à la radio, nous présentions les matchs pré-saison, les 162 matchs de la saison régulière, et les deux rondes d'après-saison – alors que la SRC ne télédiffusait qu'une trentaine de matchs par année… Il a donc décidé de faire le saut de la radio au petit écran. Quand est venu le temps de lui trouver un remplaçant, Rodger est le premier nom qui m'est venu en tête.

Or, on peut difficilement trouver un partenaire de travail plus différent de Claude Raymond que Rodger Brulotte.

Claude était un ancien joueur des majeures, Rodger avait évolué au niveau junior mais sans aller plus loin. Claude était un gars méthodique qui préparait soigneusement tous ses matchs, Rodger préférait improviser, réagir aux événements. Claude était ponctuel, Rodger arrivait dans le studio quelques minutes avant le début d'un match. Combien de fois la direction des Expos et moi lui avons dit : « Rodger, c'est à 19 h 05 que la *game* commence, pas 19 h 12 ! »

Même après toutes ces années, Rodger n'a pas changé : sa mallette est encore un fouillis indescriptible, et il continue de me demander si je n'ai pas un stylo à lui prêter…

Mais il n'y a pas de doute qu'une fois le micro ouvert, Rodger Brulotte est prêt. Aucune question ne peut le désarçonner. Sa mémoire est phénoménale, tout comme sa connaissance des règles du jeu. Mais peut-être que ce qui le caractérise le plus, c'est son extraordinaire sens de l'observation. Je ne sais pas combien de fois je l'ai entendu dire «*balk*» avant qu'un arbitre signale une feinte non réglementaire – alors que moi, je n'avais rien vu. Il peut voir les forces et faiblesses d'un joueur la première fois qu'il le voit jouer.

Et puis il y a sa personnalité : Rodger a tendance à déplacer de l'air, il ne se laisse pas arrêter par grand-chose. Avant les matchs, il n'hésitait jamais à aller bavarder avec les arbitres, les joueurs, les gérants ; il ne se gênait pas pour aller voir M. McHale, M. Bronfman ou, plus tard, Claude Brochu.

Je me souviens qu'à l'automne 1986, nous étions à New York pour la Série mondiale opposant les Mets aux Red Sox. À un moment donné, Rodger aperçoit l'ancien président Richard Nixon assis à quelques pas de nous. «Vite, dis au technicien de me passer l'enregistreuse, je vais aller l'interviewer!» Après s'être assuré que Rodger lui parlerait de baseball seulement – la consigne étant de ne pas parler de politique –, Nixon s'est prêté de bonne grâce à l'entrevue...

Une autre marque de commerce de Rodger est évidemment l'enthousiasme qu'il met à commenter un jeu important ou un exploit de l'équipe locale. Qui ne se rappelle pas l'avoir entendu tonner «MARQUIS, MARQUIS, MARQUIS!», «LARRRRRRRY WALKER!» ou «ALOUUUUUUUUU!!!» après un coup de circuit décisif?

Au fil des ans, des gens m'ont dit trouver qu'il en mettait un peu trop côté décibels... Bien qu'il me soit arrivé à l'occasion de penser la même chose, je ne lui ai jamais fait de reproche à ce sujet. Cet enthousiasme, c'est son style, c'est le personnage qu'il s'est créé et je ne vois pas pourquoi il faudrait chercher à le tempérer. Et puis ça nous a, à l'occasion, donné des moments de radio épiques – dont quelques extraits ont déjà été repris le lendemain sur des chaînes américaines...

Il ne fait aucun doute que Rodger a marqué l'histoire des Expos, non seulement dans la durée de son association avec le club mais aussi par la variété de rôles qu'il a occupés au service de l'organisation. On lui doit par ailleurs le nom de la mascotte préférée des Montréalais (Youppi) et le légendaire «Bonsoir, elle est partie!!!». Son omniprésence dans les médias parlés et écrits a donné énormément de visibilité aux Expos et au baseball.

En 2014, avant un des deux matchs (pré-saison) des majeures présentés au Stade olympique, Rodger a reçu le prix Jack-Graney, offert aux immortels du micro par le Temple de la renommée du baseball canadien. Un honneur pleinement mérité.

Un des défis de décrire des matchs de baseball en français est évidemment que le sport est américain et que sa « langue maternelle » est l'anglais.

Quand j'ai commencé à décrire des matchs des Expos à la radio, le vocabulaire qu'utilisent les commentateurs d'aujourd'hui était déjà en vogue : la plupart des termes courants (circuit, arrêt-court, voltigeur, abri de joueurs, etc.) étaient employés par les journalistes et commentateurs qui avaient couvert les activités des Royaux de Montréal. Mes camarades de travail et moi n'avons donc pas eu à tout inventer.

Je me souviens toutefois de petites réunions que journalistes et commentateurs avions eues à l'arrivée des Expos pour trouver des traductions simples et imagées pour des mots comme *knuckleball* (nous avons préféré « balle papillon » à « balle jointure »), *Texas leaguer* (« coup à l'entre-champ ») ou *shoestring catch* (« vol-au-sol »).

Un jour que moi et Claude cherchions une façon de traduire l'idée de *pick-off* (quand un coureur est surpris sur un but par un tir du lanceur), j'avais fait appel à nos auditeurs pour qu'ils nous proposent une traduction. Un professeur de l'Université de Montréal nous avait suggéré « prendre le coureur à contrepied », un terme que nous avons aussitôt adopté.

Plus tard, à mesure que le jeu évoluait, mes collègues et moi avons eu à ajouter quelques expressions, comme *closer* (« spécialiste de fin de match ») ou alors à en « moderniser » d'autres. Par exemple, les matchs hors-concours sont devenus des « matchs pré-saison ».

Dans les années 1990, des linguistes de Radio-Canada ont proposé l'utilisation du mot « inter » à la place d'arrêt-court puisqu'ils trouvaient ce dernier mot trop calqué de l'anglais. Certains commentateurs l'ont adopté, pas moi: à mes yeux, le mot inter correspond mieux à l'idée de *rover*, ce joueur additionnel qu'on retrouve à la balle-molle. À mes yeux, un inter est positionné au centre du terrain: le voltigeur de centre, peut-être, mais pas l'arrêt-court.

Quand le baseball majeur a décidé de faire passer le nombre d'équipes admissibles aux séries d'après-saison de quatre à huit, il a fallu adopter une formule *wild card* (comme au football américain) puisque que chaque ligue n'avait (et n'a toujours) que trois divisions, donc, au total, six champions de division.

Le premier terme à surgir a été «meilleur deuxième» pour désigner l'équipe qui ne termine pas au premier rang mais qui offre la meilleure fiche parmi toutes les autres. D'autres ont bientôt suggéré le terme «carré d'as», plus efficace mais moins précis. J'ai, pour ma part, préféré m'en tenir à «meilleur deuxième» qui, à mon sens, reflétait mieux la réalité (carré d'as laisse supposer une égalité entre les quatre as alors que meilleur deuxième rend tout de suite l'idée que le club n'a pas fini en tête de sa division). Avec les années, je me suis peu à peu rallié au «carré d'as», mais depuis que deux autres clubs ont été admis au bal d'après-saison, on est revenus à deux «meilleurs deuxièmes», ce qui, on en conviendra, n'est pas très élégant.

S'il y a un choix de mots qui caractérise un commentateur, c'est bien sa manière d'annoncer un coup de circuit. Le *signature call* d'un *broadcaster* est en quelque sorte sa marque de commerce, parfois le principal élément que l'histoire retiendra de sa contribution au baseball…

Aux États-Unis, plusieurs formules de commentateurs sont devenues des classiques au fil des ans. Les amateurs se souviennent des «*Holy Cow!*» de Phil Rizzuto, le «*It could be… it might be… it's a home run!*» de Harry Caray, le «*Forget it!*» de Vin Scully, le «*Kiss it Goodbye!*» de Bob Prince ou encore le «*Long gone!*» de Ernie Harwell.

Plus près de nous, Dave Van Horne, le commentateur du réseau anglophone des Expos de 1969 à 2000 s'écriait «*Up, up, and Away!*» quand une balle cognée par un Expo franchissait la clôture. Pour Jean-Pierre Roy, c'était «*Adios!*», pour Jean-Paul Sarault, «Salut, Luc!» et pour Alain Chantelois, «Bye, bye, ma p'tite douce!».

La première fois que Jean-Paul Sarault a mis le micro devant moi pour que j'assure la description d'un match des Expos, la pensée m'a aussitôt traversé l'esprit : « S'il y a un coup de circuit, qu'est-ce que je vais dire ? » Je cherchais l'équivalent d'un « *It's gone !* » et me suis arrêté tout simplement sur : « Elle est partie ! » Après quelque temps, j'ai adopté une variation plus complète : « Elle est loin… elle est loin… elle est PARTIE ! », et celle-là est restée.

Plus tard, Rodger Brulotte a eu la toute simple mais excellente idée d'y ajouter un petit quelque chose… Ça a évidemment donné son légendaire : « Bonsoir, elle est partie ! ! ! » L'expression a non seulement marqué l'histoire du baseball à Montréal, on peut affirmer sans crainte qu'elle a débordé du cadre sportif pour s'ancrer solidement dans la langue populaire.

Dès les premières semaines d'existence des Expos, on a compris que les médias francophones devraient lutter un peu plus que leurs vis-à-vis anglophones pour faire leur place dans le merveilleux monde du baseball…

Dans tous les stades du baseball majeur, un studio était réservé à l'équipe de radiodiffusion accompagnant le club visiteur. Or, pour la direction des clubs américains, l'équipe de radiodiffusion, c'était celle composée de Dave Van Horne et Russ Taylor ! Quant à « l'autre équipe », celle constituée de francophones, on s'organisait pour leur trouver un petit studio de deuxième ordre…

Compte tenu que le réseau français diffusait sur une trentaine de stations alors que nos collègues anglophones n'en avaient qu'une poignée, la situation avait de quoi étonner. En revanche, elle s'expliquait facilement : il y avait évidemment plus d'affinités naturelles entre les représentants des clubs américains et les médias montréalais anglo-saxons. Le fait que Jean-Pierre et Jean-Paul avaient accepté la situation sans faire d'histoires avait simplifié la vie pour tout le monde…

Par ailleurs, on savait qu'à mesure que la saison avançait, les toutes-puissantes télés américaines commenceraient à diffuser davantage de matchs et qu'elles réclameraient le studio principal des clubs visiteurs. Je ne voulais pas créer de bisbille, mais j'ai dit à notre patron Jim Faszholz que le jour où la situation se présenterait, il serait logique que nous puissions au moins demeurer dans notre petit studio et qu'on déplace nos collègues anglophones dans un autre studio. «Pas de problème, Jacques.»

Un jour, nous étions à Houston et notre technicien Paul Hébert – qui était resté à l'Astrodome un peu plus longtemps que nous (peut-être se doutait-il de quelque chose) – est venu me retrouver à l'hôtel: «Jacques, tu le croiras pas, mais ils sont en train d'installer une équipe télé dans notre studio.»

Il était une heure du matin quand je suis allé frapper à la porte de Faszholz, avec la ferme intention de mettre mon emploi de commentateur en jeu: «Jim, si vous nous déménagez du studio, vous allez devoir vous trouver un autre *broadcaster*.» Heureusement pour moi, ils ont accepté de nous laisser là, parce que sinon ma carrière derrière un micro aurait été de courte durée...

Par la suite, on a convenu avec Dave Van Horne d'alterner dans l'utilisation du meilleur studio, d'une visite à l'autre. Je pense qu'il réalisait que ça n'avait pas de bon sens de pénaliser toujours la même équipe...

Dans certains stades, on avait toujours du mal à obtenir un studio convenable – le Dodger Stadium de Los Angeles était un des pires. Une fois, on avait été obligé d'envoyer notre technicien courir jusqu'à la galerie de presse pour avoir les décisions du marqueur officiel: ils avaient omis de nous équiper de haut-parleurs... En d'autres circonstances, ils nous confinaient dans un petit espace mal situé. À un moment donné, j'avais dit au responsable de l'allocation des studios: «La prochaine fois que Vin Scully et sa gang vont arriver à Montréal, on va les installer dans un trou à l'autre bout du monde. Vous allez voir comment ils vont aimer ça...»

Un jour, toujours à Los Angeles, on nous a installés dans un grand studio où se trouvaient des caméramans et des photographes. Ces gars-là nous entendaient parler dans nos micros, mais comme on parlait français, ils ne semblaient pas réaliser qu'on était en train de décrire le match pour la radio... Bref, ils bavardaient comme si on n'était pas là. On a eu beau leur demander de baisser le ton, ils ont parlé pendant tout le match.

Quand on est rentrés à l'hôtel en autobus, je fulminais. Charlie Fox, le directeur-gérant des Expos de l'époque, m'a demandé ce qui n'allait pas. Je lui raconte l'affaire : « Imagine que t'essaies de faire une description de match alors que quelqu'un parle juste derrière toi. Ça n'a pas de sens. » « Je vais te régler ça, Jacques. »

Le lendemain, quand je suis arrivé au studio, les photographes et les caméramans avaient tous disparu. Seules quelques chaises vides se trouvaient derrière les nôtres. Charlie Fox entre à son tour : « Tu vois, je te l'avais dit que je réglerais ça ! » Il me demande alors si j'ai une objection à ce qu'il s'installe avec quelques-uns de ses dépisteurs dans le studio. « Pas de problème, Charlie. »

Le problème, c'est que Charlie était un gars très intense et ça n'a pas été long avant qu'il commence à tempêter aussitôt que l'équipe faisait un mauvais jeu ou était désavantagée par une décision de l'arbitre. Quand l'équipe faisait un bon coup, ce n'était pas mieux, il se levait et gesticulait comme un fan d'estrades populaires !

Après trois manches de distractions, j'en ai eu assez : « Charlie, tu es pire que les autres ! Dehors ! »

Quelques années plus tard, pendant une Série mondiale Philadelphie-Baltimore, les gens des Orioles nous avaient installés, Claude Raymond et moi, sur une passerelle extérieure, un genre de *catwalk* tout juste à côté du poteau de démarcation au champ gauche (nous étions si près de Gary Matthews qu'on aurait pu le toucher).

Or, il pleuvait à verse et on n'avait pas de toit pour se protéger de la pluie. À un moment donné, Claude s'est levé : « Jacques, fais comme tu veux mais moi je reste pas là. Je rentre à l'intérieur. »

J'ai fait trois manches sous la pluie, en essayant de peine et de misère de garder ma feuille de pointage au sec. J'ai fini par comprendre que c'était Claude qui avait raison et je suis rentré. On a diffusé le reste du match à l'intérieur mais notre vue du terrain était terriblement mauvaise.

Juste devant nous se trouvait un très beau studio où quatre relationnistes d'autres clubs bavardaient en s'amusant et en prenant un verre.

Je peux vous assurer que le lendemain, ils n'étaient plus là. Tout ce qu'il avait fallu ajouter, c'était une rallonge de 10 pieds nous permettant de travailler avec une vue décente. Mais personne n'avait pensé à nous offrir ça...

À l'automne 1991, je suis venu à un cheveu de refuser de diffuser un match de Série mondiale.

Ça se passait au Metrodome, tout juste avant le premier match de la série entre les Braves d'Atlanta et les Twins du Minnesota. Le baseball majeur nous avait installés, Pierre Arsenault et moi, derrière la clôture du champ gauche pour la diffusion de notre reportage, la passerelle régulière débordant de chaînes américaines.

Décrire un match du fond du champ extérieur n'est pas exactement idéal : 99,9 % du temps, les commentateurs travaillent depuis la passerelle derrière le marbre : une balle frappée à notre gauche est au champ gauche, une autre frappée à notre droite est au champ droit... Mais quand on travaille du point de vue du champ extérieur, il faut constamment faire l'inversion, ce qui complique quand même un peu le travail. Toutefois, notre plus gros problème n'était pas celui-là : c'était que, de notre point de vue, le tiers du terrain était obstrué... Heureusement, nous pouvions compter sur un écran moniteur pour voir l'ensemble de la surface de jeu. Or, quinze minutes avant d'entrer en ondes, des gens du baseball majeur sont entrés dans notre studio et ont débranché notre moniteur.

— Qu'est-ce que vous faites là !?!

— C'est le moniteur des Japonais, ils en ont besoin dans leur studio.

— Nous, on fait quoi alors ?

— Vous allez devoir vous en passer parce que malheureusement, il ne nous en reste plus...

— PARDON ?

J'étais hors de moi : « On a payé des droits pour être ici, vous allez nous trouver un moniteur. Sinon, je ne diffuse pas ! Appelez votre patron au bureau du commissaire, je veux lui parler ! » Entre-temps, j'ai appelé d'urgence mon patron Richard Morency à Montréal : « Richard, si j'ai pas de moniteur, je te jure que je ne fais pas le match. Je fais l'émission d'avant-match puis je sors des ondes. »

En moins de 15 minutes, les gens de la MLB ont traversé la rue de l'autre côté du Metrodome, ils ont fait ouvrir un magasin et ils sont revenus à temps avec un moniteur tout neuf…

Comme je l'ai mentionné en début de chapitre, ce n'est pas le rôle du commentateur associé à une équipe de s'improviser chroniqueur d'opinion. Un journaliste de la presse écrite ou un animateur d'une tribune téléphonique pouvaient critiquer sévèrement une décision du club – ou de toute autre organisation. Pas moi. Ainsi que je l'ai évoqué plus haut, John McHale s'était un jour chargé de me faire remarquer la nuance…

Cela dit, si, par exemple, l'arrivée d'un nouveau joueur ne me semblait pas l'idée du siècle, je n'avais pas intérêt à me transformer en *cheerleader* pour faire croire au public que le joueur était un Gary Carter en devenir. Je commentais la transaction avec prudence et diplomatie.

Je me souviens qu'un journaliste ratoureux des médias électroniques m'avait un jour demandé en ondes si je pensais que l'acquisition de Wayne Krenchicki, un réserviste au talent moyen, contribuerait à mettre du monde dans le stade (le sous-texte suggérant bien sûr que les Expos ne prenaient pas tous les moyens pour attirer les spectateurs).

Je lui ai répondu que si Krenchicki aidait l'équipe à améliorer sa fiche alors là, oui, indirectement, sa venue aurait une influence sur l'assistance au stade. Une vraie réponse de politicien…

La grève de 1994, ainsi que la très douloureuse liquidation de joueurs clés des Expos au printemps suivant ont mis à rude épreuve mon devoir de réserve.

D'abord, un peu de contexte. Au risque de me répéter – et de redire ce que d'autres ont dit maintes fois sur le sujet –, l'édition des Expos de 1994 est à mon avis la meilleure que l'équipe ait offerte à ses partisans.

Il est rare qu'un club compte, dans une même saison, sur un trio de voltigeurs aussi exceptionnels que Larry Walker, Marquis Grissom et Moises Alou – tous les trois des joueurs à leur apogée. Tout aussi rare qu'une même édition réunisse autant de lanceurs dominants (Pedro Martinez et John Wetteland), de futures vedettes (Cliff Floyd et Rondell White), de réguliers de qualité (les lanceurs Ken Hill, Jeff Fassero, Mel Rojas, Tim Scott; les joueurs d'intérieur Wil Cordero, Mike Lansing et Sean Berry; un solide receveur en Darrin Fletcher) et, bien sûr, un gérant de la stature de Felipe Alou.

Les Expos de 1994 avaient tout ça.

Bien sûr, on ne saura jamais si les Expos auraient pu maintenir leur élan (avant le déclenchement de la grève, l'équipe avait gagné 19 de ses 21 dernières parties) dans le dernier droit du calendrier, ou si elle aurait frappé un mur en séries. Après tout, c'est arrivé à quelques reprises qu'une équipe dominante en saison régulière échoue dans les matchs d'après-saison. Personnellement, je ne crois pas que l'édition 1994 se serait essoufflée en fin de parcours, et cela pour deux raisons : sa chimie et sa confiance.

S'il y avait certes beaucoup d'étoiles dans ce club, il n'y avait pas de superstars à la Barry Bonds, Reggie Jackson ou Pete Rose, des vedettes qui nuisent – souvent malgré elles – au fragile équilibre d'un club. Plusieurs joueurs de l'édition 1994 avaient moins de 25 ans; ils avaient évolué ensemble dans les clubs-écoles des Expos (avec les hauts et les bas que cela suppose) et personne ne sentait le besoin d'impressionner qui que ce soit.

J'ai suivi de l'intérieur 36 éditions des Expos, et celle de 1994 est certainement la plus confiante qu'il m'ait été donné de voir à l'œuvre. Quand l'équipe tirait de l'arrière, les gars savaient que l'un ou l'autre se chargerait d'initier une remontée. Et s'ils avaient les devants en 6e manche, on pouvait déjà fermer les livres : Scott, Rojas ou Wetteland se chargerait d'éteindre tout début d'incendie. Le plus beau, c'était que cette confiance n'était surtout pas arrogante, comme celle des Mets de la deuxième moitié des années 1980, par exemple. Les Expos *savaient* leur équipe supérieure, c'était un fait, un point c'est tout. Les Braves d'Atlanta de cette année-là n'entretenaient pas beaucoup de doutes sur leurs capacités, mais, comme le lanceur Tom Glavine l'a déjà reconnu, ils savaient que les Expos étaient plus forts qu'eux. Les Expos de 1994 étaient une « tempête parfaite », des conditions rarement réunies dans un même club, pendant une même saison.

Quand la grève a été déclenchée par les joueurs le 12 août 1994, des rumeurs ont tout de suite couru qu'elle pourrait être très longue et même compromettre l'achèvement du calendrier (il ne restait alors que six semaines à jouer).

Mais mes camarades de travail et moi n'y croyions pas vraiment. On se disait qu'au pire la grève durerait quatre ou cinq semaines et que quand les activités reprendraient, on compléterait les quelques matchs restant au calendrier avant d'amorcer les séries.

Comme nos employeurs ne voulaient pas que le public oublie le baseball (peut-être aussi n'aimaient-ils pas devoir nous payer à ne rien faire!), on nous a affectés à la couverture des matchs des Lynx d'Ottawa, le club-école AAA des Expos à l'époque.

De la mi-août jusqu'au début septembre, on a donc suivi l'équipe de futurs Expos dans tous ses déplacements, voyageant à l'ancienne (en autobus) et découvrant des stades parfois pittoresques. À Syracuse, où se trouvait alors le plus vieux stade de la Ligue internationale, la galerie de presse se mettait à tanguer aussitôt que le vent soufflait un peu trop fort. Rodger Brulotte et moi étions sortis de ces matchs avec le mal de mer…

Occupés par notre boulot quotidien, et rassurés par Claude Brochu qui disait que le conflit de travail ne durerait pas plus de deux semaines, nous n'avons pas passé ces quelques semaines à ruminer des scénarios catastrophe : nous avons seulement continué à faire notre travail.

Un des tenants de la ligne dure envers l'Association des joueurs, le président des Expos avait tellement à cœur que soient instaurés partage des revenus et plafond salarial – selon lui, les conditions essentielles à la survie des Expos –, qu'il était prêt à courir le risque de perdre la saison, même si son propre club était un de ceux que la chose affecterait le plus.

À nos yeux, cette théorie se défendait, et sans nous faire ses porte-paroles, nous nous sommes bien abstenus de critiquer la stratégie de M. Brochu.

Puis, le 14 septembre, le président du conseil exécutif du baseball Bud Selig (on le nommerait officiellement commissaire plus tard) annonçait l'annulation du reste du calendrier et des séries d'après-saison. Pour les Expos, des profits envisagés de 20 millions de dollars se transformaient désormais en perte assurée de 14 millions de dollars.

La direction du club s'est empressée de sabrer dans les dépenses, commençant d'abord par la mise en disponibilité d'employés de l'administration du club. Puis, au printemps 1995, ce fut la débâcle : on a perdu Larry Walker à l'autonomie et échangé en quelques jours Marquis Grissom, John Wetteland et Kenny Hill.

On a vu des ventes de feu dans l'histoire du baseball majeur, mais, sauf erreur, c'était la première fois qu'on voyait une équipe de premier plan se départir d'un seul coup de : a) son lanceur partant numéro un ; b) son releveur numéro un ; c) le premier frappeur de son alignement ; d) le quatrième frappeur de son alignement.

La concession ne s'est jamais remise de cette hécatombe.

Je savais bien que les décisions de mes patrons auraient un impact colossal sur la qualité de l'équipe qu'ils présenteraient aux amateurs en 1995 et jamais je n'aurais voulu faire croire à nos auditeurs que l'arrivée de Fernando Seguignol compenserait la perte de John Wetteland ou que la montée de jeunes joueurs compenserait la perte de vedettes comme Larry Walker et Marquis Grissom. Personne n'a d'ailleurs jamais fait de pression sur moi ou mes collègues pour nous inciter à défendre ces décisions.

Ce n'était toutefois pas mon rôle de monter aux barricades (comme l'ont fait certains chroniqueurs ou animateurs) en prédisant une descente aux enfers aux Expos ; j'ai plutôt opté pour une position plus nuancée, plus modérée – et plus fondée sur un froid examen de la réalité : si le club avait choisi de garder tous ces joueurs, sa masse salariale en 1995 aurait bondi de 19 à 30 millions. Or, le plan de la direction, c'était plutôt de la ramener à 14 millions... L'équipe aurait-elle pu couper la poire en deux et garder un ou deux du club des sacrifiés ? L'ancien actionnaire du club Mark Routtenberg pense que oui, Claude Brochu maintient toujours que ça n'aurait rien changé...

Je ne le savais pas encore, mais je devrais exercer mon devoir de réserve encore plusieurs fois durant la dernière décennie du club en sol montréalais...

CHAPITRE 4

Jusqu'au dernier retrait

En septembre 1989, le paysage sportif télévisuel du Québec a été à jamais modifié avec l'arrivée en ondes d'un nouveau joueur d'importance, le Réseau des sports (RDS). La description des matchs de baseball a été confiée à un nouveau-venu de talent, Denis Casavant, ainsi qu'à un de mes anciens partenaires du micro, Claude Raymond. Puis, après une seule saison à RDS, Claude est revenu à la télévision de Radio-Canada – où il avait travaillé en compagnie du commentateur Raymond Lebrun de 1984 à 1989 – et c'est Rodger Brulotte qui l'a remplacé dans le rôle d'analyste.

Bien que je sois associé à la radio depuis presque 20 ans et même si je m'y plaisais énormément, j'avoue que j'ai été froissé que les patrons de RDS n'aient pas pensé à moi, d'autant plus que je connaissais depuis longtemps deux des têtes dirigeantes du réseau, le vice-président Guy Desormeaux et le directeur de l'information, Jacques Barrette. Ce dernier avait d'ailleurs été de l'aventure du *Nouveau Journal* avec moi, et je trouvais étrange qu'il n'ait pas à tout le moins cherché à savoir si un saut à la télé aurait pu m'intéresser.

Un jour, au hasard d'une rencontre avec un des dirigeants de CKAC (la station radiophonique était alors copropriétaire de RDS avec la brasserie Labatt), j'ai carrément soulevé la question. Sa réponse m'avait jeté en bas de ma chaise : « Jacques, quand RDS est né, on leur a dit : "Prenez qui vous voulez pour le baseball mais vous touchez pas à Doucet." »

Plus tard, j'en ai discuté avec Philippe De Gaspé Beaubien, le propriétaire de l'époque de Télémédia, lui mentionnant qu'ils avaient agi comme s'ils avaient voulu décider à ma place d'où je continuerais à travailler... Sa réponse se voulait rassurante : « Virez ça à l'envers, Monsieur Doucet : on vous apprécie tellement qu'on ne veut pas vous perdre... » J'appréciais certes le compliment mais j'aurais au moins aimé avoir le privilège de dire oui ou non...

C'en est resté là et je suis demeuré à la radio. Sans regret, d'ailleurs, parce que j'ai toujours apprécié de pouvoir décrire un match en étant sur place et qu'éventuellement RDS a privilégié les reportages en studio, où les commentateurs doivent se fier aux images sur un écran pour faire leur description. D'autre part, j'aimais bien suivre les activités du club sur une base quotidienne, une occasion que n'offrait pas la télévision.

Quoi qu'il en soit, l'affectation de Rodger à RDS signifiait qu'il fallait lui trouver un substitut pour la cinquantaine de matchs où il ne serait pas disponible. À la suite de quelques tests, mon choix s'est arrêté sur Pierre Arsenault, un jeune homme qui non seulement s'exprimait bien mais qui avait aussi de l'expérience dans le baseball organisé. Après une belle carrière dans les rangs juniors comme receveur avec les Cards de LaSalle, Pierre avait passé une saison avec l'équipe de Sarasota dans le réseau des filiales des White Sox de Chicago en 1985 avant de se joindre aux Expos, où on lui avait confié le rôle de receveur dans l'enclos des lanceurs.

J'ai eu beaucoup de plaisir à travailler avec Pierre. Il comprenait le travail des receveurs et savait comment on dirige les lanceurs, alors j'ai pu exploiter ses compétences sur ces questions ; c'était une dimension nouvelle qui s'ajoutait à nos reportages. Soit dit en passant, il était à mes côtés lorsque Dennis Martinez a lancé son match parfait à Los Angeles, le 28 juillet 1991.

Malheureusement, Arsenault n'aura été analyste que durant deux trop brèves saisons puisqu'au début de la saison 1992, il a décidé de troquer son micro contre sa mitaine de receveur : on lui offrait un poste d'instructeur de l'enclos des releveurs des Expos.

La décision de Pierre m'a déçu pour deux raisons. La première est qu'il ne m'a jamais informé de ses intentions et que j'ai appris la nouvelle de son transfert d'une tierce partie. Surtout, j'étais malheureux pour lui, car je croyais qu'il avait vraiment de l'avenir au micro et qu'il aurait été mieux servi financièrement dans une carrière de commentateur que d'être limité à un rôle d'instructeur d'enclos sans fonds de retraite (Pierre n'avait pas cru bon d'exiger de la direction de l'équipe d'inscrire son nom sur la liste des instructeurs admissibles au fonds de retraite du baseball majeur).

Aujourd'hui, je dois toutefois reconnaître que la décision de Pierre était la bonne. Après son départ de Montréal à la fin de 2001 pour suivre Jeffrey Loria à Miami, il a participé au triomphe des Marlins dans la Série mondiale de 2003, toujours à titre d'entraîneur de l'enclos. Puis, pour lui témoigner leur gratitude, les joueurs des Marlins ont décidé à l'unanimité de lui voter une part entière du partage des sommes associées à la conquête de la Série mondiale. Ce chèque ne représente peut-être pas l'équivalent des montants que Pierre aurait pu éventuellement retirer du fonds de retraite du baseball, mais c'est un peu comme s'il avait partagé un gros lot de loterie.

Pierre ayant quitté ses fonctions d'analyste, c'est Alain Chantelois qui est devenu le suppléant de Rodger quand celui-ci travaillait à la télé. Le Baron rouge a été mon compagnon de travail pendant une dizaine d'années, soit de 1992 à 2001.

Alain est arrivé chez les Expos avec une vaste expérience radiophonique à l'antenne du réseau Radio-Mutuel (le rival grand de CKAC à l'époque). Il avait été surpris de m'entendre lui dire qu'il avait hérité du job à la fois le plus agréable et le plus difficile. C'était en effet une situation enviable, car il devait assumer les reportages d'une cinquantaine de parties par saison pour un salaire fort intéressant. Mais c'était aussi un travail difficile, car assurer le suivi d'une équipe qui dispute 162 matches par année alors qu'on n'y travaille qu'une fois ou deux par semaine ou par mois n'est pas une mince affaire. De plus, il faut avouer qu'à l'époque, Alain était davantage un gars de hockey que de baseball.

Animé d'un enthousiasme débordant, le Baron a dû travailler fort pour apprendre les secrets du baseball au compte-gouttes et j'ai parfois dû assumer le rôle d'analyste à ses côtés. Il était à son mieux lorsque nous pouvions travailler ensemble pendant deux ou trois semaines d'affilée, comme c'était le cas lorsque nous étions affectés à la couverture des séries de fin de saison. C'est là qu'il prenait vraiment sa vitesse de croisière.

Avec le temps, Alain a gagné en assurance et je dois avouer que j'ai bien mal digéré la nouvelle de son congédiement par David Samson à l'automne 2001. Le Baron avait été un loyal employé des Expos durant dix ans et il a été cavalièrement mis à la porte. J'étais l'homme le plus heureux du monde lorsque j'ai appris qu'Alain avait été repêché par RDS où il continue d'ailleurs à faire carrière.

Le départ d'Alain Chantelois avait été précédé de celui de Rodger Brulotte qui, en 2000, a rompu des liens de plus de 30 ans avec les Expos pour entrer à temps plein dans la famille de RDS. En 2001, il avait donc fallu trouver un autre analyste pour travailler à mes côtés. Mes patrons m'ont demandé quelle était ma préférence : travailler avec Claude Raymond (qui était disponible depuis que Radio-Canada avait décidé de ne plus diffuser de baseball) ou avec le jeune Marc Griffin, qui avait auparavant travaillé dans un rôle d'analyste pour Radio-Canada et pour TQS ? J'ai répondu : « Pourquoi pas avec les deux ? »

C'est ainsi qu'en plus de retrouver Claude Raymond à mes côtés, j'ai commencé à travailler avec Marc Griffin, celui qui deviendrait mon partenaire au micro pendant trois saisons et demie – jusqu'au tout dernier retrait.

Marc avait connu une très belle carrière de voltigeur dans les rangs juniors, carrière couronnée par une participation aux Jeux olympiques de Séoul en 1988 et un premier contrat professionnel avec les Dodgers de Los Angeles, aussi en 1988. Plus tard, les Expos ont acquis ses services et il a joué dans leur réseau de filiales à West Palm Beach.

Une fois sa carrière de joueur terminée en raison d'une intervention chirurgicale au coude (l'opération dite Tommy John), Marc est entré au service des Expos à titre de directeur des activités radio-télévision et éventuellement responsable du site internet des Expos, en plus d'agir comme analyste à la télévision de Radio-Canada en 1999 et, pendant quatre ans, à l'antenne du réseau TQS. Évidemment, Marc n'était pas un nouveau-venu au micro, mais la radio était encore un nouveau métier pour lui. Il s'y est acclimaté sans aucun problème.

Bien qu'il soit de près de 30 ans mon cadet, Marc Griffin et moi avons vécu une très belle complicité durant ce qui s'est avéré être les plus difficiles années de l'histoire des Expos. De 2002 à 2004, nous avons dû travailler dans une atmosphère des plus stressantes, ne sachant pas quand on allait nous enlever notre micro. De plus, durant la saison 2003, nous avons dû changer d'antenne une soixantaine de fois puisque CKAC avait décidé de retrancher 60 matchs à son antenne (matchs récupérés en partie par CJMS-Country, qui est devenu notre deuxième diffuseur). Finalement, au cours des deux dernières saisons, nous avons dû diffuser une quarantaine de matches en direct de Porto-Rico – une destination formidable pour les vacances, mais pour du baseball majeur dans un stade des mineures, on repassera...

Je n'ai vraiment eu qu'un seul regret au moment où notre belle aventure a pris fin. C'était que la saga des Expos se soit terminée dans un fouillis inacceptable et surtout que je n'aie pas eu l'occasion de mettre un terme à ma carrière de commentateur en passant mon micro dans les mains de Marc en lui disant : « Continue, mon ami, et je te souhaite une aussi longue carrière que la mienne. »

Pendant toutes mes années au micro, j'ai toujours eu de la facilité à m'adapter à la personne avec laquelle je travaillais. Je n'ai jamais été le gars qui disait : « C'est pas comme ça qu'on fait ça » ou « Faites comme ceci ou comme cela. » En début de saison, on se faisait toujours une petite réunion et je disais à mes collègues : « S'il y a un problème, on est aussi bien de régler ça entre nous avant que ça se sache en haut. S'il y a quelque chose qui vous chicote et que vous n'en parlez pas, ça va devenir une montagne et ça va prendre 22 avocats pour régler ça. Alors aussi bien en parler avant. »

Ça m'a été d'un grand secours d'avoir cette facilité d'adaptation-là. Je crois que ça a également aidé mes collègues et qu'ultimement, ça a bien servi les auditeurs aussi.

Un autre bouleversement dans l'univers des médias montréalais est survenu lors de la fusion en septembre 1994 entre Télémédia et Radio-Mutuel.

Comme je l'ai expliqué au chapitre 3, après avoir commencé ma carrière de commentateur à l'emploi des Expos en 1972, une décision du CRTC m'a obligé, trois ans plus tard, à poursuivre ma carrière de commentateur pour le compte de CKAC.

Dans les années 1970 et 1980, CKAC s'était taillé une place enviable dans le monde de la radio montréalaise, entre autres en raison de la popularité du *Baseball des Expos*, à l'époque une des plus importantes locomotives de la station. Pendant ce temps, Radio-Mutuel misait surtout sur le hockey du Canadien pour gagner la fidélité de son auditoire.

Comme c'est souvent le cas, la fusion de deux entités se transforme habituellement en une prise de contrôle d'une entité sur l'autre, et ce sont les gens de Radio-Mutuel qui ont vraiment pris les rênes du nouveau réseau – dont la principale station restait tout de même CKAC.

Dans les années qui ont suivi la fusion, j'ai réalisé que pour la direction des sports du nouveau réseau, le hockey des Canadiens était beaucoup plus important que le baseball des Expos. De plus en plus, les émissions de lignes ouvertes étaient orientées vers le hockey et on parlait de moins en moins de baseball. Ce n'était évidemment pas de nature à me plaire.

À un certain moment, on nous a annoncé qu'on allait retrancher dix matchs des Expos de la programmation du réseau. C'était une décision qui me semblait lourde de conséquences, voire inacceptable. À mes yeux, les nouveaux dirigeants des sports de CKAC détruisaient peu à peu ce que j'avais mis plus de 20 ans à bâtir.

C'est alors que j'ai appris que le contrat qui liait le réseau aux Expos devait être renégocié à la fin de la saison 1996.

De plus en plus à couteaux tirés avec la direction des sports de CKAC et voyant mal comment je pourrais continuer à travailler dans ces conditions, j'ai demandé une rencontre avec le président des Expos, Claude Brochu, pour lui demander – plus exactement, le supplier – de me rapatrier dans le giron des Expos. Dieu merci, Claude a sympathisé avec ma situation et quelques mois plus tard, je mettais fin à une association de 23 ans avec CKAC.

C'est ainsi que j'ai complété les sept dernières années de ma carrière de commentateur des matches des Expos à titre d'employé de l'équipe.

Si les années qui ont suivi la vente de feu du printemps 1995 n'ont pas été les meilleures de l'histoire des Expos, elles n'ont pas été les plus catastrophiques non plus. En 1996, le club a surpris tous les experts en se maintenant dans la course au meilleur deuxième jusqu'en septembre, et en clôturant l'année avec 88 victoires contre 74 défaites. Cette année-là, l'équipe a attiré 1 618 573 spectateurs durant la saison pour une respectable moyenne de 19 982 personnes par match.

Malgré ces chiffres encourageants, les Expos ont tout de même présenté un bilan financier négatif (des pertes de 4,5 M $) à la fin de 1996. Tout indiquait que le potentiel de croissance de l'assistance aux matchs avait atteint un plateau. Pour Claude Brochu, ce cul-de-sac s'expliquait en grande partie par un facteur dominant : le Stade olympique.

Pour une foule de raisons – une location éloignée du centre-ville, un stade pas réellement conçu pour le baseball, un toit devant demeurer fermé lors des belles journées d'été –, les amateurs ne se rendaient pas au Stade aux matchs en nombre suffisant pour permettre à l'équipe d'engranger assez de profits pour retenir ses meilleurs joueurs. Après leur belle saison de 1996 – sur le terrain et aux guichets –, les Expos ont tout de même perdu à l'autonomie le voltigeur Moises Alou (21 CC, 96 PP) et leur releveur numéro un, Mel Rojas (36 matchs protégés), deux des piliers du club en 1996.

Comment se sortir de ce cercle vicieux ? Certainement pas en réduisant encore les dépenses : en 1996, les Expos figuraient au 26e rang des masses salariales – sur 28 clubs. Il fallait donc trouver une façon d'augmenter les revenus. Aux yeux de Claude Brochu, il n'y en avait qu'une : installer l'équipe dans un nouveau stade. Un stade ouvert, conçu pour le baseball, et situé au centre-ville.

Pour nous, de l'entourage des Expos, l'annonce de ce projet était la première vraie bonne nouvelle qu'on entendait depuis belle lurette. Au baseball majeur, la tendance était à la construction de nouvelles installations, et les équipes qui avaient pris ce virage (comme les Orioles de Baltimore et les Indians de Cleveland) avaient vu leur destinée changer du tout au tout : un nouvel engouement de leurs partisans pour l'équipe et des clubs désormais compétitifs. Qui plus est, ces installations avaient aussi énormément contribué à revitaliser le secteur névralgique de ces villes.

Le site envisagé par Claude Brochu (le quadrilatère formé par les rues Notre-Dame, de la Montagne, Saint-Jacques et Peel) était idéal : en plein quartier des affaires, à un jet de pierre du tout nouvel amphithéâtre des Canadiens. Propriétaire du terrain, le gouvernement canadien avait déjà annoncé son intention de le céder aux Expos pour une bouchée de pain. On pouvait déjà imaginer les passants circulant boulevard René-Lévesque ou rue Sainte-Catherine par une belle soirée d'été s'arrêter en entendant une clameur monter du stade…

Le coût du stade oscillerait entre 250 et 300 M$ et les Expos souhaitaient une participation du gouvernement du Québec dans la construction du stade par l'application d'impôts payés par les joueurs.

Or, on a su plus tard qu'il n'y avait pas unanimité au sein du consortium face au projet. Des partenaires ne voyaient pas la pertinence de construire un autre stade alors que le Stade olympique était une installation ne datant que de 20 ans. On devinait bien que le gouvernement du Québec n'aimerait pas l'idée de laisser à l'abandon un stade de 1,6 milliard de dollars que les Québécois n'avaient pas encore fini de payer. L'opinion publique était partagée, et si certains voyaient dans l'initiative une occasion en or de dynamiser le centre-ville, d'autres déploraient l'utilisation de fonds publics pour le bénéfice d'une entreprise privée (et de joueurs de baseball multimillionnaires!), un argument à mon avis fallacieux. Alors que le débat s'animait d'un côté comme de l'autre, les Expos ont principalement ciblé les entreprises en mettant sur pied une campagne de vente de loges corporatives.

En lançant l'équipe dans cette aventure, Claude Brochu jouait gros. Certes, si le projet levait et que le stade finissait par être construit, la survie des Expos serait assurée à court et moyen terme, probablement pour des décennies. Mais si le président des Expos échouait dans ses efforts de convaincre gouvernements et entreprises de l'appuyer financièrement, il n'aurait pas de position de repli : les Expos ne pourraient pas retourner au Stade olympique et faire comme si c'était *business as usual*. En somme, l'enjeu n'était pas seulement d'établir si les Expos auraient un nouveau domicile, mais de savoir s'ils resteraient ou pas à Montréal.

Évidemment, mon rôle n'était pas d'agir comme porte-parole non officiel du projet. Comme commentateur, je n'étais pas journaliste d'enquête ; ainsi, je n'avais pas à me préoccuper de ce qui se tramait en coulisse, mon rôle se limitait à décrire du mieux que je le pouvais ce qui se passait sur le terrain.

Mais je ne pouvais pas non plus être indifférent au projet, d'autant plus que j'y croyais ! Comme j'avais visité la plupart des stades des majeures, je comprenais bien les bénéfices pour les amateurs d'un stade conçu pour le baseball. Malgré les efforts faits par les Expos et la RIO pour rendre le Stade olympique plus convivial, la création de Roger Taillibert n'était pas la plus appropriée pour le baseball. J'ai donc défendu le projet de Claude Brochu au meilleur de ma connaissance, convaincu que c'était ce qui était le mieux pour l'avenir de la concession, convaincu aussi que Montréal et tout le Québec finiraient par y gagner.

Est-ce que j'étais toujours d'accord avec la façon de procéder de Brochu ? Non. Par exemple, je ne trouvais pas nécessaire de dénigrer le Stade olympique pour prouver qu'il fallait construire un nouveau stade : critiquer son propre produit n'est pas la meilleure façon de conserver sa clientèle. Je n'étais pas non plus d'accord avec sa stratégie de concentrer tous ses efforts sur la clientèle corporative et d'ignorer les amateurs. Par ailleurs, échanger son meilleur lanceur (Pedro Martinez, gagnant du Cy Young en 1997) alors qu'on cherche à mobiliser la population autour d'un projet ne m'a pas non plus semblé la plus brillante des manœuvres. Mais je comprenais qu'en dehors de ces considérations, le projet méritait qu'on lui donne sa chance.

Malheureusement, le jeu politique s'est alors mis de la partie. Dans les coulisses, des actionnaires du club critiquaient la façon dont Claude Brochu procédait pour obtenir des appuis au projet. On ne pensait pas qu'il était le mieux outillé des communicateurs pour mobiliser le milieu des affaires. Jean Coutu, le propriétaire des pharmacies du même nom (un des commanditaires du club), ne s'est d'ailleurs pas privé de critiquer publiquement le président des Expos.

On disait aussi que des actionnaires souhaitaient voir le projet échouer (et Claude Brochu éventuellement céder sa place), et certains d'entre eux ont confié à des journalistes – sous le couvert de l'anonymat – tout le mal qu'ils pensaient de l'initiative. D'autres, bien branchés dans le gouvernement péquiste de l'époque, ont mené un lobbying discret pour discréditer le projet (et son porte-parole) auprès des instances au pouvoir. En gros, on leur disait à peu près ceci : « Laissez-nous sortir Brochu du portrait et ensuite on vous reviendra avec une autre proposition que vous trouverez plus acceptable. »

Malgré ces fausses notes, Brochu a continué ses représentations à Québec, principalement auprès de Bernard Landry, le ministre des Finances de l'époque, qui voyait des mérites au projet. Manifestement, ce lobbying a porté fruit puisque le 31 août 1998, M. Landry annonçait à l'émission de radio de Paul Arcand que le dossier du stade était à toutes fins utiles réglé. Deux jours plus tard, à l'invitation du premier ministre du Québec Lucien Bouchard, Claude Brochu et quelques supporters du projet, dont Jacques Ménard et l'ex-joueur et dirigeant des Canadiens Serge Savard, se présentaient dans le bunker de Bouchard sur la Grande-Allée à Québec.

Le premier ministre avait de mauvaises nouvelles pour le groupe : son gouvernement n'appuierait pas le projet de nouveau stade. Il avait des priorités beaucoup plus pressantes, comme celle de remettre de l'ordre dans les finances publiques de la province. La réponse était définitive et sans appel. Présent à la réunion, un Bernard Landry apparemment rouge comme une tomate n'a pas dit un mot. Désavoué par son patron dans les heures suivant son entrevue chez Paul Arcand, Landry en avait perdu son latin.

Dans son livre sur la saga des Expos, Claude Brochu affirme que le projet du stade est mort le soir du 2 septembre 1998, dans la salle de conférence du bunker du premier ministre. C'est donc dire qu'à ses yeux, le projet de sauver les Expos a aussi connu sa fin ce jour-là.

Je crois en effet qu'à partir de ce moment-là, Claude Brochu a complètement baissé les bras.

Se sentant isolé dans son groupe et comprenant qu'il ne pourrait pas se rétablir comme chef de file de la relance des Expos, il est non seulement arrivé à la conclusion qu'il ne servait à rien de poursuivre le combat, mais que l'aventure des Expos ne se poursuivrait pas sans lui. Les Expos survivraient avec lui aux commandes, ou ils ne survivraient pas.

Je suis convaincu qu'à partir de ce jour-là, l'idée de Claude Brochu était faite : ce qu'il voulait désormais, c'était vendre l'équipe à des intérêts américains qui, bien entendu, déménageraient aussitôt la concession aux États-Unis. Je pense aussi qu'il aurait souhaité demeurer à la présidence du club dans son nouveau domicile.

Évidemment, nous n'en avons rien su, et moi et mes collègues analystes avons continué de défendre le projet du stade avec énergie et sincérité alors que Brochu essayait peut-être déjà de tâter le terrain auprès d'éventuels acheteurs.

Quand on analyse ce qui s'est passé dans les semaines et les mois qui ont suivi, c'est difficile de penser que Brochu avait à ce moment-là encore à cœur la survie des Expos à Montréal.

Il y a d'abord eu le fiasco dans le dossier Felipe Alou.

En 1998, le gérant des Expos était la figure emblématique du club, plus populaire encore que Vladimir Guerrero. Le 22 septembre, à la demande de Claude Brochu, le directeur-gérant Jim Beattie s'en rendu voir Felipe pour lui dire que les Dodgers de Los Angeles avaient manifesté de l'intérêt pour ses services et que s'il avait envie de quitter la galère à la dérive qu'étaient devenus les Expos, la direction ne lui mettrait pas de bâtons dans les roues. Felipe a très mal pris la chose, y voyant une invitation à prendre la porte. Quelques jours plus tard, il annonçait qu'il en était à sa dernière saison à Montréal.

Il a fallu une intervention improvisée à la dernière minute de Jacques Ménard et de Mark Routtenberg – et un nouveau contrat de quelques millions de dollars, aussi – pour convaincre Felipe de rester à bord.

Claude Brochu a toujours prétendu qu'il ne voulait pas montrer la porte à Felipe mais seulement lui donner l'occasion – s'il le désirait – de poursuivre sa carrière dans de meilleures conditions que ce qu'il connaissait avec les Expos. Peut-être est-il sincère là-dessus. Mais un doute persistera toujours : le départ de Felipe n'était-il pas la meilleure façon de sonner le glas de l'équipe ? Si on avait voulu ébranler les Expos, on n'aurait pas pu trouver de meilleure façon de le faire…

Vint ensuite la visite de Bud Selig, le commissaire du baseball, aux bureaux du premier ministre du Québec le 5 octobre 1998. Dire que la rencontre n'a pas donné les résultats escomptés relève de l'euphémisme. Lucien Bouchard ne comprenait pas les grands enjeux économiques du sport professionnel de la fin du 20e siècle ? Selig lui expliquerait tout ça. Comme on aurait pu s'y attendre, les deux hommes se sont livrés à un long dialogue de sourds : le commissaire a insisté sur l'importance de nouvelles infrastructures dans la relance de concessions en difficultés, et Bouchard a continué de marteler que son gouvernement ne subventionnerait pas la construction d'un stade de baseball.

On peut se demander ce qu'espérait réaliser Claude Brochu en organisant cette rencontre. Prouver aux deux parties qu'une entente était impossible ? Faire la démonstration à Selig que la position du gouvernement était irrévocable ? C'est en tous cas l'effet que la rencontre semble avoir eu, le commissaire retournant à New York avec le sentiment que le baseball majeur n'avait plus d'avenir à Montréal.

Deux jours plus tard, lors d'une rencontre à haute tension avec les autres membres du consortium, Claude Brochu a accepté de céder sa place dès qu'on trouverait un acheteur pour sa quote-part de 7,6 % dans le club. Mais peu avant, il avait aussi proposé la mise en vente du club, proposition aussitôt rejetée par les autres partenaires.

Le printemps suivant, alors que les actionnaires des Expos tentaient de mettre sur pied un plan de relance répondant aux exigences pointues du bureau du commissaire, Claude Brochu – qui occupait encore officiellement le rôle de président des Expos – a organisé deux matchs d'avant-saison à… Washington, à la toute fin du camp d'entraînement. Le jour du premier match, le maire de la capitale américaine s'est empressé de déclarer que si les Expos cherchaient une terre d'adoption, il les accueillerait à bras ouverts.

Brochu a toujours soutenu que la seule raison pour laquelle il avait pris cette initiative-là était de générer des revenus additionnels pour l'équipe puisque les matchs attireraient plus de spectateurs que si on les avait présentés en Floride. Mais le fait que les rencontres aient eu lieu à Washington – la ville la plus souvent mentionnée comme prochaine détentrice d'une équipe des majeures – avait tout de même de quoi éveiller les soupçons…

C'est aussi durant ce camp, lors d'un souper en compagnie de Claude et son épouse, que j'ai eu la nette impression que c'est le scénario qui se tramait.

Durant le repas, j'avais fait allusion aux deux matchs en question et Michelle, l'épouse de Claude (qui avait une forte influence sur lui), a à un moment donné laissé tomber une phrase ne laissant pas planer beaucoup de doutes : « Ce serait pas de tout repos s'il fallait qu'on déménage à Washington ! »

J'ai alors constaté que Claude avait touché le pied de son épouse avec le sien, prenant la peine d'ajouter : « Tu sais, Michelle, la situation de Jacques n'est pas la même… Si les Expos devaient déménager, il n'aurait plus d'emploi, car il n'y aurait évidemment pas de baseball en français à Washington. »

À partir de ce moment-là, ma relation avec Claude Brochu a commencé à piquer du nez et il n'y a plus eu d'invitation à souper…

Quelques mois plus tard, Claude Brochu faisait ses valises et quittait définitivement les bureaux des Expos par la porte arrière. Mais pour lui, tout n'était pas perdu puisque dans ses valises, il y avait un chèque de 15 millions de dollars !

Dans toute cette querelle de propriétaires, je n'ai pas à prendre parti. Avec le recul – je répète que je n'ai pas eu accès aux jeux de coulisses –, il me semble que les actionnaires n'ont pas fait preuve de beaucoup de solidarité ni d'élégance dans leur traitement de Claude Brochu. Ils ont aussi naïvement cru qu'ils pourraient se passer du seul membre du consortium qui avait ses entrées au baseball majeur. Et plus tard, ils ont choisi le pire individu pour le remplacer, un type qui les roulerait sans merci dans la farine, comme des enfants d'école.

Mais je ne pardonnerai jamais à Claude Brochu d'avoir si rapidement baissé les bras. Dans des dossiers de cette complexité, il me semble qu'il faut être patient, flexible, travailler longuement et stratégiquement ses appuis – et ne jamais perdre de vue que les gouvernements ne sont pas éternels. Qui sait si le gouvernement libéral qui a suivi celui de M. Bouchard n'aurait pas eu plus d'ouverture à un projet de nouveau stade ? Pourquoi fallait-il précipiter la mort des Expos ? Où était l'urgence ?

C'est comme si Claude Brochu n'avait pas pu accepter que l'aventure des Expos se poursuive si lui-même ne faisait pas partie du voyage. Même s'il avait toutes les raisons du monde d'en vouloir à ses anciens partenaires, était-ce une raison pour chercher à saborder le bateau alors qu'il le quittait ?

Une équipe de baseball – et le lien qu'elle établit avec une ville, une province, une population – est beaucoup plus grande, plus forte que la somme de ses parties. Les Expos, c'était beaucoup plus que n'importe quel joueur, gérant, entraîneur ou… commentateur.

C'était aussi beaucoup plus que les gens d'affaires qui y avaient injecté quelques millions en se disant qu'un jour, cet investissement finirait par profiter à leur entreprise. Ou à eux-mêmes personnellement.

Dans la deuxième semaine de septembre 1998, alors que ça jouait dur dans les bureaux de direction de l'équipe, les Expos sont rentrés à Montréal après un séjour sur la côte Ouest et en Floride.

Durant la journée précédant le premier match d'une série contre les Braves, j'ai ressenti un mal d'estomac en passant la tondeuse chez moi à Longueuil. Je suis rentré à la maison et j'ai dit à mon épouse Corrie que je ne me sentais pas bien et que j'allais m'étendre.

Plus tard, mon malaise étant passé, je me suis rendu au Stade comme d'habitude et j'ai décrit le match même si je ne me sentais pas à 100 % de ma forme. À mon retour à la maison, j'ai expliqué à Corrie que je ne me sentais pas tout à fait dans mon assiette mais que ça allait. À cette époque, Corrie était infirmière aux soins intensifs à l'Institut de cardiologie et elle s'y connaissait assez dans les questions de maladies du cœur : « Toi, tu es avec les Expos, tu peux avoir accès au médecin du club quand tu veux. Pourquoi tu ne vas pas le voir ? »

Le lendemain, le médecin des Expos, le Dr Michael Thomassin, m'a reçu dans son bureau : « Votre pression est bonne, tout est beau. Je sais que vous ne consommez plus d'alcool, mais vous fumez… Vous devriez passer un électrocardiogramme… » Il m'a alors tout de suite organisé un rendez-vous avec un cardiologue pour le lendemain – et ce soir-là, je suis allé décrire le match. Je me sentais mieux mais j'avais remarqué que je n'avais pas d'appétit.

Plus tard, après qu'une infirmière m'eut fait subir un électrocardiogramme, le cardiologue est entré dans la pièce. Je n'oublierai jamais ses premières paroles : « Êtes-vous venu ici seul, monsieur Doucet ? » Je me suis dit, ça y est, il y a quelque chose, je vais claquer… « Vous avez fait un infarctus dans les 72 dernières heures. Vous devez entrer tout de suite à l'hôpital. »

Comme ça arrive souvent, paraît-il, dans les cas d'infarctus mineurs, je ne m'étais rendu compte de rien, mettant mon malaise sur le compte de troubles gastriques. Pourtant, avec le bagage génétique que j'avais, j'aurais dû m'en douter : mon père et mon grand-père étaient tous les deux décédés de crises cardiaques, mon père à 52 ans, mon grand-père à 60… Surtout, j'avais 58 ans et je n'avais pas les meilleures habitudes de vie : les voyages à répétition, les repas *fast-food* souvent avalés sur le pouce. Et, bien sûr, cette damnée cigarette…

Quelques instants plus tard, je joignais Corrie au téléphone. Elle me dit : « Viens-t'en tout de suite à l'Institut. » Comme je ne pouvais pas conduire ma voiture, c'est Marc Griffin qui m'a conduit jusque là-bas.

À l'hôpital, Corrie m'attendait, tout comme Rodger Brulotte – qui devait faire le match en ma compagnie ce soir-là. J'ai demandé à Corrie d'appeler les membres de ma famille avant que la nouvelle ne soit diffusée à la radio.

Le médecin, un type du nom de Serge Doucet – aucun lien de parenté – m'a expliqué les scénarios possibles. Ils tenteraient de faire une angioplastie pour débloquer une artère. Mais si ça ne fonctionnait pas, ils devraient opérer.

Le Dr Doucet m'a expliqué à quoi je devais m'attendre. Ils débloqueraient l'artère en passant par l'intérieur d'une veine à l'aide d'un cathéter. « C'est sous anesthésie locale. On vous gaze un peu mais vous pourrez suivre toutes les manœuvres sur les moniteurs. »

« Euh, merci, mais non merci. Ma compagne va être là, alors moi je vais avoir les yeux bien fermés. Si je me relève pas, ça a aucune importance que j'aie vu ou pas. Et si je me relève, elle me racontera ce qui s'est passé. »

Heureusement, la procédure s'est parfaitement bien déroulée : ils ont pu débloquer l'artère et installer un stent, une sorte de petit ressort à l'intérieur de l'artère qui favorise la bonne circulation du sang.

J'ai dû rester quelques jours à l'hôpital. Alors que je faisais mes valises pour retourner chez moi, le médecin m'a fortement conseillé d'arrêter immédiatement de fumer. Mais je savais que ça me serait impossible : « Je ne pourrai pas arrêter comme ça. Vous, vous n'avez jamais fumé, alors vous ne pouvez pas savoir ce que c'est. Moi, je fume depuis l'âge de 16 ans et j'en ai 58. Je vais couper ma consommation de moitié et après on verra. »

Quand je suis rentré chez moi, je me sentais en pleine forme, ne ressentant aucune séquelle. Mais bientôt, la réalité m'a rattrapé : pendant un mois, sur avis du médecin, je ne pouvais plus conduire d'automobile. Depuis 1972, je n'avais pas manqué la description d'un seul match. Pour la première fois, je suivrais les matchs du club chez moi, loin du feu de l'action – et jusqu'à la fin de la saison.

J'ai trouvé la fin de la saison de baseball très pénible, surtout que c'était l'année où Mark McGwire et Sammy Sosa prenaient d'assaut le record de circuits de Roger Maris. Pire, l'équipe de McGwire, les Cards de Saint Louis, clôturerait la saison avec quatre matchs contre les Expos – c'est donc dire que McGwire établirait vraisemblablement une nouvelle marque à ce moment-là et que moi, je verrais tout ça de… Longueuil. Même si je me sentais en pleine forme, il n'était pas question que j'accompagne l'équipe à Saint Louis…

Après quelques jours à me tourner les pouces et à ronger mon frein, j'ai appelé ma sœur Louise, qui habitait à Entrelacs, juste au sud de Saint-Donat : « Veux-tu avoir de la visite ? »

Et je suis allé passer quelques semaines à Entrelacs. Comme Louise est une aussi grande maniaque de sports que moi, on n'a rien manqué de la chasse au record de circuits de McGwire ni du début des séries d'après-saison en écoutant mes collègues Rodger Brulotte, Alain Chantelois, Claude Raymond, Marc Griffin et également Denis Boucher, venu lui aussi donner un coup de main.

Le printemps suivant, j'ai revu mon médecin à l'Institut de cardiologie. Comme je l'avais annoncé, j'avais coupé ma consommation de cigarettes de moitié. J'étais maintenant prêt à arrêter définitivement. Le médecin m'a prescrit un médicament aidant à diminuer le besoin de nicotine : « Mais je ne peux pas t'en prescrire indéfiniment. La journée où je t'en prescris, il faut que tu te fixes une date à laquelle tu vas arrêter. » Mon idée était faite : « J'ai une cartouche de cigarettes à la maison. Une fois qu'elle sera finie, je n'en rachèterai plus. »

J'ai fumé ma dernière cigarette le 31 mai 1999, à minuit.

Je ne veux pas décourager les fumeurs qui veulent cesser, mais la cigarette me manque encore. Quelques années auparavant, j'avais aussi complètement arrêté de boire de l'alcool. Ce ne fut pas facile, mais pour moi, ça ne se compare pas à arrêter la cigarette…

Des gens m'ont déjà demandé s'il y avait un lien à faire entre mon infarctus et toute l'incertitude qui planait autour de l'avenir des Expos – et, par extension, du mien. Bien honnêtement, je ne le crois pas. Je pense que mes habitudes de vie de l'époque ont eu plus d'incidence que ce qui se passait à ce moment-là avec l'équipe.

Certes, le bras de fer entre les actionnaires alourdissait notre atmosphère de travail. Mais le vrai stress concernant l'avenir du club était encore à venir...

La première fois que j'ai entendu le nom de Jeffrey Loria, c'est au printemps 1999, alors que Jacques Ménard et ses partenaires tentaient de trouver un investisseur majoritaire pour le club.

À part le fait qu'il était de New York, qu'il avait déjà été propriétaire d'une équipe AAA à Oklahoma City et qu'il avait en vain tenté d'acquérir les Orioles de Baltimore au début des années 1990, tout ce qu'on savait de Jeffrey Loria, c'est qu'il avait fait sa fortune dans le domaine de l'achat et la vente d'œuvres d'art. On avait aussi appris qu'il avait des appuis financiers extérieurs – certaines rumeurs jamais confirmées parlaient même de George Steinbrenner, le proprio des Yankees –, mais tout ça restait de l'ordre de la conjecture. Tout l'été, le mystère a continué de planer à son sujet puisqu'il s'est fait extrêmement discret – jusqu'à ce que son engagement dans le club soit sur le point de se concrétiser.

Mon premier contact avec lui est survenu à Philadelphie en octobre 1999, lors du dernier week-end de la saison régulière des Expos. Loria et son beau-fils David Samson avaient obtenu du bureau du commissaire la permission de s'adresser aux joueurs et à certains proches de l'organisation. Réunissant tout le monde dans l'hôtel où les Expos logeaient à la veille d'un match au Veterans Stadium, Loria nous avait confirmé qu'il deviendrait bientôt actionnaire du club, et qu'une nouvelle ère commencerait : les Expos n'agiraient plus comme pépinière de joueurs pour les autres équipes. Dorénavant, ils garderaient leurs meilleurs éléments – et joueraient pour gagner.

Après des années à voir partir un après l'autre les meilleurs joueurs de l'équipe – et après le conflit ouvert entre le commandité et ses partenaires, c'était un discours formidablement rafraîchissant. On s'est dit : voilà des gens qui veulent garder le baseball à Montréal, des gens qui veulent travailler pour que ça marche. De plus, contrairement aux actionnaires québécois qui, hormis de rares exceptions, ne connaissaient rien au baseball et ne voulaient rien savoir d'investir un sou de plus que leur mise initiale, Loria était un passionné de balle qui semblait prêt à investir de son argent dans l'équipe. En quelques années, les actionnaires québécois avaient causé un tort quasi irréparable à la concession, convainquant le baseball majeur de leur incompétence et s'aliénant l'appui des fans. Finalement, un sauveur s'amenait pour remettre la maison en ordre. Qui plus est, Loria et Samson pouvaient tous deux s'exprimer couramment en français, particulièrement ce dernier, qui pouvait donner des entrevues complètes dans la langue de Molière. Nous étions tous sous le charme.

Malheureusement, les princes charmants se sont vite métamorphosés en crapauds. Dès que la passation des pouvoirs fut complétée, et dès qu'il fut confirmé dans son rôle de commandité à la place de Claude Brochu, Jeffrey Loria a fait tout ce que bon lui semblait, comme par exemple nommer d'entrée de jeu son beau-fils David Samson comme vice-président exécutif de club.

Jacques Ménard et les autres partenaires auraient voulu nommer un Québécois à la présidence du club, un genre de Pierre Boivin (le président des Canadiens de Montréal de l'époque) qui aurait été bien au fait des particularités du contexte québécois. Mais Loria ne voulait rien savoir : l'homme qu'il voulait sur place serait son alter ego, un genre de mini-moi qui serait à la fois ses oreilles et sa bouche. Évidemment, seul David Samson correspondait à ce profil. Or, non seulement Samson débarquait à Montréal pour la première fois, mais c'était un être d'une suprême arrogance, un vrai petit Napoléon – et pas seulement en raison de sa petite taille.

Une des premières indications de la façon de procéder du tandem fut dans le fameux dossier des droits de télé et radiodiffusion.

Nous n'étions pas sans savoir que les droits de diffusion versés aux Expos par les médias électroniques québécois étaient ridicules comparativement à ce qui se payait ailleurs dans le baseball majeur (à 2 millions de dollars, les Expos figuraient au dernier rang des majeures, loin derrière Kansas City – au 29e rang sur 30 – et ses 9 millions). Mais on aurait pu espérer un peu de bonne volonté de la part de Loria et Samson, le souci de comprendre comment les médias d'ici fonctionnaient : qui étaient les gens de RDS, de TSN, de TVA, de TQS ; qui étaient les partenaires à CKAC, à CJMS, à CIQC…

Mais il n'en fut rien : Loria voulait tout simplement dicter les grandes lignes de la prochaine entente.

Un jour, après avoir convoqué les représentants de la radio et de la télévision pour discuter du renouvellement des ententes que l'équipe avait avec eux, Loria et Samson leur ont remis un document stipulant les montants d'argent qu'ils attendaient d'eux. Sur la page de titre du document, ils avaient inscrit une phrase on ne peut plus explicite : *What we expect from you*. Le point de vue des médias eux-mêmes, là-dedans ? Pas important. On m'a raconté que l'un des représentants d'une grande chaîne télé s'est levé et est sorti de la salle sans même jeter un coup d'œil sur le document.

Conséquemment, quand le camp d'entraînement s'est mis en branle en février 2000, il n'y avait pas un seul contrat de radio ou télé de signé.

Alors que le camp tirait à sa fin, j'ai abordé Samson au terme d'une réunion où lui et Loria nous avaient confirmé qu'aucun progrès ne s'était réalisé : « David, il faut que tu comprennes que CKAC a le monopole du sport ici, il n'y aura pas de compétition de CJMS ou d'ailleurs… » Il ne m'a pas laissé le temps de finir : « La seule façon de négocier avec des gens qui ont un monopole, c'est de les mettre à genoux. » J'ai gardé ma réflexion pour moi et lui ai alors plutôt demandé s'il avait pensé à tâter le terrain du côté de la bande FM. Il ne s'est pas donné la peine de répondre à ma question.

J'ai donc quitté le camp d'entraînement 2000 sans avoir assuré la description d'un seul match, l'équipe n'ayant toujours aucun contrat radio ou télé. Pour la première fois en 32 ans, le guide de presse des Expos ne faisait aucune allusion aux diffuseurs; aucune photo de commentateur ou d'analyste n'y figurait. Coq parmi les coqs, Loria préférait jouer toute la saison dans un blackout médiatique total que d'avoir à faire des compromis. C'était *my way or the highway.*

Je ne savais pas trop ce que ça signifiait pour moi. J'avais un contrat d'encore deux ans en poche, alors ils étaient obligés de me payer. Peut-être décideraient-ils de me faire passer le balai dans les bureaux…

Cette année-là, les Expos commençaient la saison régulière au Stade olympique. Sans savoir si je travaillerais ce soir-là ou pas, j'ai sauté dans ma voiture et me suis rendu au stade comme d'habitude. C'est en écoutant la radio à CKAC que j'ai appris que le match serait radiodiffusé, une entente venant d'être signée entre les Expos et Télémédia, les propriétaires de CKAC. Toute une façon de l'apprendre…

Eh non, Loria et Samson n'avaient rien à voir dans cette entente: c'est Jacques Ménard, Jean Coutu et Stephen Bronfman (le fils de Charles qui était actionnaire minoritaire dans le club) qui ont négocié une entente de dernière heure avec Télémédia pour assurer au moins une couverture radio francophone.

Cette année-là, il n'y a donc pas eu de baseball des Expos à la télévision et à la radio anglophone. Pour la première fois en 32 ans, mon collègue du réseau anglais Dave Van Horne se voyait retirer son micro (en réalité, il finirait par assurer la description des matchs des Expos, mais seulement par le biais d'Internet).

C'était tout de même une situation ahurissante: Loria venait de se porter acquéreur de 35 % des actions des Expos, il souhaitait redémarrer la concession, relancer le baseball à Montréal et il se privait de la meilleure exposition qui soit, la télé et radiodiffusion des matchs de son club. Il ne pouvait pas y avoir 36 raisons: ou bien il voulait que tout le monde plie autour de lui, ou bien il voulait que ça foire.

Quoi qu'il en soit, je suis arrivé au stade dans l'après-midi du 3 avril 2000 et je me suis installé dans notre studio pour mettre de l'ordre dans mes notes. C'est alors qu'un employé des Expos est venu frapper à la porte: « Samson veut que tous les commentateurs et relationnistes soient à la porte du Stade avec lui et Loria pour serrer la main des spectateurs à leur arrivée aux tourniquets. »

J'ai laissé mes affaires là et je suis descendu à la rotonde. Avec le feu au derrière.

Près des tourniquets, Samson était là, tout sourire, en train de souhaiter la bienvenue aux amateurs. Il a rapidement vu mon air maussade.

— T'as pas l'air dans ton assiette, Jacques… Ça va ?

— Non.

En fait, je me retenais de lui mettre mon poing au visage.

— *What's the matter?*

— *Forget about it. This is not the time or place.*

Plus tard, Samson, Loria et plusieurs des actionnaires se sont rendus sur le terrain pour lancer la première balle. Sur les photos dans les journaux du lendemain, il y avait beaucoup de sourires figés. Dégoûté de la façon de procéder du dynamique duo, Jean Coutu a refusé de se joindre au groupe et est demeuré dans la loge des actionnaires.

En seulement neuf mois, Loria et Samson ont réussi à se mettre à peu près tout le monde de l'entourage des Expos à dos. Quand on y pense, la liste de leurs accomplissements en un si court laps de temps est impressionnante :

- Passant par-dessus la tête de leur directeur-gérant Jim Beattie, ils ont fait deux acquisitions douteuses : Graeme Lloyd et Hidecki Irabu. Lloyd est arrivé à Montréal blessé et n'a pas lancé de la saison 2000. Felipe Alou ne voulait pas d'Irabu – et il avait raison. Le Japonais a lancé comme un chaudron et a été bourru toute l'année.
- Comme ces deux joueurs commandaient des salaires imposants, Loria s'est retourné vers les actionnaires québécois pour demander des appels de fonds qu'ils s'étaient préalablement engagés à ne pas faire.
- Loria et Samson ont déchiré les plans du nouveau stade qu'avait commandés Claude Brochu et sont revenus avec de nouveaux plans d'un stade moins cher – et de moindre envergure.

- Ils ont jeté au panier l'entente préalablement signée avec Labatt sur les droits du nom du nouveau stade, réclamant plus d'argent.
- Voyant que les négociations avec le gouvernement du Québec sur la question du nouveau stade n'aboutissaient pas, en août 2000, ils ont renoncé à l'option que le club avait prise sur le terrain au centre-ville – signant à toutes fins utiles l'arrêt de mort de la concession.

Pire encore, il y avait la manière: ces gars-là savaient tout, avaient une opinion sur tout. À leurs yeux, les journalistes étaient tous nuls, ne connaissaient rien au baseball, ne savaient pas écrire…

Déjà miné par des années d'acrimonie entre les actionnaires, le moral dans l'entourage du club s'est bientôt retrouvé au plus bas.

Alors qu'au départ, Felipe Alou était enchanté de voir l'équipe prise en charge par des gens qui aimaient vraiment le baseball et qui ne géreraient pas qu'en fonction de réduction de dépenses, à l'été, il ne pouvait déjà plus sentir Loria et Samson – particulièrement ce dernier.

Un jour, David Samson est entré en coup de vent dans le bureau du gérant sans s'annoncer, comme il avait pris l'habitude de le faire. Felipe en a eu assez: «*OUT!*» Il lui montrait la sortie: «Quand on entre chez les gens, lui a lancé le gérant, on frappe à la porte. C'est chez moi ici. *So get out!*»

Plus tard dans l'été, un match amical s'est organisé entre les journalistes affectés à l'équipe et Claude Raymond s'est offert de lancer pour les deux clubs. S'invitant dans le match, Samson a enlevé sa cravate, roulé ses manches de chemise et s'est amené au bâton. Marc Griffin agissait comme receveur derrière le marbre. Surprise: la première balle lancée par Claude a atteint Samson dans le dos! «*I can't believe you did that!*», a-t-il crié en trottant au premier but. Encore aujourd'hui, je suis convaincu que Claude l'a atteint intentionnellement.

Puis, à la faveur de quelques appels de capitaux (*cash calls*) auxquels ont refusé de répondre les actionnaires québécois, Loria s'est retrouvé avec 93 % des actions du club.

Comme plus rien ne fonctionnait à Montréal, on s'est dit, ça y est, c'est la fin : soit ils vont vendre la concession (à profit), soit ils vont la déménager.

C'est alors qu'un autre scénario – qu'on n'aurait jamais pu prédire – a émergé du bureau du commissaire du baseball vers la fin de 2001 : l'élimination pure et simple de deux des trente clubs des majeures. Bien qu'on n'ait pas directement nommé les Expos, personne ne doutait qu'il s'agissait d'eux. L'autre club qui connaissait suffisamment de difficultés pour qu'on envisage de le sacrifier était les Twins du Minnesota.

De nouvelles rumeurs se sont bientôt superposées au portrait : les Red Sox seraient achetés par le propriétaire des Marlins de la Floride et Jeffrey Loria se verrait offrir l'occasion d'acheter l'équipe floridienne.

Alors que toutes ces choses relevaient de la spéculation, une autre donnée – me concernant directement, celle-là – était bien réelle, hélas : mon contrat de commentateur des matchs des Expos arrivait à échéance à la fin décembre 2001. J'ai donc demandé de rencontrer David Samson pour discuter de ma situation.

En début de réunion, j'ai demandé à Samson si les rumeurs (de l'achat des Marlins par Loria) étaient fondées et il m'a répondu par la négative, affirmant qu'elles étaient le fruit de l'imagination de journalistes en mal d'histoires…

J'ai alors abordé la question de mon contrat.

— Croyez-vous que la situation des Expos sera au clair en mars prochain ?

— Certainement.

— À ce moment-là, pouvez-vous m'accorder un prolongement de contrat de trois mois de façon à faire le pont avec la prochaine saison ?

— Impossible.

— Deux mois ?

— Non.

— Un ?

— Non plus.

J'ai quitté son bureau sans qu'il ajoute un seul mot.

Deux jours plus tard, le commentateur et ancien journaliste qui avait travaillé dans l'entourage des Expos pendant plus de 30 ans allait s'inscrire au chômage pour la première fois de sa vie.

Un mois plus tard, l'achat des Marlins par Jeffrey Loria était rendu public. Les Expos, eux, étaient rachetés par le baseball majeur (autrement dit, ils appartenaient maintenant aux 29 autres clubs des majeures) et seraient mis en tutelle par celui-ci jusqu'à leur vente (et par le fait même, leur déménagement) ou leur élimination pure et simple.

L'histoire est maintenant bien connue. En partant de Montréal, Loria et Samson ont emporté tout ce qu'il y avait dans les bureaux : meubles, ordinateurs, documentation, cafetières, absolument tout. Tout ce qui n'était pas vissé aux murs a pris le chemin de Miami. Ils se sont également approprié le magnifique stade Roger Dean, que l'équipe avait aménagé avec les Cards de Saint Louis à Jupiter en Floride.

Une fois cet ouragan passé, j'ai reçu un appel du vice-président exécutif du club, Claude Delorme, l'un des rares hauts gradés des Expos qui avait choisi de ne pas suivre Loria et Samson à Miami. Il m'informait que les Expos joueraient au moins une autre saison à Montréal et que si j'étais intéressé à poursuivre ma carrière au micro des Expos, un contrat en ce sens m'attendait à son bureau.

Pour l'une des rares fois de ma carrière, j'ai décidé de lire attentivement toutes les clauses du document. C'est alors que j'ai vu que Loria et Samson avaient pris soin de me faire un cadeau avant de partir : la dernière clause du contrat stipulait que si j'acceptais l'entente, je renonçais à toute compensation à titre d'indemnité de départ pour mes années de service précédentes !

Quand j'ai interrogé Claude Delorme sur le bien-fondé de la clause, il m'a répondu que le contrat avait été rédigé par David Samson et qu'il l'avait incluse dans mon contrat puisque lui et Loria étaient responsables des indemnités de départ des employés qui restaient au service des Expos…

J'étais à la fois renversé et incrédule devant tant de mesquinerie. Mais je voulais travailler et je continuais d'adorer cette profession à laquelle j'avais consacré 30 années de ma vie : j'ai donc respiré profondément et j'ai apposé ma signature au bas du contrat.

〇

Le lancement du camp de 2002 fut une affaire douce-amère.

Le départ de Loria et Samson avait évidemment assaini l'atmosphère mais la fin imminente des Expos n'était plus un secret pour personne. La saison 2002 serait vraisemblablement la dernière du club à Montréal ; après, ils seraient soit dissous ou, plus simplement, transférés dans une ville américaine – probablement Washington, la capitale américaine qui était orpheline de club de baseball majeur depuis 1971.

L'identité de l'équipe de direction mise en place pour assurer aux Expos et à leurs fans une fin honorable a été annoncée tard : le 12 février 2002, alors que le camp d'entraînement était déjà lancé.

On confierait la présidence du club à Tony Tavares, qui avait occupé un rôle similaire chez les Angels de Los Angeles et chez les Mighty Ducks d'Anaheim ; le rôle de directeur-gérant serait assumé par Omar Minaya qui, l'année précédente, avait été le DG adjoint des Mets de New York. Le poste de gérant reviendrait à un vieux pro, Frank Robinson, l'ancienne grande vedette des Reds de Cincinnati et des Orioles de Baltimore.

Le premier contact de Tavares et Minaya avec les médias locaux fut très positif. Non seulement les deux hommes comprenaient leur rôle (permettre à la concession de fermer boutique dans la dignité), mais ils n'ont pas essayé de nous impressionner ou encore de nous donner de faux espoirs. Ce serait la dernière saison des Expos et elle se ferait dans la sérénité ; l'occasion de célébrer ce qui avait été jadis une solide organisation.

Au début, l'annonce de la venue à Montréal de Frank Robinson nous a emballés. Membre du Temple de la renommée du baseball, premier Noir à diriger une équipe des majeures (les Indians de Cleveland en 1975), Frank avait derrière lui un parcours remarquable.

Malheureusement, nous avons tous rapidement déchanté à son sujet. Son attitude – arrogante quand elle n'était pas indifférente – nous a donné l'impression d'un gars pressé d'en finir, plus intéressé à passer du temps sur les terrains de golf qu'à se dévouer aux Expos. C'est certainement le gérant des Expos qui m'aura le plus déçu de toute l'histoire du club. J'y reviendrai plus longuement dans un chapitre subséquent.

Une autre nomination – moins médiatisée, celle-là – consistait en l'affectation de Claude Delorme dans le rôle de vice-président exécutif dans l'administration des affaires. Ce fut un geste heureux puisque Claude, à l'emploi des Expos depuis une quinzaine d'années, s'est avéré jusqu'à la toute fin non seulement celui vers qui les employés du club ont pu se retourner, mais aussi la voix du club auprès des médias et du public. Comme Tony Tavares connaissait très peu Montréal et le Québec, et comme il partageait son temps entre Montréal et les États-Unis, il s'en remettait énormément à Claude.

Pendant les trois dernières saisons du club à Montréal, Delorme a touché à tout : il chapeautait le marketing, les relations avec la presse, les négociations avec la télévision et la radio, tout comme celles avec des employés comme moi. Si Claude n'avait pas été là pour garder le fort et éteindre les feux occasionnels, les dernières saisons des Expos auraient été chaotiques, voire catastrophiques. Malgré tout le respect que j'ai pour Tony Tavares, on peut certainement affirmer que le dernier vrai président de l'histoire des Expos a été Claude Delorme.

Si la logique avait été respectée, les Expos auraient été exclus de la course assez tôt durant la saison, ils auraient terminé la saison au 5e rang de leur division – comme en 2001 – et on aurait organisé une belle petite cérémonie de fin de saison pour tout clôturer avant de fermer les livres – ou de plier bagage.

Mais la nature première du sport est d'être imprévisible et les Expos – transportés à bout de bras par leur grande vedette Vladimir

Guerrero – ont étonné le monde du baseball en se maintenant dans la course jusque tard en juin.

Le directeur-gérant Omar Minaya a alors réalisé que deux voies s'offraient à lui : ou bien il jouait de prudence et laissait le club à peu près intact, espérant qu'ils connaissent autant de succès dans la deuxième moitié de saison, ou bien il jouait le tout pour le tout et prenait les moyens de gagner maintenant, quitte à sérieusement hypothéquer l'avenir de l'équipe. Or, justement, ce club n'avait pas d'avenir, les plans du baseball majeur étant de fermer la concession à la fin de la saison. À sa dernière saison dans les majeures, Montréal ne méritait-elle pas une chance ultime d'être invitée au bal d'après-saison ?

Minaya a donc décidé de plonger et le 27 juin 2002, il faisait l'acquisition d'un lanceur de premier plan, le partant Bartolo Colon. L'ennui, c'est que pour obtenir le droitier de 29 ans des Indians de Cleveland, Minaya a vidé l'organisation de trois de ses joueurs les plus prometteurs : le lanceur Cliff Lee, le voltigeur Grady Sizemore et le deuxième-but Brandon Philipps. En plus de ces trois futures vedettes, le directeur-gérant des Expos a dû céder un régulier, le premier-but Lee Stevens, un frappeur de puissance.

Dans les jours et semaines qui ont suivi, les amateurs ont crié au génie : Colon a lancé de façon magistrale et pour la première fois en six ans, les Expos étaient soudainement une équipe compétitive qui aspirait à une place en séries. Alors que j'avais cru passer la saison à évoquer pour nos auditeurs les grands moments de l'histoire des Expos, nous étions tous soudainement ramenés au temps présent, rêvant maintenant de championnat.

Le 11 juillet, Minaya y allait pour la longue balle en rapatriant l'ancien Expos Cliff Floyd, un solide cogneur qui avait déjà 18 circuits à son actif depuis le début de la saison. Mais Floyd est lui aussi venu à gros prix, Minaya cédant aux Marlins deux lanceurs établis, Graeme Lloyd et Carl Pavano, ainsi qu'un joueur d'intérieur régulier, Mike Mordecai.

Mais immédiatement après l'acquisition de Cliff Floyd, le ballon des Expos s'est dégonflé. L'équipe s'est mise à piquer du nez, et à la fin du mois, ses chances paraissaient dorénavant si minces que Minaya – suivant les directives de ses patrons au bureau du commissaire – a entrepris de se défaire du gros contrat de Floyd en l'échangeant aux Red Sox de Boston – 19 jours après l'avoir obtenu.

C'est seulement plus tard dans la saison – quand l'Association des joueurs a obtenu que ni les Expos ni les Twins ne soient dissous avant au moins la saison 2007 – que Minaya a pleinement réalisé la terrible portée de ses transactions.

Le réseau des filiales des Expos – et, à partir de 2005, des Nationals de Washington – a pris des années à s'en remettre.

Pour connaître du succès dans l'immédiat, les Expos avaient donc cédé un futur gagnant d'un Cy Young, quatre fois choisi au match des Étoiles (Lee), un voltigeur futur membre de l'équipe des Étoiles (trois fois), détenteur de trois Gants dorés et d'un Bâton d'argent (Sizemore) et un joueur d'intérieur qui participerait à trois matchs des Étoiles et qui remporterait deux Gants dorés (Philipps). Et n'oublions pas que Minaya avait également dû céder un de ses réguliers (Stevens)!

Encore aujourd'hui, des observateurs affirment que cet échange est probablement le pire de toute l'histoire du baseball. C'est peut-être le cas, mais il ne faut évidemment pas oublier que les Expos étaient censés disparaître après 2002.

Réalisant qu'ils ne pourraient pas mettre à exécution leur plan de dissoudre l'équipe montréalaise, les autorités du baseball majeur étaient bien embêtées. Mettre les Expos en tutelle pour une saison passait toujours, mais poursuivre l'expérience signifierait devoir éponger de nouveaux déficits. En 2002, les Expos avaient attiré moins d'un million de spectateurs pour la cinquième saison d'affilée et il ne fallait pas s'attendre à ce que ça change.

Le bureau du commissaire a alors pris une décision pour le moins étonnante: présenter une portion du calendrier local des Expos à l'extérieur de Montréal... Comme un promoteur portoricain avait mis sur la table la rondelette somme de 10 millions, le baseball a donc décidé que le club moribond de Montréal deviendrait – le temps de 22 matchs – les Expos de San Juan de Porto Rico.

Au début, mes collègues et moi ne voyions pas trop la logique de l'initiative. D'abord, compte tenu du salaire moyen du travailleur portoricain – autour de 10 000 dollars par année – comment trouveraient-ils à vendre les billets (85 dollars pour le parterre, 25 pour l'admission générale, 10 pour les estrades populaires) ?

Ensuite, le petit stade Hiram Bithorn de San Juan (environ 17 000 sièges) était loin d'être un stade des majeures. Le vestiaire des joueurs était tellement exigu que le soigneur devait faire son travail à l'hôtel plutôt qu'au stade. Quant aux studios des médias, ils n'étaient pas exactement spacieux non plus – et les problèmes de climatisation et de lignes téléphoniques étaient aussi courants que la pluie saisonnière.

Sauf que les Portoricains ont bien répondu à l'appel du baseball majeur et les premiers matchs disputés là-bas par Los Expos dos Montréal ont affiché complet. Plus tard, la moyenne s'est située autour de 14 000 par match, un peu plus qu'à Montréal, certes, mais rien d'exceptionnel…

Dans les gradins, les fans portoricains n'encourageaient pas d'emblée les Expos ; en fait, ça dépendait du nombre de joueurs locaux figurant dans l'équipe adverse. Si ce club alignait plus de Portoricains que les Expos – qui comptaient Jose Vidro et Javier Vasquez dans leur formation – alors c'est celui qu'ils appuyaient !

Sans être un succès sur toute la ligne, l'expérience fut assez concluante pour que le baseball majeur décide de la renouveler l'année suivante.

L'industrie du baseball ne perd jamais de vue la colonne des revenus et des dépenses, même quand les sommes en jeu semblent insignifiantes. À la fin août 2003, alors que l'équipe luttait farouchement pour une place en séries – personne n'a oublié la série contre les Phillies qui avait rallumé la flamme du baseball à Montréal –, les Expos ont annoncé à leurs patrons – les gens du bureau du commissaire à New York – leur intention de rappeler trois joueurs de leur club-école, une procédure routinière dans le baseball majeur destinée à aider les équipes à renforcer leur banc dans le dernier droit du calendrier, un rappel qui aurait coûté 150 000 dollars. Or, par souci d'économie, le bureau du commissaire a refusé aux Expos le rappel de tout joueur. Pourtant, dans l'univers du sport professionnel nord-américain, 150 000 dollars sont tout de même des peccadilles…

C'est peut-être une coïncidence, mais les Expos ont alors perdu 9 matchs sur 10, voyant ainsi s'envoler en fumée leurs chances de se qualifier pour les séries.

Une fois la saison terminée, l'équipe a décidé de ne pas présenter d'offre sérieuse au joueur autonome Vladimir Guerrero. Quelque temps après, la plus grande star du club déménageait ses pénates en Californie.

Le baseball majeur n'est pas le seul responsable de la déroute des Expos dans leurs dernières années à Montréal, les médias locaux ne leur ont pas donné beaucoup de chances non plus : non seulement *La Presse* a-t-elle cessé d'envoyer un journaliste couvrir le club à l'étranger, elle a bientôt confié les comptes rendus des matchs locaux à la Presse canadienne !

À TEAM 990, le réseau qui assurait la description des matchs en anglais, le commentateur Elliott Price a souvent dû assumer seul la description des matchs. Price avait alors eu l'idée originale de lancer une invitation à des commentateurs œuvrant au niveau AA ou AAA de se joindre à lui pour l'accompagner au micro le temps d'une série de trois matchs. Ça leur permettait d'ajouter une expérience des majeures dans leur CV et ça donnait à Elliott la chance de souffler un peu !

De mon côté, je me suis trouvé privé de mon micro pour 60 matchs en 2003 quand CKAC a décidé de ne plus couvrir la totalité des matchs des Expos. Certains de ces matchs ont été récupérés par une station… de musique country (CJMS Country), mais pas tous. Pour les matchs où je n'avais pas de micro, j'ai offert de jouer le rôle d'analyste au réseau anglais quand Elliott Price se retrouvait seul dans son studio (j'étais de toute façon à l'étranger avec le club). J'ai notamment fait une série de trois matchs Expos-Cubs à Chicago.

La situation n'était pas plus brillante du côté des commanditaires. Labatt n'étant plus dans le décor, les Expos se sont soudainement retrouvés sans commanditaire principal. Heureusement, l'engagement de la brasserie Molson – qui a joué ce rôle de 2001 à 2004 – a permis au club de sauver les meubles en lui fournissant un minimum de visibilité dans ses dernières années à Montréal.

Le plus grand attrait d'un club reste tout de même ses joueurs, et Vladimir Guerrero parti en Californie à la fin de 2003, les Expos en ont arraché sur le terrain la saison suivante.

Contraints de disputer leurs 16 premiers matchs de la saison 2004 à l'étranger – incluant 6 matchs «locaux» à San Juan – les Expos ont fait leur rentrée montréalaise le 23 avril seulement. Ils avaient alors une atroce fiche de 4-12, croupissant au dernier rang de leur division, à 7,5 matchs des meneurs, les Marlins de Jeffrey Loria. Deux jours et deux défaites plus tard, ils avaient perdu encore un peu plus de terrain, annonçant une année pénible à tous les points de vue. L'équipe a raffermi son jeu en juillet et en août (30 victoires, 26 défaites) mais s'est affaissée en septembre (9-18). Au final, les Expos de 2004 termineraient la saison au dernier rang, le résultat d'une fiche médiocre de 67 victoires et 95 défaites.

Même certains des plus fervents amateurs du club en arrivaient maintenant à souhaiter son départ.

Pendant le dernier séjour des Expos à Montréal en septembre 2004, Claude Delorme a réuni son équipe de commentateurs et d'analystes comme il l'avait fait les années précédentes : «Les *boys*, je n'ai pas encore de confirmation de New York, mais tout indique qu'on revient encore l'an prochain.»

Il y avait en effet encore plusieurs obstacles à un déménagement du club à Washington : l'opposition farouche du propriétaire des Orioles de Baltimore Peter Angelos, qui ne voulait pas d'une autre équipe des majeures à une si faible distance de la sienne ; la poursuite lancée par les anciens actionnaires québécois contre Jeffrey Loria, Bud Selig et le baseball majeur (qu'ils accusaient d'avoir comploté pour sortir les Expos de Montréal) et le fait qu'aucun investisseur ne s'était encore manifesté pour acheter la concession, ce qui obligerait donc encore la MLB à opérer le club pour une ou plusieurs années encore…

Or, ce que Claude Delorme et les autres administrateurs du club à Montréal ignoraient, c'est que dans le bureau du commissaire du baseball à New York, la décision sur l'avenir des Expos avait déjà été prise.

Le mercredi 29 septembre 2004, le jour du dernier match du calendrier local des Expos, Tony Tavares est arrivé à son bureau du Stade olympique vers les 9 h. Il a alors tout de suite vu que quelque chose n'allait pas : ses employés semblaient ébranlés, certains étaient en larmes.

Ils venaient d'apprendre à la télévision que le transfert des Expos à Washington était officiel.

Tavares a aussitôt saisi son téléphone.

— Qu'est-ce qui se passe ?

— Quoi ? Personne ne t'a appelé ? C'est fait : on s'en va à Washington.

Dans les bureaux de la direction du baseball, on n'avait pas cru important d'appeler le président des Expos pour lui annoncer une nouvelle qui le concernait tout de même un peu…

J'étais encore chez moi quand le téléphone a sonné pour m'annoncer que Tony Tavares avait convoqué une conférence de presse à 15 h.

Quand je suis arrivé au Stade, la conférence commençait.

« Je veux confirmer les rumeurs au sujet de la relocalisation des Expos de Montréal à Washington, a annoncé le président des Expos. Le soleil se couche sur le baseball à Montréal et il se lève à nouveau sur ce sport à Washington. Ce sera tout de même une situation d'affaires plus intéressante. À Montréal, l'équipe générait des revenus de 6 millions alors qu'à Washington, elle pourrait en obtenir dix fois plus. »

Tavares a rappelé que les jours du club étaient comptés depuis le jour où le plan de dissolution avait dû être remisé. « Les causes du départ de l'équipe sont nombreuses : on peut parler de la grève de 1994. On peut parler des promesses qui ont été faites pour l'érection d'un nouveau stade et qui n'ont pas été tenues. On peut parler du mouvement séparatiste qui a fait que d'importantes compagnies ont déménagé à Toronto. »

Pris de court, le président des Expos avait préparé son allocution dans la précipitation, ce qui explique probablement cette déclaration malhabile sur le rôle du mouvement indépendantiste dans le départ du club, un terrain glissant sur lequel il n'aurait, selon moi, pas dû s'aventurer.

Tavares a terminé son point de presse en remerciant les employés des Expos pour leur travail professionnel jusqu'à la dernière heure : même après avoir appris le déménagement du club, ils s'étaient aussitôt remis au boulot pour assurer le succès du dernier match même si, pour eux, l'aventure s'arrêterait là.

« On a une quarantaine d'employés à temps plein, a précisé Tavares. Il n'est pas question qu'ils suivent l'équipe à Washington à cause des lois américaines qui ne permettent pas d'accorder des visas si les emplois peuvent être comblés par des citoyens américains. » Le président des Expos a aussi eu une pensée pour les 1 200 autres employés occasionnels du stade qui arrondissaient leurs fins de mois grâce aux Expos.

Dans les circonstances, Tavares s'était bien tiré d'affaires, et c'est son empathie sincère pour les employés des Expos qu'on a le plus retenu de son discours.

Quand le match en soirée Marlins-Expos a commencé, l'émotion dans la foule était palpable : des spectateurs avaient hué l'hymne national américain et on sentait que ce ne serait pas un match comme les autres. Dans le passé, il y avait eu des précédents de scènes disgracieuses dans des villes américaines perdant leur concession (en 1971 à Washington, notamment) et je craignais que si de telles scènes en venaient à se produire, la réputation de Montréal soit entachée partout en Amérique.

Les événements qui ont suivi n'ont hélas rien fait pour diminuer mes craintes.

En début de 3e manche, alors que les Marlins venaient de prendre une avance de 5-0, des spectateurs ont lancé quelques balles de golf sur le terrain, forçant l'arbitre à arrêter le jeu. Plus tôt dans l'après-midi, des joueurs des Marlins s'entraînant sur le terrain s'étaient amusés à frapper des balles de golf dans les gradins. Ce sont ces balles-là que les spectateurs ont utilisées pour perturber le jeu.

Une fois le match arrêté, l'annonceur-maison a demandé aux spectateurs de ne rien lancer sur le terrain. Mais l'annonce fut bientôt suivie d'autres balles.

C'est alors que le gérant des Expos Frank Robinson a pris une décision pour le moins étonnante : il a ordonné à ses joueurs de quitter le terrain et de rentrer au vestiaire. On a alors demandé à l'annonceur maison d'avertir la foule que si d'autres projectiles étaient lancés, le match serait annulé et la victoire concédée à l'équipe visiteuse.

Je n'en revenais pas. Si le terrain avait été submergé de bouteilles ou de bombes fumigènes, je ne dis pas, mais il s'agissait là de balles de golf lancées par quelques étourdis. Et puis pourquoi Robinson avait-il envoyé les joueurs au vestiaire et pas tout simplement dans l'abri ? S'il avait voulu provoquer une émeute, il n'aurait pas agi autrement.

Tony Tavares et Denis Paré, le responsable de la sécurité au Stade, se sont précipités dans le vestiaire, sommant Robinson de renvoyer les joueurs sur le terrain avant que les choses se dégradent. Mais Frank s'entêtait, prétextant vouloir assurer la sécurité de ses joueurs. On m'a raconté par la suite que ça criait pas mal dans le vestiaire.

De mon côté, je fulminais mais je ne voulais pas laisser mes émotions prendre le dessus. Il y avait dans la foule des gens qui nous écoutaient, et ce n'était pas le moment de jeter de l'huile sur le feu. J'ai donc invité les spectateurs à demeurer calmes.

Tavares et Paré ont fini par faire entendre raison à Robinson et le match a repris sans autre incident – à part une autre balle de golf lancée sur le terrain, geste qui est toutefois resté sans conséquence.

Ce fut en définitive un match sans histoire, à sens unique, les Marlins prenant dès la 5e manche une avance de 9 à 1 qu'ils ne perdraient plus.

Quand Terrmel Sledge a frappé un ballon au-dessus du troisième but pour le dernier retrait, les flashes des appareils photo ont scintillé partout dans le stade, plusieurs milliers des 31 395 fans tenant à immortaliser ce moment.

Après le match, spontanément, les joueurs se sont rendus au centre du losange alors qu'une certaine confusion régnait, autant sur le terrain que dans les gradins. Comme tout s'était passé si vite dans l'après-midi, aucune cérémonie de clôture, aucune allocution n'avaient été prévues. Parmi les joueurs des Expos se trouvait l'instructeur adjoint Claude Raymond, qui revêtait encore son uniforme. Tout naturellement, on lui a remis un micro et, sans préparation, il s'est adressé à la foule en français avec beaucoup d'émotion et de dignité. Le réserviste Jamey Carroll a dit quelques mots en anglais et Livan Hernandez a prononcé un bref discours en espagnol.

Pendant que les adieux improvisés se déroulaient sur le terrain, je suis descendu dans la rotonde faire une longue entrevue pour RDS, qui avait dépêché plusieurs membres de son personnel (comme beaucoup d'autres médias qu'on n'avait pas vus au stade depuis longtemps…). J'étais très amer, j'en voulais à beaucoup de gens d'avoir baissé les bras si rapidement, d'avoir abandonné leur couverture du club ; pire, d'avoir dénigré les Expos en accordant à la première occasion une importance démesurée aux sièges laissés vacants au Stade olympique.

Une heure après la fin du match, il y avait énormément de circulation dans la rotonde, les gens tardaient à partir ; certains étaient fâchés, plusieurs autres pleuraient. Cette fois, c'était vrai, il n'y aurait pas de prochaine saison ; pour des milliers de gens, c'était une partie de leur vie qui disparaissait avec la fin du baseball majeur à Montréal.

Pour moi et mes collègues des médias électroniques, l'heure des bilans n'était pas encore venue : nous avions encore trois matchs à décrire – les derniers matchs du calendrier des Expos, prévus au Shea Stadium de New York –, et il fallait nous y préparer comme pour n'importe quelle série.

Alors qu'on se déplaçait vers la métropole américaine, j'ai eu l'occasion de bavarder avec Tony Tavares. Il ne décolérait pas des événements de l'avant-veille. Personne du bureau du commissaire ne l'avait appelé durant la semaine pour lui confirmer que l'annonce du transfert était imminente et qu'il devrait se préparer en conséquence. Tavares s'était retrouvé seul face à ses employés, face aux médias, face à la tempête. Le commissaire Bud Selig, lui, était resté à New York, ne se donnant pas la peine de venir à Montréal pour remercier la ville et ses partisans de leur appui de 36 années. L'adjoint de Selig, Bob DuPuy, s'était rendu à Montréal mais était demeuré discret toute la journée. Tavares était tout aussi furieux de l'attitude de Frank Robinson : « Et pour finir, cet idiot qui retire l'équipe du terrain… »

Je dois avouer candidement qu'au début de cette série à New York, j'étais encore dans le déni. Je me disais que le départ des Expos de Montréal était impossible, que la poursuite des anciens actionnaires finirait peut-être par arrêter le processus de transfert de l'équipe et qu'un délai accorderait assez de temps pour qu'investisseurs et instances gouvernementales se lèvent à la onzième heure et sauvent l'équipe.

Mais après le match du samedi soir, la réalité m'a finalement rattrapé : le match du lendemain serait le dernier match de baseball que je décrirais de ma vie.

À chacune de mes 33 années au micro à temps plein pour les Expos, j'ai toujours terminé la saison avec une dernière émission d'après-match où je dressais le bilan de l'année et discutais de l'avenir du club, des éléments que la direction pourrait ajouter à la formation durant l'entre-saison, des jeunes qui montaient dans l'organisation. Et puis j'en profitais pour remercier les membres de la direction de la station, les commanditaires, le public.

Je ne savais pas encore ce que serait mon laïus de fin de saison, mais je devinais qu'il serait considérablement différent de ceux que j'avais pris l'habitude de faire dans le passé. Quand je suis rentré du stade à l'hôtel, j'ai dit à ma conjointe Corrie – qui avait fait le voyage avec moi – que j'avais besoin d'un peu de temps pour écrire un texte que je lirais en ondes en guise d'adieu aux auditeurs. Je me suis installé à mon portable et je l'ai écrit d'un trait.

La dernière journée a été éprouvante. Heureusement, Corrie était là, tout comme mon fils Jean-Marcel, qui avait aussi fait le voyage en compagnie de Marc Raymond, le fils de Claude.

En fin de matinée, je me suis rendu dans notre studio sans passer sur le terrain ou le vestiaire pour aller chercher l'alignement des joueurs comme je le faisais normalement. Je n'avais tout simplement pas le cœur d'aller là.

Après avoir terminé son travail de préparation à titre d'adjoint du gérant, Claude Raymond est venu nous rejoindre, Marc Griffin et moi, dans notre studio. J'ai trouvé sa présence réconfortante, tout comme celle de Jean-Marcel et de Marc Raymond, installés dans un studio voisin du nôtre.

Cet après-midi du dimanche 3 octobre 2004, il y a presque eu autant de mouvement dans notre studio que sur le terrain. RDS avait dépêché une caméra pour tourner des extraits de notre description du match ; plusieurs journalistes et commentateurs de médias américains sont passés nous voir pour nous saluer et nous exprimer leur sympathie. Ils étaient sincèrement déçus de penser qu'ils n'iraient plus à Montréal dans le cadre de leurs fonctions. Ils n'ont pas manqué de nous dire à quel point Montréal n'était pas une ville comme les autres.

Alors que Marc (Griffin) décrivait les 4e, 5e et 6e manches, je me suis à quelques reprises absenté du studio pour donner des entrevues à divers journaux et médias américains ou canadiens. Toujours les mêmes questions, toujours les mêmes réponses...

Le match en lui-même n'avait rien de très emballant – 7 à 1 pour les Mets après six manches – mais j'ai vraiment senti une émotion grandissante m'envahir pendant les trois dernières manches.

Avant le début de la 9e, j'ai demandé à Marc Griffin d'être prêt à clore l'émission : « Une fois que tout va être fini, je vais lire mon boniment. Prépare-toi à enchaîner, parce que je ne sais pas si je vais pouvoir aller jusqu'au bout. »

Après deux retraits, et avec deux coureurs sur les sentiers, Endy Chavez des Expos a frappé un roulant au joueur de deuxième but qui l'a relayé au premier.

Plus que le dernier retrait du match ou de la saison, c'était le dernier retrait de l'histoire des Expos.

Après une courte pause publicitaire, nous sommes revenus en ondes. La gorge serrée, j'ai respiré profondément et j'ai commencé la lecture de mon message d'adieu, que je reproduis textuellement ici :

Amis amateurs de baseball et partisans des Expos,

J'aurais été tenté de le faire et ç'aurait été si facile de succomber à la tentation et de profiter de l'occasion du dernier match de l'histoire des Expos pour vider mon sac, régler des comptes et sombrer dans l'apitoiement et la récrimination...

Mais, après mûre réflexion, je préfère dire MERCI à beaucoup de gens...

Car je dois avouer que je suis un privilégié... privilégié d'avoir été témoin de l'histoire des Expos, du tout début à la toute fin... privilégié d'avoir été témoin d'exploits incroyables au cours des quatre dernières décennies... comme celui de Hank Aaron d'avoir dépassé Babe Ruth... de Mark McGwire d'avoir éclipsé celui de Roger Maris seulement pour voir Barry Bonds le surpasser par la suite... celui de Pete Rose pour le plus grand nombre de coups sûrs de tous les temps... d'avoir fait la description de deux matches parfaits, ceux de Dennis Martinez et de David Cone, en plus de celui de Pedro Martinez qui n'a pas été reconnu... et combien d'autres moments mémorables...

D'abord MERCI au baseball majeur qui, il y a 36 ans, m'a ouvert les portes du magnifique sport qu'est le baseball et que j'ai embrassé avec passion...

MERCI au baseball majeur qui, aussi, a mis sur mon chemin une personne merveilleuse du nom de Corrie qui, depuis plus de 20 ans, partage ma vie...

MERCI aux Expos de Montréal de m'avoir accueilli dans leur grande famille à l'automne de 1971 pour me donner l'occasion et les moyens d'entrer dans une profession que j'ai adorée, celle de commentateur.

MERCI aux gens de CKAC et de Télémédia de m'avoir aussi accueilli dans leur famille pour une période de 23 ans et de m'avoir permis de m'épanouir dans cette profession.

La seule ombre au tableau est survenue lorsqu'il a y eu la fusion de Télémédia et de Radio-Mutuel, alors que le baseball des Expos a perdu de son importance aux yeux de la direction du nouveau réseau et que, face à cette situation, j'ai supplié les Expos de me réintégrer dans leurs rangs.

MERCI aussi aux gens qui ont gravité dans mon entourage immédiat, de Jean-Pierre Roy à Marc Griffin, en passant par Claude Raymond, Rodger Brulotte, Pierre Arsenault et Alain Chantelois, sans oublier tous les réalisateurs qui nous ont facilité la tâche, de Paul Hébert à Bryan Burgess... Je pourrais probablement tous les nommer, mais au risque d'en oublier un seul, je préfère m'en abstenir...

MERCI à tous ces gens qui ont travaillé dans l'ombre, mais sans lesquels nos reportages n'auraient pas été les mêmes...

MERCI à tous nos commanditaires qui, au fil des ans, nous ont donné la chance de rejoindre les amateurs... qu'il s'agisse de la Brasserie O'Keefe, de la brasserie Labatt (mon Dieu que le stade Labatt aurait eu une place d'honneur au centre-ville de Montréal!!!) et de la brasserie Molson, des gens qui nous ont permis de survivre au cours des dernières années...

MERCI surtout aux gens de CORUS et de 98.5 fm qui ont accepté de nous véhiculer au cours de cette dernière campagne de l'histoire de l'équipe, sans forcer notre auditoire à chercher à quelle antenne nous étions et ce pour les 162 matches!

Finalement, un énorme MERCI à vous tous qui, au cours des 36 dernières années, nous avez été fidèles malgré les affronts que le baseball majeur nous a faits... Savoir que vous étiez là, à nous écouter, nous a tous donné l'élan nécessaire qui nous a conduits à ce triste jour du 3 octobre 2004.

En terminant, je vous souhaite d'accepter SEREINEMENT la situation que nous venons de vivre, car nous ne pouvons rien y changer... de réagir avec COURAGE et CONVICTION, si jamais une lueur d'espoir renaît pour un retour du baseball majeur à Montréal... et de pouvoir analyser avec SAGACITÉ la situation de chaque jour...

Somme toute, je vous remercie d'avoir été là et si jamais le hasard fait que nous nous croisions sur la rue, au centre d'achat ou encore sur le bord d'un lac lors d'une excursion de pêche, il me fera plaisir de vous serrer la main, car vous aurez été un fier amateur de baseball et un partisan des Expos...

C'est sur ces dernières paroles que j'ai éclaté en sanglots, incapable de continuer.

Comme prévu, Marc Griffin a pris la relève et a complété le reportage jusqu'à la fin, comme le professionnel qu'il est.

Quant à moi, j'étais allé aussi loin que j'avais pu.

CHAPITRE 5

Une équipe de rêve

On me demande souvent quels ont été, selon moi, les meilleurs joueurs à avoir endossé l'uniforme des Expos. Si je devais retenir un seul nom, ce serait probablement celui de Gary Carter – pour des raisons que je détaillerai plus loin. *Trois* noms ? Carter, Andre Dawson et Vladimir Guerrero. *Cinq* noms ? J'ajouterais alors ceux de Tim Raines et Pedro Martinez.

Mais plutôt que de dresser dans ce chapitre la liste des 5, 10 ou 50 joueurs s'étant le plus illustrés chez les Expos, je vais bien humblement proposer ce qui, à mes yeux, constituerait la formation de rêve de l'histoire des Expos.

Un des plaisirs associés aux listes de tous genres est évidemment qu'elles ne font jamais l'unanimité. Sans doute que les amateurs ayant suivi les Expos au fil des ans choisiraient tous Gary Carter comme receveur ou Vladimir Guerrero comme voltigeur de droite. Mais c'est quand on doit compléter la rotation des lanceurs ou identifier un substitut à l'avant-champ que ça se corse – et que la discussion s'anime…

Au risque donc d'en surprendre – ou même d'en froisser ! – quelques-uns avec certains de mes choix, voici donc les 25 joueurs qui constitueraient ma formation de rêve :

Lanceurs (10) : Steve Rogers, Pedro Martinez, Dennis Martinez, Bill Gullickson, Scott Sanderson, Charlie Lea, Ross Grimsley, Jeff Reardon, John Wetteland et Ugueth Urbina.

Joueurs d'intérieur (10) : Gary Carter, Darren Fletcher, Andres Galarraga, Tony Perez, Jose Vidro, Ron Hunt, Orlando Cabrera, Chris Speier, Tim Wallach et Larry Parrish.

Voltigeurs (5) : Vladimir Guerrero, Andre Dawson, Tim Raines, Larry Walker et Marquis Grissom.

Dans les pages qui suivent, je vais m'expliquer sur chacun de ces choix, en incluant ici et là quelques anecdotes révélant l'homme derrière l'athlète. Plus loin, j'ajouterai une douzaine de « mentions honorables », question de ne pas oublier quelques figures incontournables qui ont marqué l'histoire des Expos.

Lanceurs partants

Steve Rogers (1973-1985)

Steve Rogers a non seulement été le meilleur lanceur produit par les Expos, celui qui a excellé pendant la plus longue période de temps, il est aussi fort probablement le meilleur lanceur – avec la possible exception de Pedro Martinez – à avoir porté l'uniforme des Expos.

Un lanceur durable – un *workhorse* dans le jargon du baseball –, Steve a lancé plus de 250 manches dans une saison cinq fois durant sa carrière – 2 838 manches en tout. Quand il commençait un match, c'était toujours avec l'idée de lancer durant neuf manches (c'était l'époque où on ne retirait pas un lanceur dès qu'il avait effectué 100 ou 110 tirs). Bien que Steve soit le détenteur de la plupart des records des lanceurs des Expos, un chiffre frappe l'imagination : 129 matchs complets en carrière. Pour donner une mesure de l'exploit, le 2e lanceur au chapitre des matchs complets dans l'histoire des Expos est Bill Stoneman – avec 46...

Lanceur de puissance, Rogers possédait un excellent répertoire, dont une rapide à plus de 90 milles à l'heure et une balle glissante dévastatrice. Il était aussi un lanceur intelligent qui étudiait soigneusement les frappeurs adverses, luttait âprement contre eux, jamais déstabilisé par un retard dans le compte balles-prises. Son seul défaut au monticule était peut-être sa défensive parfois chancelante. Comme il terminait toujours son élan en déséquilibre, il devenait vulnérable sur les balles frappées à sa droite.

À l'arrivée de Rogers dans les majeures, l'offensive des Expos n'appuyait pas toujours adéquatement les lanceurs. Quand Steve a subi 22 défaites avec les Expos en 1974, j'avais demandé à Gene Mauch pourquoi il continuait à lui faire confiance : « Pour perdre 20 parties et plus dans une saison, il faut qu'un lanceur soit vraiment bon… » Steve avait par ailleurs été invité au match des Étoiles cette année-là.

Si sa fiche victoires-défaites (158-152) ne reflète pas fidèlement la grande qualité de son travail, c'est en partie parce que pendant toute sa carrière, les équipes adverses lui ont opposé leurs meilleurs lanceurs et parce que les frappeurs des Expos – peut-être plus décontractés quand Steve lançait – ne l'ont pas toujours appuyé adéquatement à l'offensive. N'oublions pas non plus que durant ses cinq premières saisons à Montréal, l'équipe derrière lui n'était pas exactement les Yankees de 1927…

Les amateurs qui ont vu lancer Steve Rogers se souviennent sans doute de sa façon inusitée de se comporter au monticule. Si un lancer ratait la cible de peu, il inclinait la tête, haussait les épaules, respirait profondément, comme si lancer constituait une terrible souffrance. Si ces simagrées pouvaient tomber sur les nerfs de certains coéquipiers – elles irritaient suprêmement le gérant Dick Williams –, c'était sa façon à lui de se servir de ses émotions au monticule plutôt que de chercher à les réprimer.

Quand Rogers et Gary Carter ont commencé leur carrière chez les Expos, il y avait un peu d'animosité entre eux sur la façon d'approcher ou de retirer un frappeur et Steve préférait travailler avec le receveur Barry Foote. Je me souviens d'une conversation que Claude Raymond avait eue avec lui pendant une caravane des Expos. « Écoute, Steve, attends encore une saison ou deux, attends d'avoir un peu plus d'expérience. Après, c'est toi qui as la balle, c'est toi qui décides. En autant que ça respecte le plan de match. » Je crois que ça avait réconforté

Steve. Par la suite, lui et Carter ont formé la batterie extraordinaire que l'on sait.

Outre son exceptionnelle saison 1982 (19-8, MPM de 2,40), son plus grand fait d'armes en carrière est probablement survenu en 1981 quand il a battu Steve Carlton à deux reprises dans les séries d'après-saison. C'est injuste qu'on lui reproche le circuit décisif de Rick Monday, parce que sans son impeccable travail des semaines précédentes, les Expos ne se seraient tout simplement pas rendus là où ils étaient. D'autre part, c'est lui-même qui avait offert au gérant Jim Fanning de le dépanner si jamais on avait besoin de lui en relève, même s'il n'avait agi comme releveur que deux fois en carrière. Pour Steve, l'équipe passait en premier.

Pas le joueur le plus facile à interviewer (ses réponses, longues et évasives, étaient parfois inutilement nuancées et complexes), Steve n'était toutefois pas du genre à se défiler, même quand les choses n'allaient pas à son goût.

Je me souviens d'un entretien d'après-match où il s'était un peu fâché contre moi. Ce soir-là, il avait brillamment lancé un match d'un seul coup sûr, un simple à l'avant-champ sur un coup frappé vers le monticule. Après avoir souligné que ses tirs avaient eu beaucoup d'étoffe toute la soirée, je lui ai posé une question sur l'unique coup sûr de ses adversaires : « Penses-tu que c'est une balle que tu aurais pu attraper ? » Rogers s'était impatienté : « *Je savais* que tu me poserais cette question-là ! » À sa décharge, il faut reconnaître que Steve n'a jamais évité d'aborder les sujets moins plaisants, comme les incessantes questions sur le fameux circuit de Monday qu'on continue de lui poser depuis plus de 30 ans et auxquelles il répond toujours avec courtoisie, comme s'il ne les avait jamais entendues...

La carrière de Steve Rogers s'est terminée brusquement en 1985, ses 2 838 manches de travail au monticule ayant fini par avoir raison de son bras.

Pedro Martinez (1994-1997)

Pedro Martinez est arrivé à Montréal dans une certaine controverse. Pour l'obtenir, les Expos avaient cédé le très populaire joueur d'intérieur Delino DeShields, qui arrivait à maturité et commençait à commander un salaire qui troublait le sommeil des nouveaux propriétaires québécois du club. Une autre vente de feu, disait-on ici et là dans les tribunes téléphoniques, puisque Pedro n'avait jusque-là rien cassé avec les Dodgers de Los Angeles et ne semblait avoir ni la force ni le gabarit (5'11", 178 livres) pour tenir son bout dans les majeures – certainement pas comme lanceur partant. Pour la direction des Dodgers, d'ailleurs, Pedro Martinez était un lanceur de relève.

Les observateurs déçus de la transaction disaient que c'est Ramon Martinez – son frère aîné plus costaud, qui connaissait de beaux succès pour les Dodgers à ce moment-là – qu'il aurait fallu obtenir, pas son gringalet de petit frère !

Mais dès le début de la saison 1994, Felipe Alou a installé Pedro dans sa rotation de partants et le jeune homme a immédiatement fait des convertis.

Les amateurs n'ont pas tardé à comprendre une chose : Pedro était tout un lanceur de puissance. Comment un type aussi frêle pouvait-il lancer des boulets à 95, 96 milles à l'heure ? Il y avait, entre autres, la taille de ses bras – exceptionnellement longs – qui lui permettait de fouetter la balle et de lui donner une puissance inusitée. Mais surtout, il y avait sa force de caractère, qui lui faisait constamment défier les frappeurs adverses.

Alors qu'il était dans l'organisation des Dodgers, Martinez avait appris que son pain et son beurre, c'était l'intérieur du marbre. Si un lanceur tolère qu'un frappeur s'approprie l'intérieur du marbre, il ne peut pas contrôler le coin extérieur de la zone des prises. Dès le premier camp d'entraînement, on a bien vu que Pedro n'hésitait pas à décoller tous ceux qui envahissaient le marbre un peu trop à son goût. À sa première saison à Montréal, il a atteint 11 frappeurs, un sommet dans la Nationale cette année-là. Bientôt, les équipes adverses ont commencé à le voir comme un chasseur de têtes et on a eu droit à quelques échauffourées, principalement dans les premières années de Martinez à Montréal. Pedro avait toutefois un défenseur de taille, Felipe Alou, qui l'encourageait à ne pas changer sa façon de lancer.

Rapidement, le diamant brut qu'était Pedro à son arrivée à Montréal s'est raffiné au contact de Felipe Alou et du formidable instructeur des lanceurs Joe Kerrigan, et à sa quatrième saison chez les Expos, il était devenu l'un des meilleurs lanceurs des majeures, sinon le meilleur. Il était animé d'une telle confiance en ses moyens qu'on ne le sentait jamais dépourvu au monticule. En 1997, sa dernière campagne à Montréal, il a connu de loin la meilleure saison qu'un lanceur ait jamais eue dans un uniforme des Expos (17-8, MPM de 1,90 ; 305 retraits au bâton, 13 matchs complets). Il fut d'ailleurs récompensé par le trophée Cy Young, la première (et seule) fois qu'un Expo se méritait l'honneur.

Pedro avait 28 ans – un âge où un joueur atteint habituellement son apogée –, il était le joyau de cette équipe se remettant à peine de sa grande vente de liquidation de 1995, mais tous savaient que son salaire annuel de 3 615 000 dollars devrait doubler la saison suivante. Quand les Expos l'ont échangé aux Red Sox de Boston, l'annonce du gagnant du Cy Young n'était pas encore faite, si bien qu'il était déjà un membre des Red Sox quand il est allé chercher son trophée. À Montréal, on ne perdait pas de temps avec les joueurs commandant un trop gros salaire…

Je dis souvent que le moment le plus fort de ma carrière de commentateur est survenu le jour où Dennis Martinez a lancé sa partie parfaite. Mais pas loin derrière se situe l'*autre* partie parfaite, celle qu'a majestueusement lancée Pedro sans qu'elle ne lui soit jamais créditée… Le 2 juin 1995, à San Diego, Martinez a retiré les 27 premiers frappeurs à lui faire face. Malheureusement, son équipe a été incapable de lui fournir un seul point et le match s'est poursuivi jusqu'en 10e manche. À leur tour au bâton, les Expos se sont finalement inscrits au pointage et en fin de 10e, le premier frappeur à affronter Pedro a cogné un double, enrayant du coup le match parfait.

Pour un journaliste, devoir s'adresser à un joueur avec la personnalité d'un Pedro Martinez est un cadeau. Le Dominicain avait le sourire facile, était toujours disponible, donnait l'heure juste et tenait des propos intéressants. J'avais toujours du plaisir à discuter avec lui, en plus, j'apprenais quelques mots d'espagnol. À un moment donné, je l'ai abordé en lui lançant : « *Hey, paillasso !* » (*paillasso* veut dire « bouffon ») et après, quand il me voyait, il me retournait la « faveur » : « *Hey, paillasso !* » J'avais aussi la même routine avec Moises Alou...

Pedro et moi avons toujours gardé un excellent rapport. Je me rappelle qu'à sa première visite à Montréal dans l'uniforme des Red Sox, une meute de journalistes l'avait assailli dans le vestiaire pour recueillir ses commentaires. Quand il m'a vu arriver dans le vestiaire, il s'est arrêté de parler pour venir me saluer et bavarder un peu.

Même si Pedro a véritablement établi sa renommée lors de son long séjour à Boston, il n'a jamais oublié Montréal. Dans l'euphorie de la victoire en Série mondiale des Red Sox en 2004, Pedro a pris la peine de mentionner devant les caméras qu'il était désolé de voir Montréal perdre son équipe et qu'il avait une pensée pour ses partisans. Depuis sa retraite, il est venu participer à quelques événements caritatifs au Québec et a toujours un bon mot pour Montréal.

Pedro Martinez est un bonhomme extraordinaire et j'espère de tout cœur qu'un jour, il sera élu au Temple de la renommée.

Dennis Martinez (1986-1993)

Quand Dennis Martinez a été acquis par les Expos en 1986, sa carrière ne tenait plus qu'à un fil. Il avait 32 ans, relevait d'une longue période de dépendance à l'alcool, et son équipe, les Orioles de Baltimore, avait perdu espoir qu'il puisse relancer sa carrière. Les Expos lui ont donné sa chance et il ne l'a pas ratée : dès la saison suivante, il a fait la démonstration de ses superbes talents de lanceur.

Martinez possédait une excellente balle rapide ; sa courbe, elle, était exceptionnelle. Surtout, il était un lanceur supérieurement intelligent : il savait parfaitement planifier sa séquence de lancers en fonction du frappeur qui était devant lui et de la situation (pointage, nombre de retraits, position des coureurs sur les buts, compte balle-prises, etc.), commettant très peu d'erreurs de jugement.

C'était un plaisir de le voir travailler et c'était inévitable qu'un jour, il signe un chef-d'œuvre (son match parfait de juillet 1991). Je l'ai déjà mentionné et le répète : ce remarquable exploit est la performance qui m'a procuré la plus vive sensation de toute ma carrière de commentateur. Certes, le match (presque) parfait qu'a plus tard lancé l'autre Martinez, Pedro, était quelque chose à voir, mais celui-là était tout simplement magique, peut-être parce que c'était le premier auquel j'assistais en carrière.

En plus d'être un lanceur d'exception, El Presidente avait un ego très fort, et il n'avait pas la langue dans sa poche. Si un journaliste voulait de la copie, il n'avait qu'à aller voir Dennis Martinez : il était sûr de ne pas repartir les mains vides. La plupart du temps, Dennis se plaignait de quelque chose : de son salaire, de la performance de ses coéquipiers, du travail du gérant ou de la direction. Lui, il donnait son avis et tant pis si ça en heurtait certains. L'histoire était controversée et faisait à coup sûr la manchette.

Parfois les jérémiades de Martinez étaient fondées, mais parfois pas. Un jour, nous étions dans un hôtel de Philadelphie en attendant l'autobus conduisant l'équipe au stade. Les journalistes s'agglutinent autour de Dennis et lui demandent pourquoi il prend tant de temps à signer son prochain contrat. « C'est simple, de répondre El Presidente, les Expos n'ont même pas pris la peine de m'appeler cet hiver. S'ils veulent que je signe un contrat, ils ont juste à se manifester. »

Or, il se trouve que je savais de source sûre que la direction du club avait plusieurs fois tenté de joindre son as lanceur, l'appelant de deux à trois fois par semaine. Je n'ai pas pu m'empêcher d'intervenir : « Dennis, j'aimerais juste rétablir les faits : les Expos ont plusieurs fois tenté de te joindre au téléphone mais tu ne réponds jamais. Dis ce que tu veux sur eux mais ne prétends pas qu'ils n'ont pas essayé ! »

Quand Dennis a quitté les Expos à la fin de la saison 1993, certains de ses coéquipiers n'ont pas hésité à le pourfendre : « Avec lui, c'était toujours moi, moi, moi », a déclaré Jeff Fassero le lendemain du départ d'El Presidente.

À part l'incident mentionné ci-haut, j'ai toujours eu d'excellents rapports avec Dennis. Comme plusieurs athlètes, Dennis était très superstitieux et il avait remarqué qu'il avait toujours du succès quand il s'assoyait directement derrière moi dans les autobus. Si quelqu'un s'avisait de prendre ma place, il le faisait aussitôt décoller : « Hé, tasse-toi ! C'est la place de Jacques Doucet ! »

Dennis avait un autre trait de caractère qui me faisait bien rire : il était radin – au point de ne jamais acheter les journaux et de m'emprunter les miens à chaque voyage d'autobus ou d'avion. Nos échanges allaient habituellement comme suit :

— Jacques, as-tu le journal ?

— T'es bien *cheap*, Dennis ! Comparé à toi, je fais un salaire de famine. T'es trop *cheap* pour dépenser 50 cents pour t'en acheter un ?

— Je sais, t'as raison, Jacques. Bon, me le prêtes-tu, ton journal ?

La dernière fois que je l'ai rencontré, Dennis est venu à ma rencontre, le sourire fendu jusqu'aux oreilles.

— Hé, Jacques, devine quoi ? Je suis aussi *cheap* qu'avant.

— Quoi, t'achètes toujours pas tes journaux ?

— Eh non, je les emprunte encore…

En réalité, El Presidente était très généreux de son temps et de sa personne. Il s'est beaucoup investi pour la jeunesse au Nicaragua, a investi de son propre argent en plus de faire des levées de fond pour établir des centres sportifs là-bas. Il était un proche du président nicaraguayen et s'il avait voulu se présenter à la présidence, je crois bien qu'il aurait été élu, tant sa renommée et sa réputation étaient solides dans sa terre natale.

Un gars cultivé, curieux, Dennis était un des joueurs les plus assidus aux cours de français que j'ai donnés à l'occasion aux joueurs et à leurs épouses pour les aider à se débrouiller à Montréal (une initiative qu'avait prise la direction du club). Il manquait rarement un cours, posait des questions, avait du plaisir à essayer de parler français. Il était un type à l'esprit ouvert.

Dennis Martinez ne sera peut-être jamais élu au Temple de la renommée du baseball de Cooperstown, mais il est un des seuls lanceurs de l'histoire à avoir remporté plus de 100 victoires dans chaque ligue (245 en tout). Il a été un des grands lanceurs de l'ère moderne du baseball et, à mon avis, le troisième meilleur de l'histoire des Expos.

Bill Gullickson (1979-1985)

Premier choix des Expos lors du repêchage de 1977, Bill Gullickson a sûrement été l'un des meilleurs lanceurs produits par les Expos – avec les Steve Rogers, Scott Sanderson et Charlie Lea.

De Gullickson, on se souviendra de ce match exceptionnel de septembre 1980 au Stade olympique quand, à l'âge de 21 ans, il a retiré 18 frappeurs des Cubs de Chicago, à un retrait du record de l'époque (le record est maintenant de 20 retraits dans un même match). Mais Bill a aussi été un partant fiable pendant 6 années chez les Expos, remportant 72 matchs en tout, le 4e meilleur total de l'histoire du club.

Cet exploit et ces chiffres sont exceptionnels du fait que Gullickson souffrait de diabète de type 1, une maladie qu'on lui a découverte alors même qu'il commençait sa carrière dans les majeures. D'abord pessimiste quant à ses chances de continuer à exercer son métier, Bill a rapidement appris à composer avec son diabète et est devenu un des bons jeunes lanceurs du baseball du début des années 1980.

Malgré sa maladie, Gullickson a connu une carrière de 18 saisons dans les rangs professionnels avec les Expos, les Reds de Cincinnati, les Yankees de New York, les Astros de Houston et les Tigers de Detroit. De plus, en 1988 et 1989, il a décidé de faire le saut au Japon, où il a évolué avec les Giants de Yomiuri.

Là-bas, il s'est lié d'amitié avec le lanceur Masumi Kuwata et il a même nommé son fils Craig Kuwata Gullickson. Alors qu'il était âgé de 12 ans, l'ancien voltigeur des Rays de Tampa Bay, Sam Fuld, lui aussi atteint du diabète, avait pu brièvement parler avec Gullickson, une rencontre qui avait été pour lui une grande source d'inspiration.

Un type réservé, Gully choisissait plutôt de souligner l'apport de ses coéquipiers lorsqu'il connaissait du succès.

Gullickson est père de six enfants, tous des athlètes. Sa fille Cassie a excellé dans les épreuves de piste et pelouse à l'Université Notre-Dame, tandis que Carly est une joueuse de tennis professionnelle qui, en 2009, a gagné le double mixte du US Open en compagnie de Travis Parrott. Chelsey, une autre de ses filles, excelle aussi au tennis et elle a gagné le championnat féminin, en simple, de la Division 1 de la NCAA alors qu'elle était à l'Université de la Géorgie. Ses autres filles, Callie et Chloe, ont aussi excellé dans la danse et le tennis. Quant à son fils Craig, il a brillé comme lanceur et il a mérité une bourse d'études à l'Université Clemson.

On a revu Bill Gullickson quelques fois à Montréal ces dernières années lors de réunions d'anciens ou d'activités caritatives. À le voir toujours svelte et athlétique, on aurait pu croire qu'il venait tout juste de prendre sa retraite...

Scott Sanderson (1978-1983)

Un autre produit de l'organisation des Expos, le grand droitier a connu une longue carrière de 19 saisons dans les majeures, portant les couleurs de huit équipes. Il avait 39 ans quand il a remisé ses crampons en 1996.

Avec Steve Rogers et Bill Gullickson, Sanderson a été un des piliers de la rotation des Expos pendant quelques saisons.

Après avoir connu des saisons de plus de 200 manches en deux occasions avec les Expos, Sanderson a plus tard développé la réputation d'être un lanceur de «cinq manches», car souvent, s'il était en avance, il trouvait le moyen de convaincre son gérant de le retirer du match en faveur d'un releveur pour préserver ses chances de victoires. C'est malheureux, car il n'avait pas cette réputation avec les Expos.

Lorsque je l'ai revu dans le cadre d'une activité pour le Fonds Lou Gehrig, il n'avait pas changé d'un iota. Plus volubile qu'il ne l'était lors de son séjour avec les Expos, Scotty ne devait pas avoir ajouté cinq livres à son physique de 6' 5". S'il était devenu plus volubile, c'est peut-être parce qu'à la retraite il était brièvement devenu analyste à temps partiel à la radio des Cubs de Chicago et, surtout, agent de joueurs...

Charlie Lea (1980-1984 ; 1987)

On se rappelle surtout de Charlie Lea pour le match sans point ni coup sûr qu'il a lancé en 1981, le seul match du genre jamais lancé au Stade olympique – et aussi en raison du fait inusité qu'il est né en France, à Orléans (son père, militaire, était posté en France à la naissance de Charlie). Mais pendant trois saisons, de 1982 à 1984, Charlie Lea a été un des partants les plus fiables de la rotation des Expos.

Lea possédait une excellente balle rapide ainsi qu'une bonne glissante, mais sa marque de commerce était qu'il gardait ses tirs bas, forçant ainsi l'adversaire à frapper des roulants.

La saison 1984 s'annonçait sa meilleure en carrière. Le vétéran Steve Rogers étant blessé en début de calendrier, c'est vers Charlie qu'on s'est tourné pour lancer le match d'ouverture, match qu'il a remporté. Avant la pause de mi-saison, il en avait gagné 12 autres, ce qui lui a valu d'être sélectionné lanceur partant du match des Étoiles. Aidé par un circuit de son coéquipier Gary Carter, Lea fut crédité de la victoire dans le gain de 3-1 de la Nationale.

Or, dans les semaines qui ont suivi, Lea a joué de malchance, souffrant de la faible offensive du club, et malgré une excellente MPM de 2,86, il n'a remporté que deux autres matchs du reste de la saison. À la mi-septembre, des douleurs au dos lui ont fait rater quelques départs mais après quelque temps, on a plutôt décelé une grave blessure à l'épaule droite. Sur la touche pendant les trois saisons suivantes, Charlie a tenté un retour avec les Twins du Minnesota en 1988 avant d'accrocher ses crampons pour de bon.

C'était une fin bien désolante pour un si bon gars, un pince-sans-rire qui ne faisait pas de vagues mais qui était de commerce très agréable, un des types les plus sympathiques que j'ai eu la chance de côtoyer chez les Expos.

J'ai eu le bonheur de décrire le match sans point ni coup sûr qu'a lancé Charlie le 10 mai 1981 dans le deuxième match d'un programme double contre les Giants de San Francisco. Avant le match, les choses allaient plutôt mal pour lui, sa fiche (0-1, 7,36) laissant présager un imminent séjour dans les mineures. Mais ce dimanche-là, il n'avait affronté que 29 frappeurs, accordant 4 buts sur balles, dont 3 dans la même manche, la 8e. Un double-jeu amorcé par Rodney Scott lui avait permis de se sortir d'impasse sans accorder de points.

Étonnamment, Lea ne considérait pas ce match comme le plus important de sa carrière. C'est le suivant qui, selon lui, avait davantage compté pour la suite : en le remportant 4-0, un match complet de seulement 4 coups sûrs contre ces mêmes Giants, il avait réussi à prouver que son exploit du match précédent n'était pas un simple coup de chance.

On a brièvement revu Charlie à Montréal en 2008, lors d'un match de balle-molle organisé à des fins caritatives. Trois ans plus tard, on apprenait une triste nouvelle : son décès, à l'âge de 54 ans, survenu à la suite d'une foudroyante crise cardiaque.

Ross Grimsley (1978-1980)

Tout au long de leur histoire, les Expos ont eu du mal à mettre le grappin sur un lanceur gaucher dominant. Mais en 1978, ils ont eu la main heureuse en mettant sous contrat le joueur autonome Ross Grimsley, puisque dès sa première année à Montréal, il a remporté 20 matchs, le seul Expo à atteindre ce chiffre magique dans toute l'histoire du club. Cette année-là, il avait également lancé 19 matchs complets, un exploit tout aussi remarquable.

Grimsley n'avait pas une rapide ou une balle cassante extraordinaire : il lançait ce qu'on appelait autrefois de la « garnotte ». Mais ses tirs étaient précis et il arrivait efficacement à garder les frappeurs hors d'équilibre en lançant à l'intérieur, à l'extérieur, en haut, en bas – jamais à la même vitesse. Earl Weaver, son ancien gérant à Baltimore, avait dit un jour que Grimsley possédait trois types de lancers : lents, plus lents et encore plus lents.

N'arrivant pas à s'expliquer comment Grimsley arrivait à lancer avec autant d'aplomb, des observateurs ont commencé à le soupçonner de lancer des balles mouillées. Après une victoire convaincante du gaucher à Chicago, le *Tribune* avait publié un article défendant cette hypothèse. Amené à s'expliquer, Grimsley s'est contenté de répondre par une boutade : « C'est ridicule. Même si je lançais une balle mouillée, mes tirs sont si lents que la balle aurait le temps de sécher avant d'arriver au marbre... »

Lors de son passage à Montréal, il portait ses cheveux noirs et bouclés très longs, ce qui lui donnait davantage l'allure d'une star du rock que d'un joueur de balle. Mais il n'avait rien du gars qui se prend pour une vedette ; c'était vraiment un bonhomme sympathique, un Roger-bon-temps qui ne se prenait pas au sérieux et avec qui c'était un plaisir de bavarder.

Grimsley a dû attendre à la dernière manche du dernier match de la saison 1978 pour savourer sa 20e victoire. Lorsque le dernier retrait fut effectué, les joueurs des Expos se sont rués au monticule pour entourer leur lanceur comme s'ils avaient remporté la Série mondiale.

Avant le match – une rencontre sans signification puisque les Expos étaient éliminés depuis longtemps –, Tony Perez avait insisté pour jouer même s'il soignait une blessure à l'épaule, tout comme Warren Cromartie, même si cela compromettait ses chances de terminer la saison avec une moyenne au bâton de ,300 (Cro a finalement fermé les livres à ,297). Les deux joueurs tenaient absolument à aider leur coéquipier à atteindre le cap des 20 victoires.

Ça en dit long sur l'estime et l'affection qu'on avait pour Ross Grimsley dans ce club.

Lanceurs de relève

Jeff Reardon (1981-1986)

Les fans des Mets de New York ont longtemps dit que le pire échange que leur club ait effectué dans son histoire, c'est celui qui a envoyé Jeff

Reardon aux Expos contre Ellis Valentine. Compte tenu des performances subséquentes des deux joueurs concernés, on ne peut pas leur donner tort : alors que Reardon a protégé 152 victoires en six saisons à Montréal (367 en carrière), Ellis n'a pas fait long feu dans les majeures après son arrivée à New York.

Reardon était un lanceur de puissance qui défiait constamment les frappeurs grâce une rapide explosive et à une courbe et une glissante supérieures à la moyenne. Travailleur consciencieux et méticuleux, il savait toujours comment affronter tel ou tel frappeur. Sa forte et épaisse barbe noire lui donnait des allures intimidantes pour ses adversaires. Bientôt, les journalistes ont commencé à l'appeler The Terminator, une appellation pouvant faire sourire quand on connaissait la personnalité de l'homme.

En effet, s'il semblait en pleine confiance quand il était au monticule, Jeff Reardon était dans la vie de tous les jours un type effacé, introverti, qui ne faisait pas de vagues et qui gardait toujours un profil bas, dans la victoire comme dans la défaite. Cette attitude pouvait indisposer un gérant comme Dick Williams qui, à tort, voyait là-dedans une certaine nonchalance, une absence de passion.

Quand Bill Virdon est devenu gérant des Expos en 1984, il a décidé qu'il ne tolérerait pas les cheveux longs, les barbes et les moustaches pour les joueurs de son club. Mais il avait dû faire une exception pour Reardon, qui l'a convaincu que le port de la barbe était un facteur important de sa confiance au monticule.

Après son séjour avec les Expos, Reardon a évolué avec les Twins du Minnesota, qu'il a aidés à remporter la Série mondiale en 1987.

Quelques années après sa retraite comme joueur actif, Jeff Reardon a vécu la douleur de perdre un de ses fils, emporté par une overdose à l'âge de 20 ans. L'ancien releveur des Expos a alors sombré dans une terrible dépression qu'on a tenté de contenir en lui prescrivant antidépresseurs et antipsychotiques. Mais le lendemain de Noël 2005, un Reardon déboussolé s'est présenté dans une bijouterie de Palm Beach Gardens en Floride pour remettre une note à la caissière : il avait une arme et demandait le contenu de la caisse...

Un gardien de sécurité l'a intercepté avant sa sortie du centre commercial, le trouvant confus et… sans arme. Le geste était non seulement celui de quelqu'un inconscient de ses actions mais surtout d'un désespéré : Reardon – qui ne connaissait pas d'ennuis financiers et n'aurait pas eu de raisons de commettre un vol – ne s'est jamais souvenu de s'être rendu à cette bijouterie. Quelques mois plus tard, il était acquitté.

John Wetteland (1992-1994)

John Wetteland n'a passé que trois saisons à Montréal, mais il a vivement marqué l'histoire du club.

Il ne fait pas de doute que les éditions 1992, 1993 et 1994 des Expos lui doivent une grande partie de leurs succès. Si un lanceur partant fléchissait en 6e ou 7e manche, le releveur Mel Rojas arrivait dans le match pour contenir les frappeurs jusqu'à ce que Felipe Alou remette la balle à Wetteland pour fermer les livres. Ce qu'il a fait avec une remarquable constance (105 sauvetages en un peu moins de trois saisons complètes). En 70 matchs en 1993, il a terminé la saison avec une exceptionnelle MPM de 1,37.

Wetteland était d'une intensité incroyable, doté d'une force de concentration comme on n'en voit pas souvent. Avant les matchs, il pouvait enfiler deux ou trois triples expressos, si bien que quand il se rendait au monticule, c'était comme s'il entrait dans un tunnel, une zone où n'existaient plus que lui, le receveur, le frappeur – et la balle, qu'il décochait constamment au-delà des 90 milles à l'heure.

Pour lui, une erreur était inacceptable. Au premier jour du camp d'entraînement de 1993, alors qu'il lançait durant l'exercice au bâton, il s'est mis en colère parce que ses tirs n'avaient pas l'efficacité qu'il aurait espérée. Il a alors balancé un violent coup de pied sur l'écran protecteur, se fracturant l'orteil du pied droit. Résultat : six semaines sur la liste des blessés. Mais c'est cette intensité-là qui faisait son pain et son beurre et les Expos savaient qu'ils n'avaient pas avantage à essayer de le tempérer.

Wetteland était vraiment imprévisible : en entrevue, il pouvait parler longuement de ses croyances religieuses (il était *Born-again Christian*) et se comporter plus tard de manière odieuse avec son entourage. Il pouvait un jour m'accueillir en me passant un bras autour du cou puis le lendemain me croiser sans même me saluer. Ces jours-là, je n'insistais pas, me disant tout simplement qu'il s'était levé du mauvais côté du lit...

Même si son séjour montréalais a été de courte durée, Wetteland n'a jamais oublié Montréal. Après avoir été envoyé aux Yankees lors de la fameuse liquidation du printemps de 1995, Wetteland a continué son formidable travail, permettant même aux Yankees de remporter la Série mondiale en 1996. Devenu agent libre après la saison, il a demandé à son agent d'aller cogner à la porte des Expos pour offrir ses services : il était prêt à accepter une offre bien inférieure à sa valeur réelle. Mais son agent a fini par le persuader que c'était là une bien mauvaise idée... Dommage pour les Expos, puisque John a connu trois excellentes saisons par la suite. Après une quatrième moins convaincante, il a pris sa retraite.

Depuis, il a eu quelques essais comme instructeur des lanceurs, notamment pour les Nationals et les Rangers, mais l'expérience n'a pas été concluante et on l'a remercié peu de temps après.

Ugueth Urbina (1995-2001)

Malheureusement pour lui, Ugueth Urbina a évolué pour les Expos dans leurs années de vaches maigres, alors que l'équipe se relevait difficilement des conséquences de la grève de 1994. Durant les sept années où il a lancé à Montréal, les Expos n'ont joué pour la moyenne (,500) qu'une fois.

Mais cela n'enlève rien aux grandes qualités de lanceur d'Urbina. D'abord utilisé comme partant, cet autre produit de l'organisation a rapidement démontré que son intensité au monticule et la puissance de sa balle rapide serviraient davantage le club s'il était utilisé comme releveur. À sa première saison complète dans ce rôle (1997), il a sauvé

27 victoires ; deux années plus tard, il dominait la Nationale avec ses 41 sauvetages. Une blessure survenue en 2000 lui a fait perdre de son efficacité et à la mi-saison 2001, l'équipe décidait de le laisser partir (dans une transaction avec les Red Sox). À son départ de Montréal, Urbina avait accumulé 125 sauvetages, deuxième chez les Expos derrière les 152 matchs protégés par Jeff Reardon.

Intense et taciturne, le lanceur vénézuélien n'était pas facile d'approche. Pendant son séjour à Montréal, le bruit a couru qu'il n'avait pas toujours des fréquentations recommandables. Mais personne n'a jamais osé vérifier l'information auprès du principal intéressé...

En septembre 2004, alors qu'il s'alignait avec les Tigers de Detroit, la mère d'Ugueth a été kidnappée au Venezuela et ses ravisseurs ont annoncé qu'ils réclamaient une rançon de 6 millions de dollars. Urbina et sa famille ont refusé de plier aux demandes des ravisseurs et six mois plus tard, une opération militaire a réussi à la sortir indemne de cette situation pour le moins dramatique.

Le courant de sympathie dont Urbina a bénéficié durant cette épreuve s'est rapidement effacé quelques mois plus tard lorsqu'il a été accusé de tentative de meurtre sur cinq travailleurs qu'il employait dans son ranch près de Caracas. Soupçonnant les hommes de lui avoir volé une arme, il a essayé de s'attaquer à eux avec une machette avant de les asperger d'essence avec l'intention que l'on devine... Condamné à 14 ans de prison pour tentative de meurtre, il fut finalement libéré en 2012, cinq ans seulement après son verdict de culpabilité.

À sa sortie, il a surpris bien des gens en déclarant avoir continué de s'entraîner tout au long de sa sentence (il prétendait encore pouvoir lancer des balles à 90 milles à l'heure), assez pour espérer un retour dans le baseball professionnel – à 38 ans. Or, aux dernières nouvelles, Urbina n'avait toujours pas foulé de nouveau un terrain des ligues majeures...

Receveurs

Gary Carter (1974-1984 ; 1992)

Dès qu'on l'a vu à son premier camp d'entraînement chez les Expos de Montréal, on a tous été frappés par la confiance du jeune Gary Carter. Pas une confiance fabriquée, arrogante, mais la formidable assurance qu'il avait sa place dans les majeures, parmi les meilleurs de sa profession.

À mes yeux, Gary Carter est le plus grand joueur de baseball à être passé par Montréal. Certes, son rôle de receveur en faisait la pierre d'assise du club, l'homme au cœur de tous les jeux. Il cognait la balle durement – et dans les situations corsées –, son jeu défensif était impeccable, son intelligence à comprendre les situations de jeu, remarquable. Mais c'est son engagement complet à la cause de son équipe et l'immense plaisir qu'il avait à pratiquer son métier qui le démarquaient de tous ceux que j'ai vu évoluer à Montréal pendant 36 ans.

Quand Gary a gradué sous la grande tente en 1974, les Expos avaient déjà leur receveur d'avenir. Il s'appelait Barry Foote, était talentueux, possédait une étonnante maturité pour son âge, était apprécié des lanceurs – et il était un des favoris du gérant Gene Mauch.

Certes, la direction des Expos était pleinement consciente du talent du jeune Carter – qu'on avait déjà affublé du surnom *Kid*. Mais son exubérance et son enthousiasme juvénile faisaient douter certains membres de la direction – dont Gene Mauch, pas le moins important – de la capacité du « Kid » à diriger et rassurer un jeune personnel de lanceurs comme celui des Expos.

Si, quelques années plus tôt, on avait réussi à convertir Carter de joueur de troisième but à receveur, peut-être arriverait-on à le convertir de nouveau, mais comme voltigeur, cette fois ?

En 1975, Mauch et les Expos ont fait jouer Gary au champ droit pour la plus grande part de l'année, limitant son travail derrière le marbre à 66 matchs. L'expérience ne s'avéra pas exactement concluante. Non seulement Gary n'était-il pas un très bon voltigeur, mais la fougue qu'il mettait à récupérer les balles frappées au champ extérieur le mettait constamment en péril. On l'a vu foncer dans les rampes du champ extérieur, dont une fois – lors d'un match de la Ligue des pamplemousses – la tête première dans un mur de briques...

Puis, en juin 1976, dans la 1re manche d'un match contre les Braves au parc Jarry, Gary a foncé sur un ballon dans l'allée de droite qui, en réalité, était destinée au voltigeur de centre Pepe Mangual. La collusion fut brutale et Carter a passé les six semaines suivantes sur la touche, la main dans le plâtre. Les Expos ont alors compris que s'ils voulaient avoir un Carter en santé dans leur alignement, ils devaient l'installer derrière le marbre... Gary est d'ailleurs probablement le seul receveur de l'histoire qu'on ait envoyé dans cette position-là pour lui épargner des blessures !

L'arrivée du gérant Dick Williams à Montréal en 1977 a scellé l'issue une fois pour toutes : Carter serait son homme de confiance derrière le marbre. Le 15 juin de cette saison-là, Foote prenait le chemin de Philadelphie. Quelques années plus tard, en 1982, alors qu'un Carter à son apogée signait un méga contrat de sept ans avec les Expos, Foote, lui, prenait sa retraite.

Gary en menait large sur le losange, se précipitant sans retenue vers toutes les balles qu'il estimait à sa portée, même celles qui revenaient aux joueurs de premier et de troisième but. Une fois établi comme receveur régulier, Gary a rapidement excellé pour diriger ses lanceurs, sa mémoire phénoménale des présences au bâton antérieures de ses adversaires lui permettant d'établir quelle séquence de lancers serait appropriée pour tel ou tel frappeur selon la situation dans le match. De plus, il connaissait les règlements du baseball sur le bout des doigts. Sa capacité à épingler les coureurs se risquant à voler un but était connue dans toute la ligue.

Quant à ses succès offensifs, ils étaient en grande partie dus à sa préparation. Quand Gary s'amenait au bâton, il avait un plan, il savait ce qu'il devait faire selon la situation, connaissait par cœur les forces et faiblesses des lanceurs adverses, de même que leurs *patterns* habituels. Par exemple, il pouvait se rappeler le tir que tel ou tel lanceur lui avait servi des mois plus tôt dans une situation de compte complet et il ajustait son coup de bâton en fonction de cette information. De la même façon, selon le nombre de retraits et la position de coureurs sur les buts, Carter savait toujours s'il devait tirer la balle ou la diriger au champ opposé. Je ne suis pas sûr que d'autres vedettes des Expos – comme Vladimir Guerrero, par exemple – aient eu cette compréhension du jeu.

L'élection de Gary au Temple de la renommée du baseball de Cooperstown a mis du temps – il a été intronisé 11 ans après sa retraite –, mais il n'y a aucun doute dans mon esprit qu'il méritait pleinement cet ultime honneur.

Sur le plan personnel, Gary était un être authentiquement heureux, débordant de joie de vivre, distribuant les sourires sans compter. Il se considérait chanceux d'exercer un métier qu'il adorait et, conséquemment, il était toujours disponible pour parler aux journalistes, même après une défaite ou une mauvaise performance individuelle (alors que d'autres se réfugiaient alors chez le soigneur). Comme Rusty Staub avant lui, Gary avait parfaitement compris le rôle d'une vedette auprès des médias et des amateurs.

Au fil des ans, j'ai coordonné avec lui quelques clips promotionnels de conseils aux jeunes joueurs. Il se prêtait à l'exercice sans jamais rechigner (même quand il fallait reprendre une même prise 20 fois...), prenant la peine à la fin de remercier les divers techniciens et responsables de l'initiative. Puis il courait rejoindre ses coéquipiers pour la suite de l'entraînement.

Gary était conscient que sa visibilité agaçait certains coéquipiers mais il était bien dans sa peau et ne s'en faisait pas pour ça. « Je suis comme je suis », se contentait-il de répondre quand un journaliste lui rappelait qu'il ne semblait pas faire l'unanimité dans le vestiaire.

Son enthousiasme ne l'a pas toujours servi dans sa carrière, particulièrement quand il a voulu devenir gérant. Son sens politique faisait défaut et il a parfois manqué de doigté lors de son lobbying pour intéresser des équipes à ses services.

Un exemple : quelques années après sa retraite comme joueur, Gary avait été invité par les Expos à venir travailler avec les receveurs le temps d'un camp d'entraînement. À l'époque, des rumeurs circulaient sur un départ possible du gérant Felipe Alou. Interrogé à savoir si le poste de gérant des Expos l'intéresserait dans le cas où il se libérerait, Carter avait déclaré qu'il serait enchanté de diriger l'équipe, ce qui avait froissé Felipe et ses adjoints. Carter n'a plus été invité par la suite…

Plus tard, après avoir gagné un championnat avec les Mets de Port St.-Lucie, il a mené une cabale pour grimper les échelons et quand on lui a fait comprendre qu'il devrait attendre son tour « comme tout le monde », il est allé gérer un club indépendant en Californie. Il a hélas brûlé quelques ponts comme ça.

Personnellement, je me suis toujours bien entendu avec le *Kid*, en partie parce qu'on s'est toujours donné l'heure juste. Après sa retraite, il a toujours répondu quand je l'appelais pour obtenir un renseignement. En octobre 2005, lorsque lui et Andre Dawson ont hissé une bannière des Expos au Centre Bell, je lui ai demandé de signer la préface du premier tome de *Il était une fois les Expos*. Il a tout de suite accepté et quelques semaines plus tard, je recevais un fax de son texte écrit à la main.

Alors qu'il était malade en 2011, Gary avait accepté de me recevoir chez lui à West Palm Beach pour une entrevue pour le compte du réseau TVA. C'est alors que sa femme Sandy lui a gentiment rappelé qu'il devait subir des traitements cette semaine-là et que, par ailleurs, son agent n'apprécierait pas qu'il accepte une entrevue avec moi alors qu'il avait refusé toutes les autres demandes qu'il avait eues à cet effet.

Comme beaucoup d'amateurs de baseball, c'est avec beaucoup de peine que j'ai appris son décès le 16 février 2012, alors que la maladie a fini par avoir raison de lui. Il n'avait alors que 57 ans. Gary était vraiment une personne exceptionnelle et c'est d'une infinie tristesse que la mort soit venue priver sa famille – et ses milliers d'admirateurs – de sa bienveillante présence.

Darren Fletcher (1992-1997)

À l'exception de Gary Carter, Darren Fletcher a été selon moi le plus solide receveur à défendre les couleurs des Expos.

Fletcher était allé à la bonne école, celle des Dodgers, où le receveur Mike Scioscia l'avait pris sous son aile.

Darren ne reculait devant rien : peu importe le train qui s'en venait du troisième but, il bloquait le marbre. Chez les Expos, c'est probablement celui qui a été le plus solide à ce chapitre-là. Ce n'est pas que Carter ne bloquait pas le marbre, mais s'il voyait que les chances de retirer le coureur étaient minces, il ne risquait pas la blessure. Mais Fletcher, lui, restait là, immuable.

Il avait également un excellent sens du baseball, dirigeait bien ses lanceurs. C'était aussi un bon frappeur qui, bon an, mal an, frappait une vingtaine de doubles, une douzaine de circuits et produisait une cinquantaine de points.

Comme bien des receveurs, son talon d'Achille était sa course sur les buts. Chez les Expos, on le taquinait beaucoup au sujet de sa lenteur, on disait qu'il courait avec un piano sur le dos. En six saisons à Montréal, il a volé UN but. Ce jour-là, on n'a vraiment pas raté l'occasion de le taquiner...

Un type agréable, généreux de son temps, Darren s'est beaucoup engagé dans la communauté. Quand les Expos organisaient des visites dans les hôpitaux, il trouvait toujours le moyen d'y être. Il a adoré son séjour à Montréal, de la même façon que les Expos et leur entourage ont apprécié l'avoir dans leurs rangs. Après avoir obtenu son autonomie en 1997, il s'est joint à l'autre équipe canadienne, les Blue Jays de Toronto, qu'il a fort bien servis pendant un peu plus de quatre ans.

Premier but

Andres Galarraga (1985-1991 ; 2002)

Un produit de l'organisation des Expos, Andres Galarraga a été tout un joueur de balle, à mon avis le meilleur joueur de premier but de l'histoire des Expos.

Si on l'appelait El Gran Gato (le Gros Chat), c'est parce que malgré son imposant gabarit, il était d'une remarquable agilité – comme un félin. Je ne l'ai jamais vu danser le merengue mais juste à voir son jeu de pieds au premier but, je devine qu'il se débrouillait fort bien sur une piste de danse.

Il n'hésitait jamais lorsque la balle était frappée vers lui, il était toujours prêt, lançait tout de suite au deuxième s'il voyait la possibilité d'un double-jeu inversé, avait toujours réfléchi à ses options avant le jeu. Il était aussi un maître pour récupérer les balles au sol.

À l'offensive, il était tout aussi excellent, un frappeur de puissance mais aussi un frappeur de moyenne, de situation : un frappeur intelligent. Toutefois, il n'était pas toujours sélectif et était par conséquent sujet aux retraits au bâton (de 1988 à 1990, il a dominé la Ligue nationale à ce chapitre). Pour cette raison, Galarraga n'était pas nécessairement le type de frappeur qu'un gérant veut voir arriver à la plaque en fin de neuvième quand son équipe tire de l'arrière.

À peu près au même moment où Andres faisait ses classes dans le réseau de filiales des Expos, un autre jeune homme de Trois-Rivières du nom de René Marchand, lui aussi repêché par les Expos, arrivait à West Palm Beach dans l'espoir de se dénicher un poste au premier but. Mauvais *timing* : après quelques semaines, la direction des Expos ne voyait personne d'autre qu'Andres comme premier-but d'avenir.

Andres était aussi un type agréable, réservé mais avenant, pas compliqué, respirant la joie de vivre sur un terrain de baseball. C'était un plaisir de l'avoir dans l'entourage des Expos, pour lesquels il a évolué jusqu'en 1991.

En 1999, alors qu'il évoluait pour les Braves d'Atlanta, on lui a découvert une tumeur cancéreuse dans le dos. Après avoir raté toute une saison pour subir des traitements de chimiothérapie, il est revenu en force en 2000, frappant 28 circuits et produisant 100 points.

Les amateurs des Expos ont eu la chance de le revoir dans l'uniforme du club le temps d'une saison (en 2002). Des blessures ont réduit son temps d'utilisation à 104 matchs, mais Andres a toutefois présenté une respectable moyenne de ,260.

Tony Perez (1977-1979)

Lors des assises de décembre 1976, les Reds de Cincinnati, champions de la précédente Série mondiale, ont décidé de se tourner vers l'avenir et de confier le poste de premier-but au jeune Dan Driessen, qui avait du mal à percer un alignement bien garni de vedettes établies. Le problème, c'est que pour faire de la place à Driessen, les Reds devaient se défaire d'un joueur énormément apprécié de ses coéquipiers : Tony Perez qui, à 34 ans, était loin d'être un joueur fini.

La perte des Reds fût le gain des Expos, qui ont sauté sur l'occasion pour l'obtenir (en compagnie du lanceur Will McEnaney) en retour des lanceurs Woodie Fryman et Dale Murray. Un échange que le gérant Sparky Anderson des Reds a plus tard cité comme un des plus grands regrets de sa carrière.

Perez est arrivé chez les Expos fort d'une séquence de 10 saisons d'au moins 90 points produits, un exploit rien de moins qu'exceptionnel. À la fin de sa première saison à Montréal, Tony avait porté la séquence à 11, produisant 91 points pour une équipe qui n'avait pourtant pas la force offensive de la Grosse Machine rouge de Cincinnati.

Mais il avait fait beaucoup plus que ça : il avait été le centre de gravité de cette jeune équipe, lui avait montré à relaxer tout en travaillant sérieusement. L'équipe qui n'avait remporté que 55 parties en 1976 en a remporté 20 de plus l'année suivante. Certes, les arrivées du gérant Dick Williams et du deuxième-but Dave Cash avaient joué un rôle clé dans ce redressement, mais la contribution du Cubain – autant sur le terrain qu'à l'extérieur – avait été inestimable.

Tony était un vrai gentilhomme : de bonne humeur, le sourire aux lèvres, faisant toujours en sorte que son entourage se sente bien – incluant même les journalistes !

Or, autant il pouvait s'amuser en dehors des lignes du terrain, autant il était sérieux lorsqu'il se présentait au bâton, particulièrement avec des coureurs sur les buts… Frappeur discipliné, alliant puissance et moyenne, Tony était d'abord un frappeur de doubles (99 en trois saisons à Montréal) qui pouvait aussi à l'occasion propulser la balle par-dessus la clôture (46 de 1977 à 1979).

Bien qu'il ait vu son temps d'utilisation légèrement réduit en 1979, il a continué de produire, aidant les Expos non seulement à atteindre une moyenne de ,500 pour la première fois de leur histoire, mais surtout à participer à une excitante course au championnat dont l'issue s'est jouée dans la dernière semaine de la saison.

Or, à la fin de 1979, Tony s'est retrouvé dans la même situation qu'il avait connue à Cincinnati : dans un alignement bondé de jeunes joueurs arrivant à maturité.

Préférant avoir dans l'alignement les frappeurs gauchers Rusty Staub – rapatrié à Montréal quelques mois plus tôt – et Warren Cromartie, le directeur-gérant de l'époque John McHale n'a pas offert de contrat à Tony qui a ainsi pu profiter du statut de joueur autonome.

Les Red Sox de Boston ont décidé de donner une chance au vétéran de 37 ans. Tony les a récompensés avec une remarquable saison 1980 de 25 circuits et 105 points produits… Plus tard rapatrié par son alma mater, les Reds, l'éternel jeune homme a continué d'étonner, devenant en 1985 le joueur le plus âgé (43 ans) de l'histoire du baseball majeur à frapper un grand chelem. Cette année-là, il a aussi présenté une moyenne au bâton de ,328 en 183 présences au bâton…

En 2000, Tony a été élu au Temple de la renommée du baseball, le premier joueur ayant évolué pour les Expos à mériter cet honneur.

Deuxième but

Jose Vidro (1997-2004)

Il y a quelque chose de cruel dans le fait que les Expos aient eu la meilleure combinaison de deuxième-but/arrêt-court à une époque où l'équipe n'allait nulle part, coincée entre ventes de feu, querelles de propriétaires et morts annoncées de la concession. Dommage, car si les Expos avaient pu compter sur un duo aussi solide que celui de Jose Vidro et Orlando Cabrera dans les périodes où ils aspiraient au championnat, qui sait si l'équipe n'aurait pas réussi à atteindre les plus hauts sommets.

Si les Expos ont eu quelques bons joueurs de deuxième but au fil des ans – pensons à Ron Hunt, Dave Cash ou Rodney Scott – Vidro a certainement été, et de loin, le meilleur sur le plan offensif.

Frappeur ambidextre, il a fait ses débuts comme régulier au deuxième but en 1999 et s'est imposé avec une moyenne de ,304, cognant 12 circuits et 45 doubles pour 59 points produits. Il n'a jamais ralenti, frappant pour plus de ,300 pendant cinq saisons consécutives et cognant des doubles à profusion (257 en huit saisons à Montréal). Défensivement, il se tirait aussi fort bien d'affaire quand il n'était pas importuné par des blessures.

Il avait la confiance totale de Felipe Alou, et quand, en début d'année 2000, le nouveau propriétaire des Expos Jeffrey Loria a fait l'acquisition du vétéran deuxième-but Mickey Morandini dans l'idée de le faire alterner au deuxième coussin avec Vidro, Felipe a fait comprendre à son patron qu'il avait déjà son joueur de deuxième but et Morandini n'a jamais pris part à un match de saison régulière dans l'uniforme des Expos. Vidro a alors trouvé une façon bien personnelle d'exprimer sa gratitude à son gérant : 24 circuits, 97 points produits. Il a représenté les Expos au match des Étoiles en 2000, 2002 et 2003, et a mérité le Bâton d'argent en 2003.

Natif de Mayaguez, à Porto Rico, Jose avait grandement apprécié, en 2003 et 2004, d'avoir l'occasion de jouer dans son pays natal, les Expos étant contraints d'y disputer 22 matchs « locaux » de la saison régulière. Prouvant qu'il avait un indéniable flair pour le dramatique, le 13 avril, dans un match contre les Mets de New York (qui comptaient également un portoricain, Roberto Alomar, dans leur alignement), Vidro faisait gagner son club en cognant un coup de circuit en solo en fin de 10ᵉ manche.

Lorsque les Expos ont déménagé à Washington, il a été le deuxième-but régulier en début de saison avec les Nationals, mais des blessures à une jambe l'ont limité à seulement 87 matchs. Après la saison 2006, il s'est retrouvé avec les Mariners de Seattle, pour lesquels il a disputé son dernier match en août 2008.

Ron Hunt (1971-1974)

Les joueurs de baseball sont vraiment de toutes les variétés : il y a les princes (Joe DiMaggio), les stars (Reggie Jackson), les originaux (Bill Lee), les ultra-compétitifs (Pete Rose). Et il y a les chats de ruelles. Ron Hunt faisait partie de la dernière catégorie.

Hunt n'était peut-être pas le plus talentueux des joueurs, mais il avait certainement le cœur à la bonne place. Joueur d'équipe, bagarreur, le petit poison faisait tout sur un terrain pour aider son club à gagner et n'acceptait pas que des coéquipiers soient indifférents au sort de l'un des leurs.

Lors d'un match disputé au parc Jarry en 1972, une échauffourée avait éclaté au monticule entre des joueurs des Expos et des Phillies – et certains membres de l'équipe visiteuse (dont le grand Steve Carlton) ne s'étaient pas privés de servir une raclée au gérant Gene Mauch. Hunt et Bill Stoneman avaient été les premiers à se porter au secours de leur gérant mais les autres avaient tardé à intervenir.

Hunt m'avait interpellé après le match : « Jacques, est-ce qu'un photographe a pris des photos de la mêlée ? » Quand je lui ai répondu par l'affirmative, il m'a dit qu'il aimerait avoir une vingtaine de copies d'une des photos sans toutefois me dire pourquoi. Le lendemain, chaque joueur des Expos a trouvé une photo épinglée sur son casier, accompagnée d'une petite note signée de la main de Hunt : *Where were you ?*

Une des façons qu'avait Hunt de se sacrifier pour son club était de ne pas essayer très fort d'éviter les tirs à l'intérieur que lui lançaient les artilleurs adverses pour le décoller du marbre. À sa première saison à Montréal en 1971, il s'était fait atteindre 50 fois, un record de l'ère moderne (record qui tient toujours, soit dit en passant).

Cette année-là, lors d'un match contre San Diego, Hunt avait été à l'origine d'une bagarre générale après avoir été atteint deux fois par le lanceur Steve Arlin des Padres. Quand Arlin l'a atteint la première fois en 3e manche, le receveur des Padres, Bob Barton, a crié à Hunt qu'il pourrait bien être atteint à nouveau s'il persistait à se tenir aussi près du marbre.

En début de 5e, quand Hunt s'est amené au bâton, Barton lui a rappelé son avertissement. Mais Hunt n'a pas bronché et le lanceur l'a de nouveau atteint. Alors que Hunt ramassait la balle, Barton a cru bon en rajouter : « J'espère que ça t'a fait mal. » Hunt n'a fait ni une ni deux, s'est relevé et a servi au receveur un uppercut qui l'a couché au sol, ce qui a aussitôt vidé les deux bancs.

En 1973, les Expos se sont retrouvés pour la première fois dans une course au championnat. Premier frappeur dans l'alignement, Hunt était la bougie d'allumage du club. Mais le 9 septembre, il s'est gravement blessé au genou lors d'une glissade sur les sentiers et n'est plus revenu au jeu de la saison. Au moment de son accident, Ron frappait pour une moyenne de ,309 et les Expos ne se trouvaient qu'à 2,5 matchs du premier rang de leur division. Privés de sa présence inspirante, les Expos ont fini la saison au quatrième rang.

Hunt a repris du service la saison suivante mais l'usure du temps a fini par avoir raison de lui et à la fin de l'année, il annonçait sa retraite à seulement 33 ans – mais, dans son cas, 33 années bien remplies.

Il y a quelques années, Ron m'a appelé pour me demander une petite faveur : est-ce que je serais capable de lui trouver un siège du parc Jarry ? Il avait connu d'heureux moments dans ce petit stade intime et il souhaitait en garder un souvenir.

Grâce à la complicité d'un ami de Granby, de Denis Cabana et d'Eugène Lapierre, de Tennis Canada, j'ai réussi – après cinq ans d'efforts ! – à lui obtenir un de ces sièges, qu'il a pu ajouter à sa collection de pièces provenant du Crosley Field (Cincinnati), du Busch Memorial Stadium (Saint Louis), du Polo Grounds et du Shea Stadium (New York).

Lorsqu'il a reçu le siège, Ron m'a aussitôt appelé, ému : « Quand je vois ce siège-là, ça me rappelle l'année où je me suis fait atteindre 50 fois. Ça m'aide à comprendre pourquoi mes vieux os me font si mal ! »

Arrêt-court

Orlando Cabrera (1998-2004)

Comme pour Jose Vidro, j'ai toujours trouvé dommage que les Expos n'aient pas pu aligner un arrêt-court de la trempe d'Orlando Cabrera dans leurs meilleures années.

Offensivement, Cabrera avait bien peu de chose à se reprocher : sa moyenne au bâton était supérieure à bon nombre d'arrêt-courts, il faisait le plein de doubles à chaque saison (plus de 40 doubles par saison en trois années consécutives) et il pouvait, à l'occasion, frapper la longue balle (17 CC en 2003, un record chez les joueurs d'arrêt-court des Expos). Il était par ailleurs rarement retiré sur des prises, trouvant habituellement le moyen de mettre la balle en jeu. En 2003, il avait terminé deuxième parmi les arrêt-court de la ligue aux chapitres de la moyenne (,297), la moyenne de puissance (,415), les points produits (80) et le taux de réussite pour les vols de buts avec 24 sur 26. Il avait d'ailleurs participé aux 162 matchs des Expos.

Mais c'est son opportunisme qui, pour moi, le distinguait plus que toute autre chose. En fin de match, quand le pointage était serré, Cabrera livrait la marchandise avec une constance impressionnante. De tous les joueurs ayant évolué pour les Expos, je dirais que celui que je souhaiterais le plus voir au bâton dans une situation critique, c'est Orlando Cabrera.

Défensivement, il n'a pas toujours été régulier (il a mérité un Gant doré en 2001, et la saison suivante il a commis le plus grand nombre d'erreurs pour un arrêt-court dans les majeures avec 29 !), mais sa rapidité lui permettait de couvrir beaucoup de terrain et il était capable de jeux spectaculaires.

Le petit Colombien était quelqu'un d'agréable à côtoyer : il avait toujours le sourire aux lèvres, ne refusait jamais de rencontrer les journalistes.

Comme il allait devenir joueur autonome à la fin de la saison 2004, les Expos l'ont échangé aux Red Sox de Boston à la mi-saison, un geste alors accueilli dans l'indifférence générale, les Expos étant à ce moment-là sur le respirateur artificiel.

À sa première présence au bâton dans son nouvel uniforme, Cabrera a cogné un circuit. Plus tard dans le match, il a jonglé avec une balle, une erreur permettant à l'équipe rivale de marquer le point qui s'avérerait gagnant.

Après la rencontre, comme il l'avait toujours fait durant son passage à Montréal, il n'a pas cherché à se défiler et il a répondu à *toutes* les questions des médias bostonnais sur le jeu raté. Oui, il était nerveux et avait voulu impressionner ses nouveaux coéquipiers et les fans de l'équipe. La franchise d'Orlando lui a tout de suite valu la sympathie des journalistes. « Un gars qui se tient debout », pouvait-on lire dans le *Boston Globe* du lendemain. Les journalistes de là-bas découvraient à leur tour le type droit et correct que nous avions appris à connaître à Montréal.

Plus tard, à l'automne, il participait à ses premières séries d'après-saison et à sa première et seule conquête de la Série mondiale.

Chris Speier (1977-1984)

À un moment de la saison 1977, l'arrêt-court Chris Speier, en dispute salariale avec la direction de son club, les Giants de San Francisco, en est venu à la conclusion qu'il avait besoin de changer de décor. Il est allé voir Spec Richardson, son directeur-gérant, et il lui a fait une demande on ne peut plus explicite : « J'aimerais être échangé. Et j'aimerais être échangé à Montréal. »

On n'a pas souvent entendu parler d'un joueur de baseball souhaitant poursuivre sa carrière à Montréal (une fois rendus ici, toutefois, la plupart aimaient y jouer) mais Chris Speier, lui, avait toujours aimé ce qu'il avait vu de la ville, de l'ambiance du parc Jarry.

Chris ne s'était pas trompé : non seulement a-t-il aimé son séjour à Montréal, il est même un des rares Expos – Rusty Staub, Bill Stoneman et Gary Carter sont quelques exemples – à avoir vécu en permanence à Montréal pendant quelques années.

Je vois Chris Speier comme un gars qui a toujours donné le meilleur de lui-même, un gars intelligent qui connaissait ses limites et qui a su adapter son jeu quand il a pris de l'âge (« trichant » un peu en défensive, par exemple). Même s'il a presque toujours frappé dans le dernier tiers de l'alignement, il s'appliquait dans son travail, toujours soucieux de faire avancer les coureurs devant lui. Pour moi, il fut le meilleur arrêt-court de l'histoire du club jusqu'à l'arrivée d'Orlando Cabrera. Hubie Brooks a un été un arrêt-court important pour les Expos, mais ses talents étaient surtout offensifs. À mes yeux, Speier était un joueur plus complet.

Speier était un aussi gars de caractère. Le 20 juillet 1978, quelques heures avant un match opposant les Expos aux Braves au Stade olympique, le directeur-gérant Charlie Fox s'est rendu dans le vestiaire du club pour enguirlander un Speier enfoncé dans une léthargie de 1 en 18. Voyant le ton monter, Steve Rogers était intervenu – à ses risques et périls – et s'était retrouvé au tapis en vertu d'une solide droite du belliqueux directeur-gérant des Expos. Speier n'a pas été impliqué dans le combat mais l'incident l'avait juste assez piqué pour qu'il entreprenne le match le couteau entre les dents. Ce soir-là, Chris a cogné un triple, un simple, un circuit et un double : un carrousel produisant six points, un des six joueurs ayant réussi ce rare exploit dans toute l'histoire des Expos.

Un frappeur de moins de ,250 en carrière, Speier était capable de quelques explosions offensives occasionnelles, comme lors de ce match du 22 septembre 1982, où il avait produit 8 des 11 points marqués par son club contre les Phillies.

Après son départ des Expos durant la saison 1984, Chris a joué pendant cinq autres saisons et c'est à 39 ans – de nouveau avec les Giants de San Francisco – qu'il a complété sa très belle carrière de 19 saisons.

Troisième but

Tim Wallach (1980-1992)

Peu de joueurs ont autant marqué l'histoire des Expos que Tim Wallach l'a fait. Il détient le record de l'équipe au chapitre des coups sûrs (1 694), des doubles (360), et des points produits (905). Il est également auteur de 204 circuits dans l'uniforme montréalais.

Tous ces chiffres sont impressionnants, certes, mais c'est peut-être le nombre de matchs qui frappe le plus l'imagination : 1 767 – 6 529 présences au bâton en tout. Pendant son séjour de 13 saisons chez les Expos, Wallach n'a pas souvent manqué à l'appel.

Le gérant Buck Rodgers a déjà déclaré qu'il n'avait jamais vu un seuil de tolérance à la douleur aussi élevé chez un joueur de baseball. Je me souviens d'un jeu au terme duquel Wallach s'était tordu une cheville en tentant d'éviter d'être retiré dans sa course au premier but. Quand on l'a vu sortir du terrain en boitant péniblement, on a tout de suite cru à une fracture – du genre qui met un joueur hors de combat pour deux mois. Quatre jours plus tard, il reprenait son poste au troisième but.

Cette résilience et ce courage ne semblaient, hélas, pas toujours appréciés des amateurs de baseball montréalais qui, au fil des ans, l'ont hué plus souvent qu'à son tour. C'est que comme bon nombre de joueurs de troisième but (Mike Schmidt vient tout de suite en tête), Wallach, un type calme et peu démonstratif, pouvait avoir l'air de se traîner les pieds en se rendant prendre sa position. Conséquemment, à la première défaillance, le public ne se privait pas de le conspuer, voyant de l'indifférence dans son attitude.

Évidemment, il n'en était rien. Wallach est certainement un des joueurs les plus dévoués et appliqués qu'on ait vus à Montréal, le premier à qui un gérant des Expos (Rodgers, en l'occurrence) a confié le rôle de capitaine, d'ailleurs – une pratique plutôt rare au baseball. « Eli » (un surnom qu'on lui a donné chez les Expos pour la simple raison qu'il avait le même nom de famille que l'acteur hollywoodien Eli Wallach) était un joueur apprécié autant de ses coéquipiers que de ses gérants.

La meilleure saison de Wallach est survenue en 1987, quand on lui a confié le rôle de quatrième frappeur après que Hubie Brooks eut subi une blessure le forçant à s'absenter du jeu. Cette année-là, Tim a cogné 26 circuits, 42 doubles et produit 123 points, le record du club à ce moment-là. Il a aussi conservé une excellente moyenne de ,298.

Défensivement, Wallach était impeccable, comme s'il était né pour jouer au troisième but. Son bras était puissant, sa mobilité supérieure à la moyenne. Mais c'est probablement son gant, exceptionnel, qui le démarquait de ses vis-à-vis. On le comparait d'ailleurs souvent à un aspirateur humain. De plus, il ne semblait aucunement craindre les balles frappées en flèche en sa direction, qu'il captait toujours sans broncher.

Pourtant, c'est comme joueur de premier but que Wallach a fait son chemin dans l'organisation des Expos – et comme voltigeur qu'il a surtout évolué durant sa première saison à Montréal. Mais quand les Expos ont échangé le troisième-but Larry Parrish pour obtenir Al Oliver, un premier-but qui ne pouvait pas vraiment jouer à une autre position, on a demandé à Wallach de déménager au « coin chaud ». À ce moment-là, il n'avait pas cette mobilité ou ce bras qui l'ont par la suite caractérisé. Mais il a multiplié les entraînements pour recevoir roulant après roulant et il a progressivement amélioré son jeu.

C'est toutefois sous le mentorat de l'ancien Pirate Bill Mazeroski (un deuxième-but), venu donner un coup de main aux joueurs d'intérieur des Expos au camp de 1984, que Wallach a vraiment appris les fondements de la position. « Avant de rencontrer Mazeroski, je me demandais ce que je faisais au troisième but… », a plus tard déclaré Tim.

En 1992, le nouveau gérant des Expos de l'époque, Tom Runnells, désireux d'installer le bon coup de bâton d'une recrue (le troisième-but Bret Barberie) dans son alignement, a annoncé qu'il transférerait Wallach au premier but. Heurté, Wallach a fait contre mauvaise fortune bon cœur et a dû se réhabituer à jouer au premier but. Mais lorsque Felipe Alou a pris la relève de Runnells en mai de cette année-là, il a remis Wallach à sa position habituelle.

Quelques mois plus tard, soucieuse de se départir d'un salaire encombrant, la direction des Expos a échangé le vétéran de 34 ans contre un parfait inconnu du nom de Tim Barker, un gars qu'on n'a jamais vu par la suite, ni chez les Expos, ni nulle part ailleurs.

Après sa carrière de joueur actif, Tim a été gérant de l'équipe AAA des Dodgers, et instructeur des frappeurs, instructeur au troisième but et instructeur de banc chez ces mêmes Dodgers. Je ne serais pas surpris de le voir devenir gérant d'ici quelques années...

Larry Parrish (1975-1981)

Quand Larry Parrish est arrivé avec les Expos, il est tout de suite tombé dans l'œil de Gene Mauch : c'était le premier vrai joueur de troisième but que le gérant des Expos voyait enfiler l'uniforme du club.

Certes, Coco Laboy et Bob Bailey avaient eu leurs bons moments au troisième but, mais Parrish arrivait avec les ingrédients indispensables à l'emploi : un excellent bras, un très bon jeu de pieds, une grande portée sur le terrain. Au camp de 1975, Mauch avait même déclaré : « Même s'il frappe pour ,220, Larry va être mon troisième-but cette année. » Le gérant des Expos ne s'inquiétait aucunement du fait que Parrish arrivait directement du niveau AA sans avoir disputé un seul match dans le AAA, une rareté à l'époque. Cette marque de confiance avait inspiré Parrish, qui avait travaillé très fort et s'était avéré un des meilleurs Expos cette saison-là.

Je me souviens que l'année suivante, Larry avait connu une baisse de régime, frappant à la mi-saison pour à peine un peu plus de ,200. Il n'arrivait pas à comprendre pourquoi ça ne fonctionnait plus pour lui. Un jour, lors d'un trajet en autobus, je me suis assis à ses côtés. « Tu sais, Larry, l'an passé, tu étais toujours le premier à prendre l'exercice au bâton, tu mettais toujours les bouchées doubles à l'entraînement. J'ai l'impression que cette année tu es moins présent, moins engagé... » Il avait écouté poliment, ne m'avait pas donné raison mais ne m'avait pas contredit non plus.

Il n'y a peut-être pas de lien direct à établir mais, par la suite, Parrish avait repris ses bonnes habitudes et les résultats avaient rapidement suivi.

Comme Tim Wallach, Parrish était un gars intense, résilient, qui tenait à demeurer dans l'alignement malgré les blessures. Et comme Wallach, son calme et sa maîtrise de soi pouvaient parfois donner une impression de désengagement. Conséquemment, les amateurs lui ont souvent fait payer un retrait au bâton ou une erreur à la défensive.

Une autre caractéristique de Parrish qui ne l'a pas toujours rendu très populaire auprès des fans était son inconstance au bâton. Véritable frappeur de séquence, Parrish pouvait connaître un mois exceptionnel puis tomber dans une profonde léthargie dans les semaines suivantes. Une moyenne au bâton de ,275 à la fin de la saison n'était pas toujours un juste reflet de sa performance puisqu'il avait pu se maintenir autour des ,220 pendant deux mois avant de se mettre à tout frapper et de faire grimper sa moyenne jusqu'à un chiffre respectable.

Mais LP (son surnom auprès de ses coéquipiers) avait une grande qualité : il frappait quand ça comptait. Sa meilleure saison avec les Expos, il l'a connue en 1979, quand le club luttait âprement pour le championnat. En septembre, Larry avait été un des meilleurs Expos (8 CC, 23 PP, moyenne de ,310), aidant le club à remporter le plus grand nombre de victoires (95) de son histoire. Puis, en 1981, l'année où les Expos se sont qualifiés pour les séries d'après-saison, Larry a connu une fin de saison formidable. Du 1er septembre jusqu'à la fin de la saison, il a produit 25 points en 31 matchs.

Au tournant des années 1980, Larry était devenu une des pièces les plus importantes du club. Il avait grandi dans l'organisation et était désormais vu par ses pairs comme LE leader de cette équipe, avant Gary Carter même. Quand les Expos l'ont échangé au printemps 1982 contre le vétéran Al Oliver, ils ont perdu le centre de gravité de la formation, celui sur qui le gérant Jim Fanning comptait comme lieutenant dans le vestiaire. Les Expos avaient jugé – non sans raison – qu'ils ne pouvaient pas laisser passer l'occasion de mettre la main sur un frappeur de la trempe d'Oliver (celui-ci a d'ailleurs remporté le championnat des frappeurs à sa première saison chez les Expos).

Mais les exploits d'Al Oliver n'ont pas réussi à combler le vide laissé par le départ de Parrish et « l'équipe des années 1980 » a joué nettement sous son potentiel les trois années suivantes jusqu'à ce que la direction fasse maison nette en échangeant Gary Carter à la fin de la saison 1984. La situation aurait-elle été différente avec Larry Parrish à bord comme capitaine du navire ? Ça, on ne le saura jamais...

Voltigeurs

Andre Dawson (1976-1986)

Quand on parle d'un athlète qui allie talent, ardeur au travail, courage et leadership, il est difficile de trouver un plus bel exemple qu'Andre Dawson.

Andre possédait vraiment ce qu'on identifie comme les cinq habiletés fondamentales d'un joueur de baseball : la vitesse (sur les sentiers), la capacité de frapper pour la moyenne (et ainsi frapper à tous les champs), la puissance au bâton, le jeu défensif (de « bonnes mains ») et la force du bras. Dawson excellait dans toutes ces facettes du jeu, comme Willie Mays l'avait fait avant lui.

Si la vitesse est probablement la plus « naturelle » de ces habiletés, il n'en va pas toujours de même pour les autres. Quand il est arrivé à Montréal, Andre avait un bras médiocre, au point où il avait du mal à relayer la balle à l'avant-champ. À l'époque où il jouait au collège, un instructeur l'avait fait jouer à l'arrêt-court pour qu'un dépisteur puisse évaluer son mouvement latéral. Résultat : Andre s'est blessé au bras et il a mis des années à le remettre en état. Durant ses premières années avec les Expos, on le voyait souvent soulever des poids, subir des massages au bras, l'étirer et, bien sûr, perfectionner ses tirs à distance. Quelques années plus tard, son bras était un des plus redoutés des majeures.

Un type sérieux, intense, Dawson n'était pas du genre à se lancer dans de grands discours. Quand je le croisais sur le terrain ou dans le vestiaire, c'était souvent : « *Hi, Hawk* », « *Hi, Jacques* », et ça s'arrêtait là : son discours était fait pour la journée… Mais sa présence en imposait, tout comme son regard perçant, qu'on pourrait comparer à celui de Maurice Richard.

Au fil des ans, il s'est imposé comme un des leaders de son équipe, en prêchant toujours par l'exemple plutôt que par la parole. Un jour, un joueur marginal du nom de Razor Shines, un gars bâti comme une armoire, était sur le point de se battre avec un coéquipier quand Dawson est intervenu et l'a empoigné pour le faire s'asseoir et lui dire de rester tranquille. Le type n'a pas osé riposter.

Il est par ailleurs bien connu que Dawson a joué un rôle crucial dans la réhabilitation d'un Tim Raines à la dérive, aux prises avec de sérieux problèmes de consommation de drogues au début de sa carrière. « Montre-moi comment faire, montre-moi comment on devient un homme », lui avait demandé Raines. Andre ne lui a pas servi de grands discours mais a continué de prêcher par l'exemple par son éthique de travail. Et son courage, aussi.

Comme bien d'autres l'ont dit avant moi, il était impressionnant de voir la routine à laquelle Dawson devait se soumettre quotidiennement pour pratiquer son sport : quand le physiothérapeute du club ne bandait pas ses genoux avant un match, il fallait lui drainer du liquide s'accumulant dans son genou gauche.

Les exploits de Dawson lors de son séjour à Montréal pourraient remplir des pages. Contentons-nous de rappeler qu'il occupe le 2ᵉ rang au chapitre des circuits (225), des doubles (295), des triples (67) et des points produits (838). Recrue de l'année en 1977, il a représenté les Expos dans trois matchs des Étoiles, mérité six Gants d'or et trois Bâtons d'argent.

Son départ de Montréal était écrit dans le ciel. D'abord, sa relation avec la direction s'était envenimée à la suite d'un litige salarial. Ensuite, l'impitoyable dureté de la surface synthétique du Stade olympique était en train de le précipiter vers une retraite prématurée, et seul son transfert sur une surface de gazon naturel pouvait inverser cette tendance. À sa première saison au Wrigley Field de Chicago,

Andre a atteint d'exceptionnels sommets personnels (49 CC, 137 PP) qui lui ont valu le titre de Joueur le plus utile de la Nationale – même si son club avait fini bon dernier de sa division!

Comme pour son ancien coéquipier Gary Carter, Dawson a long-temps attendu l'appel lui signifiant son entrée au Temple de la renommée du baseball (dans son cas, 14 ans après sa retraite). Et comme pour Carter, son élection était pleinement justifiée.

Tim Raines (1979-1990, 2001)

Si Tim Raines n'a pas été le meilleur joueur à défendre les couleurs des Expos, il a probablement été le plus électrisant – avec la possible exception de Vladimir Guerrero.

Après deux brefs séjours avec les Expos en fins de saisons 1979 et 1980 – où on l'avait surtout utilisé comme coureur suppléant –, Tim Raines s'est taillé une place comme régulier en 1981 quand il fut décidé de le convertir en voltigeur (il avait jusque-là été joueur de deuxième but).

On savait qu'il était bon (il avait brûlé le AAA à Denver en 1980 – moyenne de ,354, 77 buts volés), mais quand on l'a vu évoluer pour une première saison, on a compris que les Expos venaient de trouver leur prochaine supervedette. Même s'il n'avait participé qu'à 88 matchs en 1981 (en raison d'une saison écourtée par une grève), il avait trouvé le moyen de voler 77 buts – en plus de frapper pour ,304.

Non seulement Raines détalait-il comme un lapin entre les coussins, mais ses départs étaient fulgurants, décourageant parfois même le receveur adverse de lancer au deuxième but. Au début des années 1980, la vitesse était à l'honneur dans le baseball majeur, et Raines s'imposait comme un des plus remarquables représentants de cette tendance (l'autre étant Rickey Henderson). Pas de doute, une grande carrière était lancée. Que ferait le nouveau prodige pendant toute une saison? se demandaient les observateurs.

Mais en 1982, on a senti Raines plus hésitant sur les buts. Et même s'il a continué d'obtenir beaucoup de succès sur le terrain (78 buts

volés, moyenne de ,277), il ne semblait plus avoir l'entrain de sa première saison. Ni la bonne humeur juvénile qui le caractérisait si bien
à ses débuts et avait réussi à assainir l'atmosphère du vestiaire,
plombée à l'occasion par un agitateur comme Ron LeFlore.

Il a fallu attendre à la fin de la saison pour trouver une raison à ce
changement de disposition : Tim avait passé l'été sous l'influence de
la cocaïne. Si la direction des Expos avait fini par mettre le doigt sur
le problème – et tenté de lui venir en aide –, nous, des médias, n'avions
rien vu. N'étant pas moi-même un consommateur, j'aurais été incapable de voir les signes suggérant qu'on avait affaire à un utilisateur
assidu.

Bien sûr, on savait que des drogues circulaient dans les vestiaires
des majeures, dont celui des Expos. Mais on n'avait jamais pensé que
le jeune Raines était un de ceux-là ; pire, on a appris qu'il était accro
au point de consommer entre deux manches d'une partie. L'histoire
(bien connue) que Raines volait des buts en glissant sur le ventre pour
épargner le petit sac de cocaïne qu'il glissait dans la poche arrière de
son pantalon est, hélas, vraie.

Du jour au lendemain, Tim s'était retrouvé avec beaucoup d'argent,
son cercle d'amis avait changé et, un jour, quelqu'un lui avait offert
de la cocaïne, gratuitement, « juste pour essayer ça ». Il ne s'agissait
pas de coéquipiers mais d'individus malfaisants gravitant autour de
l'organisation des Expos, bien au fait de l'argent à faire avec cette
clientèle de nouveaux millionnaires.

On avait vu Ellis Valentine dilapider son talent de la sorte et on se
demandait maintenant si Raines ne serait pas le prochain en ligne.
Or, l'aide que lui a apportée la direction du club (John McHale lui-
même allait chercher Raines chez lui pour le conduire à ses séances
de thérapie) et des coéquipiers comme Andre Dawson ont fait prendre
une tournure heureuse à l'histoire. Raines a complètement retourné
la situation dès la saison suivante (90 buts volés, moyenne de ,298).
Surtout, il a trouvé la volonté de ne plus toucher à la poudre blanche.

Sa carrière a alors pris une formidable vitesse de croisière, et en 1986,
il a atteint un sommet personnel, remportant le championnat des frap-

peurs (moyenne de ,334) et continuant de rendre misérable la vie des lanceurs et des receveurs avec sa vitesse explosive (il lisait désormais encore mieux les gestes des lanceurs). Frappeur ambidextre, «Rock» pouvait aussi bien frapper premier que troisième, viser la moyenne que la puissance. Il était non seulement la grande vedette des Expos, mais une des plus étincelantes étoiles de tout le baseball majeur.

Son nouveau statut de superstar – et les exigences salariales qui vont avec – auraient normalement dû le chasser de Montréal dès la saison suivante, mais c'était l'époque où les propriétaires d'équipes s'étaient entendus pour freiner la flambée inflationniste du baseball en n'inondant plus les agents libres de billets verts. L'Association des joueurs s'est saisie de l'affaire, accusant les proprios de collusion, une allégation qu'a ultérieurement confirmée un arbitre indépendant.

Jugeant Raines indispensable aux succès du club à court et moyen terme, Charles Bronfman s'est lui-même mêlé des négociations avec son joueur et au début mai, Raines l'enfant prodigue rentrait au bercail, un contrat bonifié en poche. Son retour au jeu contre les Mets à New York – sans n'avoir pu prendre part à un camp d'entraînement ni de remise en forme dans une équipe des mineures – reste un des épisodes les plus étonnants de l'histoire des Expos. À sa première présence au bâton, Tim a cogné un triple. À la 3e manche, il a obtenu un but sur balles pour ensuite voler le deuxième. En 6e et en 9e, il a frappé des simples, aidant l'équipe à égaler la marque 6 à 6. Puis, en début de 10e, il a complété sa journée en cognant un grand chelem pour faire gagner son club!

Après avoir aidé les Expos à lutter pour le championnat en 1987 et 1989, Raines fut emporté par le virage jeunesse qu'avait décidé d'entreprendre la direction des Expos au tournant des années 1990 et il passa aux White Sox de Chicago.

Raines est l'Expo qui a marqué le plus de points (947), volé le plus de buts (635), cogné le plus de simples (1 163) et de triples (82), en plus d'obtenir le plus de buts sur balles (793). Il est l'un de seulement deux Expos – l'autre est Al Oliver – à avoir remporté un championnat des frappeurs (,334 en 1986); il a été membre de sept équipes d'étoiles. Au chapitre des buts volés, sa moyenne est supérieure à celles des Rickey Henderson, Lou Brock et Maury Wills...

Je suis très confiant de voir Tim Raines devenir le troisième Expo à être élu au Temple de la renommée. Malheureusement pour lui, le fait d'avoir joué la plus grande part de sa carrière à Montréal, loin des réflecteurs de New York, Chicago ou Los Angeles, rend son élection plus ardue, comme ça a été le cas pour Carter et Dawson. Mais le jour viendra où le baseball majeur reconnaîtra le rôle que Raines a joué non seulement dans l'histoire des Expos, mais aussi dans celle du baseball excitant qui se jouait dans les années 1980.

Vladimir Guerrero (1996-2003)

Vladimir Guerrero est le talent le plus pur qu'il m'ait été donné de voir dans un uniforme des Expos – peut-être même dans un uniforme de joueur de baseball tout court. Je n'ai jamais vu un joueur se fier autant à son instinct, posséder de tels réflexes, une coordination œil-mains aussi parfaite. Vladimir était vraiment un pur-sang.

On peut difficilement enseigner à un pur-sang, à un génie qui maîtrise naturellement son art. Tout comme il est impossible de le tenir en laisse. Felipe Alou savait qu'il ne servait à rien de lui donner le feu rouge au bâton, même quand la situation l'exigeait. On le laisse faire ce qu'il a à faire.

Au bâton, Vladimir s'élançait sur tout : les balles à six pouces du sol, à un pied à l'extérieur de la zone des prises, au-dessus de la tête. Tous les tirs des lanceurs adverses lui paraissaient intéressants.

Pour son premier circuit en carrière, Vladimir a cogné un tir presque parfait (bas et à l'extérieur) de l'excellent releveur des Braves Mark Wohlers dans les gradins du champ opposé (droit). Wohlers n'en revenait pas.

J'ai déjà vu Vladimir s'élancer sur une balle qui avait touché le sol à quelques pieds devant le marbre. Résultat : un double.

Bientôt, les lanceurs de la Nationale ont compris qu'on ne pouvait pas lancer à ce type-là comme aux autres. Pour illustrer à quel point il était craint, j'ai déjà vu le grand Greg Maddux lui allouer un but sur balles intentionnel dans la *première* manche d'un match. Vladimir détient d'ailleurs le record des passes gratuites chez les Expos, 130 en sept saisons (250 dans toute sa carrière). Un lanceur s'apprêtant à lui accorder un but sur balles intentionnel savait qu'il devait faire attention de ne pas en lancer une trop près du marbre : Vladimir aurait essayé de la catapulter…

La blague au sujet de Vladimir était que la seule façon de le surprendre, c'était de lui lancer une rapide en plein centre du marbre. Le problème, c'est que même surpris, il les cognait celles-là aussi.

Source perpétuelle de surprises, Guerrero est probablement le joueur des Expos qui m'a procuré mes plus vives émotions de descripteur. Pour moi, il ne fait pas de doute qu'il était dans la même classe que les Bonds, McGwire et Sosa – sans les substances, de surcroît. Quand il faisait l'exercice au bâton, autant les joueurs des Expos que ceux de l'équipe adverse arrêtaient ce qu'ils faisaient pour le regarder s'élancer sur des balles. Beaucoup d'amateurs dans les stades d'Amérique se rendaient à leur siège une heure avant le match pour ne pas rater l'exercice au bâton de Vladimir Guerrero. Et quand le match commençait, les gens s'assuraient de ne pas se rendre au stand à hot-dogs pendant un tour au bâton du surdoué.

Le plus incroyable, c'est que comparativement aux autres frappeurs de puissance qui s'élancent sans retenue, Vlad ne se faisait pas souvent retirer sur trois prises. Dans toute sa carrière, il n'a jamais été victime de plus de 100 retraits au bâton dans une saison. En 2002, probablement sa meilleure saison à Montréal, il a frappé 206 coups sûrs, 39 CC, produit 111 points et maintenu une moyenne de ,336. Or, en 614 présences au bâton, il n'a été retiré que 70 fois sur des prises. À titre de comparaison, lorsque Mark McGwire et Sammy Sosa ont battu le record de coups de circuits de Roger Maris en 1998, ils avaient été retirés 155 et 171 fois sur des prises respectivement.

Un gérant était toujours heureux de le voir arriver au bâton dans une situation critique en fin de 9e manche parce qu'il savait que Vladimir trouverait le moyen de faire un bon contact avec la balle.

Personnellement, je l'aurais pris bien avant la plupart des frappeurs de puissance souvent vulnérables aux retraits au bâton.

Défensivement, il jouait de la même façon, avec instinct et abandon, sans se préoccuper outre mesure de principes défensifs comme l'atteinte de l'intercepteur. Quand, posté au fond du champ centre on peut lancer un petit pois directement dans la mitaine du receveur, pourquoi s'en remettre à l'ABC du baseball ?...

Sur le plan personnel, c'était presque impossible de développer une relation avec Vladimir. Il ne parlait pas l'anglais, et certaines mauvaises langues affirmaient qu'il parlait à peine plus l'espagnol. Quant à son instruction, elle était très limitée : quand il a quitté Montréal – après huit ans de vie en Amérique du Nord –, Guerrero arrivait encore à peine à écrire son nom.

Avant les matchs, il jouait à des jeux vidéo de baseball, comme étranger à tout ce qui se passait autour de lui. Bref, on ne pouvait pas exactement compter sur la grande vedette des Expos pour faire la promotion du baseball à Montréal autrement que par ses exploits sur le terrain.

S'il y a quelque chose à déplorer au sujet de Vladimir, c'est qu'au fil des ans, il n'a jamais été très soucieux de sa condition physique. Tout lui venait si naturellement qu'il n'a jamais senti le besoin de se soumettre à un programme de maintien de sa forme. Si bien qu'en fin de carrière, le superbe athlète de 195 livres était devenu un rondouillet frappeur de choix de 50 livres de plus. À ses dernières saisons avec les Angels, il insistait pour patrouiller le champ extérieur mais n'avait plus la forme ni l'agilité pour atteindre les balles hors de sa portée.

En mai 2012, les Blue Jays de Toronto lui ont donné la chance de poursuivre sa carrière en lui faisant signer un contrat des ligues mineures. Après quelques semaines à Dunedin dans le réseau des filiales de l'équipe, Vlad s'est déclaré prêt à graduer avec la grande équipe. Mais quand la direction du club lui a fait comprendre qu'*eux* n'étaient pas prêts à l'accueillir aussi rapidement, il a fait ses valises et est rentré chez lui. Sa carrière dans les majeures s'est donc arrêtée après 15 saisons, alors qu'il n'avait que 34 ans.

C'est dommage, car s'il avait pu poursuivre sa carrière pendant trois ou quatre années supplémentaires, il aurait sûrement atteint les chiffres magiques de 3 000 coups sûrs et 500 circuits, des statistiques qui ouvrent toutes grandes les portes du Temple de la renommée. Or, il a fermé les livres à 2 590 CS et 449 CC. Assez pour rejoindre Gary Carter et Andre Dawson au panthéon? C'est ce que je lui souhaite...

Larry Walker (1989-1994)

Une des premières fois qu'on a vu Larry Walker dans l'uniforme des Expos durant un camp d'entraînement, mes collègues des médias et moi avions gardé un œil attentif sur son jeu. Dans leur histoire, les Expos n'avaient pas beaucoup aligné de joueurs canadiens et comme on disait du bien de ce jeune homme, nous espérions que Walker puisse devenir le premier joueur canadien régulier du club.

J'avais envoyé Rodger Brulotte interviewer le directeur des filiales des Expos, Bob Gebhard, au sujet de Walker. Brulotte était revenu de l'entrevue pas exactement encouragé: «Ouais, Jacques, Gebhard est pas du tout impressionné. Il dit qu'il est un joueur complètement unidimensionnel.» On n'a jamais diffusé l'entrevue.

Or, Larry Walker est non seulement devenu le premier joueur canadien régulier des Expos, il est devenu la première – et seule – grande vedette canadienne de l'histoire de l'équipe. Et, en passant, un des joueurs les plus multidimensionnels: vitesse, bras, puissance, moyenne au bâton et défensive – les cinq attributs dont j'ai parlé plus tôt pour Andre Dawson –, Larry les possédait tous.

Si le lanceur Ferguson Jenkins est le meilleur joueur de baseball qu'ait produit le Canada, à mon avis, Larry Walker est le meilleur joueur de position à être né dans ce pays. Des preuves? Il a remporté trois championnats des frappeurs, s'est mérité le titre de Joueur le plus utile de la Ligue nationale, a participé à cinq matchs des Étoiles, obtenu trois Bâtons d'argent, sept Gants dorés... Et à la fin de sa carrière, il avait accumulé 383 circuits, produit 1 311 points, frappé 2 160 coups sûrs... Ce sont là des chiffres qui ouvrent normalement les portes de Cooperstown.

Larry a évolué pour les Expos pendant 5 saisons (complètes) seulement, mais les amateurs n'ont pas oublié ses courses jusqu'à la clôture du champ droit pour capter une balle en flèche, ses tirs précis de la piste d'avertissement, ses courses énergiques autour des buts et ses retentissants coups de circuits (99 en tout avec le club).

Pourtant, quand je me rappelle le passage de Larry Walker à Montréal, ce sont d'abord deux jeux inusités qui me reviennent en tête, deux jeux qui laissent supposer un manque de concentration, une caractéristique qui n'était pourtant normalement pas celle de Larry.

Le 23 août 1989, les Expos disputaient au Stade olympique ce qui serait le plus long match de leur histoire : un marathon de 22 manches.

En fin de 16e, avec un pointage de 0-0 entre les Expos et les Dodgers, le jeune Walker (22 ans), installé comme coureur au troisième but, a filé au marbre sur un ballon sacrifice, glissant au marbre avec le point gagnant. Mais alors que les joueurs ramassaient leurs effets et que deux des arbitres étaient déjà rendus dans leur vestiaire, l'arbitre au troisième, Bob Davidson, n'avait étrangement pas quitté sa position à quelques pas derrière le but…

En voyant Davidson agir de la sorte, les Dodgers ont deviné que quelque chose d'irrégulier s'était produit sur le dernier jeu. Ils ont demandé un appel et l'arbitre a alors confirmé que Walker avait décollé du but trop rapidement, avant que la balle ne soit captée par le voltigeur. Tous les joueurs ont dû revenir sur le terrain et poursuivre le match qui s'est terminé… six manches plus tard, par une victoire de 1-0 des Mets. Pour le jeune Walker, dont c'était seulement le septième match à vie dans les majeures, il s'agissait d'un événement qu'il ne serait pas près d'oublier…

L'autre jeu inusité est survenu à Los Angeles, un incident qui a valu bien des railleries à Walker.

Après un retrait, un joueur des Dodgers a retroussé un ballon hors ligne du côté du champ droit. Voilà qu'après avoir attrapé la balle pour ce qu'il croyait être le troisième retrait, Walker a remis la balle à un jeune spectateur et amorcé son retour vers l'abri au pas de course. Se rendant compte de la gaffe qu'il venait de commettre, des joueurs

Le folklore du baseball ne serait pas complet sans le passage obligé des camps d'entraînement. Je suis ici en compagnie de Don « Popeye » Zimmer, un homme qui savait respecter ses paris...

À Vero Beach, sur le toit de la galerie de presse des Expos. Dans quelques minutes, ces deux hommes détendus et souriants seront trempés jusqu'aux os sous un véritable déluge... À l'arrière-plan, notre réalisateur Serge Bouchard ne se doute lui non plus de rien.

Durant plus de trois décennies, le baseball n'a jamais cessé de m'offrir la chance de rencontrer légendes sportives et personnalités publiques. Je suis ici en compagnie du grand Vin Scully, le commentateur des Dodgers depuis 65 saisons.

Avec ma compagne Corrie Heeremans et Charles Bronfman, propriétaire majoritaire des Expos, de leur création en 1968 à 1990.

Avec Tony Gwynn, un formidable athlète trop tôt disparu, et Rodger, le soir du 6 août 1999 où le frappeur des Padres a frappé son 3 000e coup sûr en carrière.

Roger Whittaker interprète les hymnes nationaux, alors que Claude et moi sommes sous le charme du sympathique chanteur.

Avec un tout jeune Wayne Greztky, au début des années 1980...

... et un non moins jeune Jacques Villeneuve, au début des années 1990.

Ce n'est un secret pour personne : j'ai toujours entretenu des relations plus suivies avec les entraîneurs qu'avec les joueurs. Ici, avec Karl Kuehl, un chic type dont le passage à la barre de l'équipe fut aussi bref que mouvementé.

J'ai développé peu de grandes amitiés avec des joueurs, mais l'une des plus belles de ces exceptions demeure celle que je nourris depuis plus de 40 ans avec Ron Hunt, un gars qui était toujours prêt à se sacrifier pour la cause de son équipe.

Deux honneurs m'ont, entre autres, beaucoup touché. Le premier a été mon intronisation au Temple de la renommée du baseball québécois, en 2002. Un bel événement que j'ai eu la chance de vivre aux côtés de mes amis Marc Griffin, Claude Raymond, Denis Casavant, Denis Boucher, Rodger Brulotte et Ron Piché.

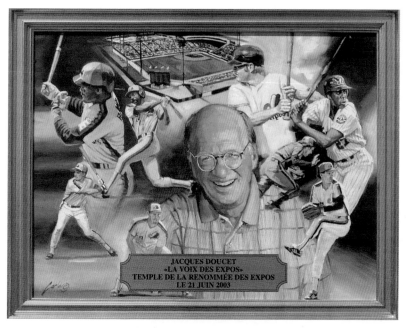

Le second a été mon intronisation au Temple de la renommée des Expos, en 2003. On m'a alors remis cette superbe toile qui résume bien plus de trois décennies de l'histoire du club.

Je crois qu'une page entière n'est pas de trop pour souligner la belle amitié que j'entretiens avec mon ami Felipe Alou, un athlète, un entraîneur et un être exceptionnel. Ci-contre, on nous voit nous disputer âprement notre pitance...

Nous chevauchons ici des 4 x 4 en compagnie de Réal Massé, le propriétaire de la pourvoirie Au Pays de Réal Massé, en juillet 2014.

Un autre moment de détente en bonne compagnie, lors d'un voyage de pêche à la pourvoirie du Triton, en juin 2011. On peut voir, assis : Michel Laplante (président des Capitales de Québec) et moi; debout, de gauche à droite : mes amis Mario Morissette (Journal de Québec), Pierre Tremblay (président de Nouveau JD Chrysler de Québec), Felipe, Jean Tremblay (Groupe Vertdure).

Depuis qu'on m'a demandé de revenir à la description de matchs du baseball majeur, je ne ménage aucun effort pour tout savoir sur les Blue Jays de Toronto. On me voit ici avec Brett Lawrie, joueur canadien évoluant au troisième but...

... Buck Martinez, le commentateur anglophone des matchs des Blue Jays, fort de ses 17 saisons d'expérience dans les majeures et de son passage comme entraîneur avec les Jays...

... et l'entraîneur John Gibbons, revenu à la barre des Blue Jays de Toronto en 2013, lui qui avait déjà dirigé l'équipe de 2004 à 2008.

Bien que je n'aie jamais été un collectionneur, je conserve quand même dans mon bureau quelques souvenirs, comme des casquettes des Expos, des Royaux et des Capitales de Québec. On y retrouve aussi mes trophées du Temple de la renommée du baseball québécois et du Temple de la renommée du baseball canadien (prix Jack-Graney).

des Expos ont aussitôt rappelé à leur coéquipier que ce n'était que le deuxième retrait! Larry s'est empressé de retourner chercher la balle des mains du jeune, mais l'arbitre a déclaré la balle morte et permis aux coureurs d'avancer de deux buts chacun.

Après le match, les joueurs ne savaient pas ce qui était le plus drôle: la tête de Walker quand il s'est rendu compte de sa gaffe ou la réaction du jeune quand il a vu Walker essayer de lui arracher la balle.

Quand on savait comment le prendre, Walker pouvait être un joueur amusant à côtoyer. Son humour était souvent fanfaron, irrévérencieux. Mais il manquait terriblement de finesse: roter ou péter en public l'amusait au plus haut point, et certains de ses coéquipiers l'encourageaient à poursuivre dans cette voie en rigolant fort à chacune de ses pitreries.

Un jour, dans un autobus qui nous ramenait du stade à l'hôtel, Walker avait profité d'un moment de quiétude pour lâcher un rot retentissant. Je n'avais pas pu m'empêcher de me retourner en sa direction: «*Hey, Larry! Your French is improving!*» Tous les occupants de l'autobus avaient éclaté de rire.

Walker est une des quatre vedettes des Expos qui ont été sacrifiées lors de la vente de feu du printemps 1995. Comme Grissom et Wetteland, Walker aurait aimé poursuivre sa carrière à Montréal et compléter ce que lui et ses coéquipiers avaient commencé à l'été 1994. Mais la direction des Expos – obsédée par sa tenue de livres – en a décidé autrement.

Marquis Grissom (1989-1994)

Marquis Grissom était le voltigeur de centre parfait. Avant lui, les Expos en ont eu des bons (Willie Davis, Andre Dawson, Otis Nixon) mais Marquis a, selon moi, été le meilleur à cette position.

Il avait tous les attributs du bon voltigeur, parce que c'était un joueur qui couvrait tellement de terrain qu'il pouvait se permettre de jouer très rapproché et puis de reculer sans mal pour aller cueillir des balles à la piste d'avertissement. Certains voltigeurs, moins confiants en leur capacité à atteindre les balles hors de leur portée, préfèrent jouer un peu plus reculé, quitte à concéder des simples sur des balles frappées devant eux. Pas Marquis.

Grissom patrouillait le champ centre avec une aisance incroyable : c'est comme s'il avait eu un radar qui orientait sa ligne de course pour arriver précisément à l'endroit où la balle devait tomber. Comme les meilleurs voltigeurs, il démarrait dès que la balle quittait le bâton et presque invariablement, elle atterrissait dans son gant. Tout semblait si facile avec lui !

Ses qualités défensives n'étaient pas les seules : au bâton, il avait du jugement, assez de puissance – un bon frappeur de doubles – et il excellait autant dans le rôle de premier frappeur que comme troisième (en 1993, il a produit 95 points).

Sur les sentiers, il filait comme une gazelle : il a commis 76 et 78 larcins en 1991 et 1992, 266 en un peu moins de six saisons à Montréal, le deuxième de l'histoire du club. Son circuit à l'intérieur du terrain à la fin de la 10e manche lors d'un match contre les Cards de Saint Louis en août 1994 fut certainement l'un des moments les plus spectaculaires de cette inoubliable saison.

Le départ de Marquis au printemps 1995 a peut-être été celui qui a été ressenti le plus cruellement dans l'entourage des Expos. D'abord, c'était un joueur qui avait été développé dans l'organisation du club. Ensuite, des quatre joueurs sacrifiés par Claude Brochu et les actionnaires, il était le plus apprécié : sympathique au possible, souriant, heureux de jouer à Montréal. Certes, il était content de se retrouver chez les Braves, une équipe aspirant aux grands honneurs – ce qu'ils ont fait dès 1995, d'ailleurs –, mais à l'annonce de la transaction, il était inconsolable, sincèrement peiné de devoir quitter des gars qu'il côtoyait depuis des années.

Personnellement, je me suis lié d'une belle amitié avec lui. Un gars sympathique, facile d'approche qui avait toujours le sourire aux lèvres, son départ de Montréal ne l'a pas changé. À Atlanta et, plus tard, dans les autres villes où il a joué jusqu'à sa retraite en 2005, il ne manquait jamais de venir me saluer quand je le croisais avant un match.

Certainement un des joueurs les plus attachants de toute l'histoire des Expos.

Mentions honorables

En limitant mes choix à 25 joueurs, j'ai dû évidemment laisser de côté bon nombre de joueurs que j'ai eu énormément de plaisir à voir évoluer au fil de mes 36 saisons comme journaliste et commentateur. Question de faire amende honorable, je vais donc ajouter quelques commentaires sur une douzaine d'autres joueurs qui ont marqué l'histoire des Expos de Montréal. Ils sont présentés ici en ordre chronologique.

C'est impardonnable que ma liste de 25 joueurs n'inclue pas un aussi grand joueur que **Rusty Staub,** mais ça en dit long sur la qualité des voltigeurs qui ont évolué à Montréal. Première grande vedette des Expos, le Grand Orange a énormément contribué à donner une certaine respectabilité aux premières éditions du club. Frappeur intelligent et discipliné, il pouvait – selon les besoins du club – viser la moyenne ou frapper la longue balle. Défensivement, il avait un bras en or, cédant parfois à la tentation d'épater la galerie avec un tir du fond du champ droit jusqu'au marbre ou au troisième but. Par ailleurs, Rusty avait compris qu'à titre de joueur-étoile du club, il avait un rôle à jouer dans la promotion du baseball à Montréal, un boulot qu'il a accompli avec brio et générosité, allant jusqu'à développer une connaissance appréciable du français. Un des rares joueurs des Expos que je considère comme un ami.

Le pilier de la rotation du club durant ses quatre premières saisons, **Bill Stoneman** s'est vu confier pas moins de 157 départs en cinq saisons. Il a lancé 46 matchs complets, dont 15 jeux blancs. Ses premiers et derniers matchs complets dans les majeures ont été des matchs sans point ni coup sûr. Un joueur au petit gabarit (5' 10", 175 lbs), Stoneman comptait sur une excellente rapide et une courbe exceptionnelle pour le sortir d'embarras quand son contrôle laissait à désirer. Un type sympathique mais réservé, Stoney n'avait pas froid aux yeux et n'hésitait pas à décoller les frappeurs du marbre au besoin. Surutilisé par le gérant Gene Mauch qui avait une grande confiance en lui, Stoneman s'est retrouvé à 30 ans avec un bras qui était malheureusement allé au bout de ses lancers.

Un choix un peu biaisé, peut-être, mais pendant toute une saison (1970), **Claude Raymond** a été un formidable releveur pour les Expos, sauvant 23 victoires pour une équipe qui perdait plus souvent qu'à son tour. Avant son arrivée à Montréal en août 1969, Claude avait connu de bons moments à Atlanta et Houston, se taillant même une place dans l'équipe d'étoiles en 1966. Armé d'une bonne rapide et d'une redoutable glissante, Claude était ce type de lanceur qui défie constamment les frappeurs. Le premier de quatre joueurs francophones à évoluer pour les Expos (les autres étant les lanceurs Denis Boucher, Derek Aucoin et l'Acadien Rhéal Cormier), Claude est aussi celui qui a connu le plus de succès dans l'uniforme du club.

Mike Marshall a été le premier grand releveur de l'histoire des Expos, un formidable compétiteur qui ne demandait rien de mieux que de lancer tous les jours. En 1973, alors qu'il portait l'uniforme des Expos, il a établi le record du nombre de matchs disputés par un lanceur dans une même saison (92). L'année suivante, alors avec les Dodgers, Marshall a fracassé son propre record, le portant à 106, un record qui tient toujours. Avec l'accord de Gene Mauch, qui lui vouait une admiration sans bornes, Mike a développé sa fameuse balle tire-bouchon, ce tir à l'effet contraire d'une balle glissante. La personnalité abrasive de Marshall n'en a pas fait un joueur populaire auprès des joueurs, médias et amateurs, mais ça ne l'a pas empêché de faire les choses à sa manière et de devenir, en 1974, le premier releveur de l'histoire à remporter le trophée Cy Young.

Dans les sept premières saisons des Expos, **Bob Bailey** a été l'une des plus grandes forces de frappe de l'offensive du club (118 circuits, 466 points produits). Au bâton, il avait un élan classique, complet, et quand il faisait contact, la balle pouvait voyager à des distances impressionnantes. En 1970, il a cogné une balle au quatrième balcon des gradins de l'Astrodome (Gene Mauch a déclaré n'avoir jamais vu de balle frappée plus loin). Bailey avait aussi un certain flair pour le dramatique, comme lors de cet après-midi du 18 mai 1970. Devant une salle comble au parc Jarry, Bob a frappé un grand chelem comme frappeur suppléant en fin de 9ᵉ manche pour sceller l'issue du match. Dans une scène digne d'une victoire de Série mondiale, des milliers de spectateurs avaient pris d'assaut le terrain pour aller féliciter les joueurs… et le héros du jour.

L'arrivée chez les Expos du vétéran **Ron Fairly** en juin 1969 (obtenu des Dodgers en retour de Maury Wills et Manny Mota) a apporté énormément de stabilité dans l'alignement offensif des Expos des premières années. Frappeur gaucher intelligent, Fairly a pleinement tiré profit des vents qui soufflaient du côté gauche au parc Jarry, cognant plus de circuits dans ce stade (58) que tout autre joueur. Voilà un gars sur lequel on pouvait compter dans les moments critiques. Le 25 septembre 1970, Fairly a fait sauter de joie les fans réunis au parc Jarry en cognant un circuit de deux points en fin de 9ᵉ manche pour permettre aux Expos de remporter leur 70ᵉ victoire de la saison, l'objectif qu'avait fixé le gérant Mauch en début d'année.

Woodie Fryman vient d'une époque où les athlètes professionnels devaient avoir d'autres occupations pour arriver à joindre les deux bouts (à sa première saison dans les majeures, il gagnait 6 000 dollars). Alors, quand il ne lançait pas de balles de baseball, il s'occupait de sa ferme (lait-tabac) au Kentucky. Fryman a aussi été tout un lanceur pour les Expos – partant d'abord, puis releveur – malgré des problèmes récurrents au coude gauche. Dans les dernières années de sa carrière, il devait replacer les os de son coude entre chaque lancer, bien conscient que le prochain tir pourrait être le dernier. Le 28 juillet 1983, à sa 18ᵉ saison dans les majeures, ce lancer est finalement arrivé. Pourvu d'une bonne dose d'humour et de gros bon sens, Woodie est certainement un des types les plus sympathiques et les plus humbles qu'il m'ait été donné de côtoyer chez les Expos.

Warren Cromartie était un gars sans malice, un gars drôle possédant un très bon sens de la répartie. Mais il avait aussi le don de parler sans réfléchir, de donner son opinion sur tout et sur rien et… de faire fâcher son coéquipier Ellis Valentine, ce qui a donné lieu à quelques escarmouches entre les deux hommes. Cro était tout un frappeur (frappeur de moyenne, cogneur de doubles), mais c'était aussi un gars qui se dépensait corps et âme pour le club, qui pouvait jouer malgré des blessures et qui aurait accepté d'agir comme receveur ou lanceur si son gérant avait eu besoin de lui dans ces rôles-là. Après son séjour chez les Expos, il est allé jouer au Japon où il s'est vraiment intégré à la culture nipponne – il a appris le japonais – et est devenu une grande star pendant quelques années. Ces temps-ci, Cro déploie beaucoup d'efforts pour convaincre le milieu des affaires qu'un retour du base-ball majeur à Montréal serait viable et profitable. Je ne sais pas s'il réussira mais je ne peux que m'incliner devant sa détermination et le temps et l'énergie qu'il consacre à son projet.

Un joueur au talent fou, **Ellis Valentine** est l'illustration même d'un potentiel non réalisé. Athlète adulé comme aucun autre baseballeur à Montréal, Ellis a malheureusement toujours pris le chemin facile, se laissant entraîner par des gens qui ont eu une mauvaise influence sur lui. Un bonhomme sensible, impulsif, au seuil très bas de tolérance à la douleur – qui ne se rappelle pas ses blessures récurrentes à la fesse! –, il a fait l'objet de plusieurs railleries de ses coéquipiers, des médias et des fans. Mais son talent et son sens inné du dramatique finissait toujours par le sortir du trou. Un jour qu'il était dans la «cabane à chien» de Dick Williams (autrement dit, cloué sur le banc), une situation de fin de match a forcé le gérant à l'utiliser comme frappeur suppléant. Valentine a attrapé un bâton et s'est rendu au cercle d'attente en s'étirant les bras, ce qui a fait bondir les spectateurs de leurs sièges. Quelques secondes plus tard, Ellis claquait une balle loin de l'autre côté de la clôture. S'il avait été plus sérieux et appliqué, je suis convaincu qu'Ellis Valentine aurait pu devenir la plus grande vedette de l'histoire des Expos.

Des gars comme **Bill Lee** ne courent pas les rues dans le monde du sport professionnel. Vif d'esprit, drôle, plus instruit que la majorité des joueurs de baseball, c'est d'abord sa vision du monde unique qui faisait de Spaceman un oiseau rare. Adepte du jogging, de la méditation transcendantale et de toutes les herbes qui se fument, Lee ne

manquait jamais l'occasion de dérouter les journalistes avec des déclarations étonnantes : « Je suis un catholique bouddhiste zen » ou « Je
suis pour le testing des produits dopants. Pendant les années 1960, je
les ai tous testés », ou encore « Jouer au baseball, c'est facile. Vous avez
juste à vous asseoir sur votre derrière, chiquer du tabac et faire oui de
la tête à toutes les stupidités que dit votre gérant ». Sur le terrain, toutefois, il était vraiment à son affaire : sérieux, compétitif, concentré au
possible. Et déroutant les frappeurs grâce à un excellent répertoire de
tirs précis et variés.

Al Oliver n'a évolué à Montréal que pendant deux saisons mais il
a tout de même marqué l'histoire des Expos. En 1982, l'année où il a
remporté le championnat des frappeurs, il nous a tous renversés par
son extraordinaire concentration au bâton et par son très grand professionnalisme. Personnellement, je n'ai jamais vu de frappeur cogner
la balle avec autant d'aplomb pendant toute une saison comme l'a fait
Oliver cette année-là. S'il ne frappait pas un coup sûr, alors la balle
était frappée en flèche, saisie par la défensive adverse grâce à un beau
jeu. Oliver ne frappait à peu près jamais de ballon ou de roulant, seulement des flèches cognées « sur le nez ». En plus de ses qualités professionnelles, Al était aussi un gars de commerce très agréable,
toujours disponible. Très apprécié des amateurs montréalais, il a
beaucoup aimé jouer pour les Expos et était terriblement déçu quand
l'équipe l'a laissé partir au printemps 1984 (en partie à cause de ses
lacunes en défensive).

Quand **Moises Alou** est arrivé à Montréal de l'organisation des
Pirates de Pittsburgh, on a rapidement vu qu'il avait hérité de la génétique de son paternel Felipe. Il frappait avec puissance, volait des buts,
couvrait énormément de terrain au champ extérieur, avait un excellent
bras. Joueur intense et téméraire, il s'élançait un peu trop souvent sur
les premiers tirs et courait avec parfois un peu trop de témérité sur
les sentiers. Puis est survenue cette fameuse blessure du 16 septembre
1993 quand un crampon est resté coincé dans la surface synthétique
du terrain du Stade olympique. Moises s'était fracturé la jambe et
disloqué la cheville. On a craint pour la suite de sa carrière mais dès

la saison suivante, il a repris son rôle dans la formation, se méritant même une place dans l'équipe d'Étoiles de la Nationale. En 2007, il a complété une remarquable carrière de 17 saisons, fermant les livres avec une moyenne au bâton à vie de ,303 et une collection de statistiques impressionnantes : 2 134 coups sûrs, 332 circuits et 1 237 points produits.

CHAPITRE 6

Du Petit Général à Frank Robinson

En 36 ans, 11 gérants se sont succédé à la barre des Expos de Montréal. Quatre ont vraiment façonné l'histoire du club – Gene Mauch, Dick Williams, Buck Rodgers et Felipe Alou – alors que les autres n'ont fait que passer. Certains étaient fort sympathiques, d'autres moins. Mais la plupart ont été des hommes de valeur, intelligents, intéressants et, chacun à leur façon, colorés.

Bien que j'aie établi des rapports personnels avec plusieurs joueurs au fil des ans, je ne l'ai jamais fait autant qu'avec les gérants. J'aimais discuter avec eux, pas seulement parce qu'ils avaient une vision plus large de leur sport que celle des joueurs, mais aussi parce que c'étaient des hommes qui avaient habituellement une plus grande expérience de vie, plus de recul sur les choses aussi: ils savaient qu'ils avaient été embauchés pour éventuellement être congédiés.

Gene Mauch (1969-1975)

Dans les années 1970, à chaque fois que l'on demandait aux meilleurs gérants des majeures, qu'il s'agisse de Sparky Anderson, Dick Williams, Don Zimmer ou d'un autre, quel serait l'homme idéal pour donner des ateliers de perfectionnement aux gérants du baseball majeur, leur réponse était unanime: Gene Mauch.

Leur réaction ne m'étonnait pas: si plusieurs gérants des Expos, comme Dick Williams, Buck Rodgers et Felipe Alou, m'ont beaucoup aidé à devenir un observateur plus aguerri de ce qui se déroule sur le terrain lors d'un match de baseball majeur, Gene est certainement celui qui m'a le plus marqué.

Sa compréhension des multiples éléments en jeu dans un match de baseball (l'analyse des forces et faiblesses de l'adversaire, l'«anticipation», la planification des jeux, la connaissance des règles du jeu les plus obscures, etc.) était rien de moins qu'exceptionnelle. Car Mauch avait non seulement une intelligence fulgurante, il était aussi porté par un dévorant désir de gagner qui l'amenait à imaginer constamment de nouvelles astuces pour donner l'avantage à son club sur ses rivaux. «La plupart des matchs qui se décident par un point sont perdus, pas gagnés, disait Gene. Ce sont dans ces matchs-là qu'un gérant peut faire la différence.»

Au fil des ans, j'ai vu Gene Mauch exiger des préposés au terrain qu'ils laissent la pelouse du parc Jarry juste assez longue pour favoriser ses joueurs qui ne se déplaçaient pas rapidement, installer un voltigeur à l'avant-champ pour empêcher un point de se marquer dans une joute serrée, ou alors procéder à des doubles substitutions défensives pour s'avantager dans l'alignement au bâton (une tactique dont il fut d'ailleurs l'instigateur).

Quant à sa fibre compétitive, elle ne l'a jamais abandonné. Je l'ai vu prendre la place de son instructeur du troisième but pour houspiller les joueurs adverses à sa guise, je l'ai vu lancer tous les bâtons de l'abri sur le terrain pour contester la décision douteuse d'un arbitre, et, un jour – j'ai raconté la scène plus haut –, il s'est retrouvé au centre d'une mêlée générale sur le terrain, une rude bataille d'où il était sorti passablement amoché.

Mauch avait ses favoris: des joueurs combatifs comme Ron Hunt et Tim Foli avaient toujours son appui indéfectible, tout comme des pros de la trempe de Rusty Staub, Ron Fairly ou Mike Marshall. Mais si, pour une raison ou une autre, Gene avait quelque chose contre vous, c'était peine perdue. Pour une raison que même ses patrons n'ont jamais comprise, Mauch n'affectionnait pas une recrue du nom de Gary Roenicke – un joueur que l'état-major du club voyait alors

comme voltigeur d'avenir. Or, quand les Expos l'ont rappelé en septembre 1975 pour voir comment il se tirait d'affaire dans les majeures,
Gene ne l'a pas fait jouer une seule fois…

Lors de la première saison des Expos, le lanceur partant Gary
Waslewski a un jour déclaré forfait pour cause de maux d'estomac : il
avait, disait-il, mangé une pizza aux anchois qui ne passait pas.
Waslewski a non seulement perdu la confiance de Mauch, mais celui-
ci l'a aussi rebaptisé « Anchovies ». L'année suivante, Anchovies ne
jouait plus à Montréal.

Comme je l'ai mentionné dans un chapitre précédent, Mauch pouvait être aussi charmant et brillant avec les journalistes qu'il pouvait
être odieux. Il détestait surtout lorsqu'on remettait en question les
décisions stratégiques qu'il avait prises pendant un match.

À la décharge de Mauch, il est vrai qu'il n'y a rien de plus facile que
de critiquer une stratégie *après coup*, une fois qu'on sait qu'elle n'a pas
fonctionné. Mais cela ne veut pas dire pour autant que la question ne
peut pas être soulevée. Quant à moi, je me suis toujours assuré de
tourner une question délicate de la façon la plus neutre possible. Ainsi,
plutôt que de demander : « Pourquoi avoir amené ce releveur-là dans
le match ? », je demandais quelque chose comme : « Gene, qu'est-ce qui
a motivé ton choix de releveurs ce soir ? »

On ne l'appelait pas le Petit Général sans raisons : Gene voulait tout
mener. Déléguer ? Pas pour lui : il voulait être au courant de tout et
mettre la main à la pâte en tout temps. Il pouvait donner des conseils
aux lanceurs, aux frappeurs, aux joueurs d'avant-champ…

Pourtant, durant son séjour à Montréal, il s'est toujours entouré
d'adjoints expérimentés comme Peanut Lowrey, Cal McLish, Dick
Williams, Don Zimmer ou Duke Snider, pour n'en nommer que
quelques-uns. Mais lorsqu'on arrivait de bonne heure au stade, on
voyait Gene dans l'enclos des releveurs en train de discuter avec les
lanceurs avant que l'instructeur des lanceurs McLish soit arrivé. On
le voyait aussi s'installer derrière la cage des frappeurs pour prodiguer
des conseils aux frappeurs, même si l'instructeur des frappeurs était
à ses côtés. Je me rappelle avoir entendu Duke Snider se demander

pourquoi on l'avait engagé comme instructeur des frappeurs puisque le gérant ne semblait pas avoir besoin de ses services...

Sa façon de gérer les matchs était la même. Gene avait dès les premières manches une idée de la direction que le match prendrait en 7ᵉ ou 8ᵉ manche, et ses manœuvres faisaient souvent en sorte que le match prenne cette direction-là... D'ailleurs, les critiques les plus souvent formulées à son endroit sont qu'il faisait de la « surgestion » (*overmanaging*) de matchs.

Son besoin de tout contrôler dépassait les considérations stratégiques : une fois, j'ai vu Gene dire au soigneur Joe Liscio de se pousser alors qu'il examinait un joueur blessé afin qu'il puisse lui-même interroger le joueur étendu au sol.

Las de voir Gene en mener si large dans l'équipe – avec des résultats pas toujours convaincants –, John McHale et Jim Fanning ont décidé en septembre 1975 de congédier celui avec qui ils avaient bâti l'équipe dès ses premiers jours. Les Expos prenaient un virage jeunesse et Mauch n'avait pas toujours beaucoup de patience avec les jeunes, préférant travailler avec des joueurs qui connaissaient le tabac. L'heure était venue de procéder à un changement. Pourtant, étonnamment, McHale et Fanning ont par la suite tous les deux reconnu avoir regretté leur décision, admettant avoir agi trop rapidement.

Gene a par la suite géré les Twins du Minnesota et les Angels de la Californie. Des raisons de santé l'ont forcé à la retraite en 1987, alors qu'il était âgé de 62 ans. Il est mort en 2005, à 79 ans, emporté par un cancer du poumon.

Malgré ses travers, Gene Mauch aura été un gérant d'exception, un brillant stratège qui aura transformé trois équipes des bas-fonds du classement (les Phillies de Philadelphie, les Expos et les Twins du Minnesota) en clubs respectables. Certes, il n'a jamais réussi à conduire un de ses clubs jusqu'en Série mondiale et sa fiche de victoires-défaites se situe sous la barre des ,500 (1 901 - 2 036). Mais il aura géré des clubs des majeures pendant 26 saisons, prenant part à 3 940 matchs (8ᵉ dans l'histoire) et marquant les trois décennies de baseball durant lesquelles il a œuvré comme gérant.

Surtout, Gene Mauch aura agi comme mentor de centaines de joueurs, les aidant à développer leurs talents et à mieux comprendre les subtilités de leur sport. Il aura également mieux outillé tous les adjoints qui l'ont côtoyé.

Finalement – et je parle par expérience –, il aura permis à de très nombreux journalistes et commentateurs de devenir de meilleurs observateurs de ce sport à la fois si simple et si complexe. Il leur aura aussi appris autre chose : il est préférable de réfléchir deux fois avant de poser une question à un gérant de baseball majeur...

Karl Kuehl (1976)

Après le congédiement de Gene Mauch, les Expos ont tenté d'intéresser Tommy LaSorda, alors instructeur chez les Dodgers, à devenir leur prochain gérant. Mais quand l'ex-lanceur des Royaux a décidé de demeurer en Californie, l'équipe s'est tournée vers un des siens, Karl Kuehl, le gérant de leur club AAA en 1975. L'idée était de faciliter l'accession aux majeures de plusieurs jeunes joueurs prometteurs, dont Gary Carter, Andre Dawson, Ellis Valentine et quantité d'autres avec lesquels Karl avait travaillé.

Karl avait fait ses premiers pas comme gérant d'une équipe de baseball indépendant à Salem, à l'âge précoce de 21 ans. Dans l'organisation des Expos, il avait connu du succès avec les Carnavals de Québec en 1972 et 1973 avant d'être promu avec les Blues de Memphis au niveau AAA.

Il n'avait que 39 ans quand il a pris charge des Expos et après l'ère Gene Mauch – que personne n'osait contester –, certains des vétérans du club ne se sont pas gênés pour lui faire la vie dure. Le bouillant arrêt-court Tim Foli a rapidement mis en doute les décisions stratégiques du jeune gérant, tant par son attitude sur le terrain que par certaines déclarations contestant sa gestion des matchs. Une confrontation était inévitable, et lorsque Kuehl a décidé de mettre Foli au pas, la direction des Expos a choisi de ne pas s'en mêler, un geste discutable qui revenait à désavouer le jeune gérant. Dès lors, on a compris que les jours de Karl Kuehl à la tête du club étaient comptés.

À la mi-saison, le jeune gérant plein d'espoir du début de saison était devenu un homme stressé, à fleur de peau.

À l'époque, je jouais souvent au tennis avec des collègues ou camarades comme Claude Raymond et Ron Piché (cette année-là, Ron s'était vu confier le rôle d'instructeur au premier but). Karl aimait le tennis lui aussi et parfois il se joignait à nous.

Lors d'un voyage à Houston en juillet 1976, alors que l'équipe connaissait une séquence de sept revers, Kuehl, Claude, Ronald et moi nous sommes retrouvés à bord d'une camionnette en route vers un centre de tennis intérieur pour aller disputer un match amical.

Chemin faisant, Kuehl a laissé paraître sa frustration de la saison en cours en nous lançant cet avertissement : « Messieurs, tenez-vous-le pour dit. Ce matin, je vais jouer pour tuer ! »

Ce qui m'a incité à choisir Karl comme partenaire contre Claude et Ron…

À un certain moment, Claude Raymond a servi un haut lob en direction de Kuehl alors que Ron se trouvait au filet. VLAN ! Karl a décoché un smash foudroyant avec toute la frustration de la saison dans le bras.

Le pauvre Piché a reçu la balle en plein front et s'est écroulé sur le court, avec heureusement plus de peur que de mal.

Après avoir accepté les excuses du gérant des Expos, Ron s'est empressé de faire une petite demande : « Si jamais quelqu'un te demande d'expliquer l'ecchymose frontale de ton coach au premier but, précise bien qu'elle a été causée par une balle de tennis et non de golf ! »

Le 3 septembre 1976, alors que les Expos affichaient un rendement de 43 gains et 85 revers, Kuehl a été limogé sans même pouvoir terminer la saison. Il n'a plus jamais géré un club des majeures.

Par la suite, Karl a été instructeur sous les ordres de Gene Mauch chez les Twins et, plus tard, il a été l'un des bâtisseurs de l'excellent réseau de développement des joueurs des A's d'Oakland. Il est décédé en 2008 à l'âge de 71 ans.

Charlie Fox (1976)

Le successeur de Karl Kuehl était un bonhomme pour le moins volubile qui ne laissait oublier à personne qu'il avait mené les Giants de San Francisco au championnat de la division Ouest de la Ligue nationale en 1971 et que Willie Mays avait joué sous ses ordres.

De plus, l'ancien militaire de l'armée de l'Oncle Sam aimait bien rappeler ses faits d'armes pendant la Seconde Guerre mondiale, faits d'armes qu'il était toutefois impossible de vérifier...

Il avait accepté le poste de gérant avec un grain de sel, sachant qu'il serait remplacé dès que la saison prendrait fin.

Excellent joueur de balle au mur, Charlie aimait aussi le racquetball et il m'est arrivé de jouer plusieurs matchs avec lui.

Sur le court, il aimait jouer aux durs et voulait s'imposer comme un sergent le fait avec ses soldats.

Ceux qui connaissent un peu le racquetball savent qu'une des meilleures stratégies est celle de contrôler le centre du terrain. Si j'avais le malheur de réussir à le repousser à l'arrière du court et que je m'installais au centre, Charlie n'hésitait pas à me viser dans le dos, et cela de toutes ses forces.

À un moment donné, je me suis lassé de son petit jeu : « T'es pas obligé de me frapper à chaque fois, hein, Charlie ? » Fox s'est alors retourné vers moi, sourire en coin : « Dégage le centre et je te toucherai pas... »

Après son séjour de quelques semaines dans l'abri du club, Charlie Fox s'est vu confier le rôle de directeur-gérant des Expos. Mais sa manière *old school* de gérer du personnel – comme ce direct au menton qu'il a un jour servi au lanceur Steve Rogers dans le vestiaire avant un match – n'a pas tellement impressionné la direction des Expos et à la fin de 1978, on lui a plutôt confié un rôle de dépisteur, une façon comme une autre de le tenir loin des vestiaires...

Charlie Fox est décédé en 2004, à l'âge de 82 ans.

Dick Williams (1977-1981)

Après l'expérience désastreuse du malheureux Karl Kuehl, les Expos ont décidé de se tourner vers un gérant aguerri, un type qui ne se laisserait pas marcher sur les pieds. Ils n'auraient pas pu trouver mieux que celui à qui ils ont décidé de confier l'équipe : Dick Williams.

Dick avait prouvé qu'avec les bons ingrédients, il pouvait atteindre les plus hauts sommets : en 1967, il avait conduit les Red Sox à la Série mondiale. Puis, en 1972 et 1973, en dépit du chaos que créait le propriétaire Charlie O. Finley dans l'entourage de son club, les A's d'Oakland, Dick avait remporté deux titres consécutifs.

Je n'oublierai jamais le troisième match de la Série mondiale entre les A's d'Oakland et les Reds de Cincinnati, en 1972, que je regardais paisiblement dans mon sous-sol à Belœil.

C'était 1-0 pour les Reds en début de 8e manche à Oakland, les Reds avaient Joe Morgan au troisième coussin et Bobby Tolan au premier lorsque Rollie Fingers s'est amené en relève à Vida Blue après un retrait. Tolan s'est empressé de voler le deuxième coussin et avec le premier but inoccupé, nul autre que Johnny Bench s'amenait au bâton.

Avec un compte de trois balles et deux prises, Dick Williams s'est dirigé au monticule et en retournant vers l'abri, a fait signe à son receveur Gene Tenace de commander un tir à l'extérieur pour compléter le but sur balles intentionnel à Bench.

Sauf que lorsque Fingers a amorcé son élan, Tenace s'est replacé derrière le marbre avec le résultat que Bench a regardé passer une troisième prise... le bâton sur l'épaule !

Les Reds ont tout de même gagné le match 1-0, mais cette décision de Dick Williams, prise dans un match de Série mondiale, face à un futur membre du Temple de la renommée, m'avait complètement abasourdi. À compter de ce moment-là, Dick Williams avait trouvé en Jacques Doucet un fan à vie.

Après une courte lune de miel entre lui et les médias montréalais au printemps 1977, Dick n'a pas tardé à révéler sa vraie nature dès que les matchs ont commencé à compter pour vrai : un *tough* qui n'acceptait pas la défaite. Et qui ne tolérait pas le *second-guessing* non plus.

Car comme la majorité des gérants, Williams n'acceptait pas qu'on puisse mettre en doute la logique d'une de ses décisions, surtout après coup.

Je faisais partie des exceptions.

Pourquoi ? Je l'ignore vraiment. Peut-être est-ce parce que lui et moi avions eu l'occasion de nous étudier au cours de la saison 1970 – Dick était alors instructeur au troisième but pour Gene Mauch. Certains diront plutôt que c'était en raison du fait que nous aimions bien boire du scotch ensemble. Mais ce n'est sûrement pas uniquement pour cette raison.

Williams et moi avons passé de longs voyages à jouer aux cartes et à trinquer ensemble. Il savait que nos discussions ne seraient jamais étalées au cours d'un reportage ou encore d'un article, à moins qu'il m'en ait donné l'autorisation. Il me faisait confiance à 100 % et je ne lui ai jamais donné l'occasion de le regretter.

Combien de fois un journaliste qui hésitait à lui poser une question délicate au sujet de sa stratégie de la veille m'a approché pour me demander de lui poser cette question alors que nous discutions autour de la cage des frappeurs lors d'un exercice au bâton. Et chaque fois, avant de répondre, Dick me jetait un regard teinté de colère. Mais il répondait franchement puisqu'il m'avait probablement déjà fait part de sa réponse en privé après le match de la veille.

Je n'oublierai jamais la demande d'entrevue d'un scribe torontois au cours de la saison 1981. J'étais dans le bureau de Williams et lorsque le journaliste s'est présenté, j'ai voulu m'excuser pour les laisser seuls.

Dick m'a dit de reprendre mon siège et, dès lors, j'anticipais un début d'entrevue assez difficile pour le journaliste. Aussitôt qu'il a posé sa première question qui mettait en doute la valeur du personnel de lanceur des Expos pour atteindre les séries d'après-saison, Dick a éclaté : « Écoute bien ce que je vais te dire. Si tu es ici pour parler en termes négatifs de mon équipe, tourne les talons et va écrire ta merde ailleurs. » Disons que le reste de l'entrevue s'est déroulé sur une note beaucoup plus positive.

Un jour, alors que les Expos traversaient une période difficile, il m'avait demandé, la veille d'un match, de mettre sur papier ma suggestion de la formation de l'équipe pour le match du lendemain. J'ai carrément refusé.

« Je te connais trop bien, Dick Williams. Si j'accepte et que les Expos gagnent demain, tu prendras tout le crédit pour avoir chambardé la formation de ton club pour trouver une solution gagnante. Et si les Expos perdent, tu pourras dire que les pseudo-experts, comme un commentateur du nom de Jacques Doucet, ne possèdent pas de remèdes miracles aux problèmes des Expos. »

J'ai travaillé aux côtés de Dick Williams pendant presque cinq ans et je peux dire sans prétention que lui et moi sommes véritablement devenus des amis. Plus tard, il m'a remis le dernier uniforme qu'il a porté avec les Expos.

À son arrivée à Montréal, les Expos arrivaient à l'adolescence et les filiales produisaient plein de joueurs de talent. Dick Williams a été embauché pour gagner et il a (presque) relevé le défi, son club talonnant les champions de l'Est de la Nationale jusqu'au dernier week-end des saisons 1979 et 1980. Si le règlement du quatrième as ou du meilleur deuxième avait été en vigueur, les Expos auraient participé deux ou trois fois aux séries d'après-saison sous la férule de Williams.

Malheureusement pour lui, en 1981, il a été remercié de ses services avant que les Expos n'atteignent ce plateau pour la seule et unique fois de leur histoire.

La légende veut que George Steinbrenner et les Yankees, qui avaient embauché Billy Martin pour la saison 1977 avant que Dick Williams ne soit engagé à Montréal, rêvaient de mettre Williams sous contrat, lui qui leur avait échappé une première fois en acceptant l'offre des Angels de la Californie au terme de la saison 1973. Dick Williams à New York semblait un mariage naturel.

Or, en 1981, alors même que les Expos luttaient pour le championnat de la division Est de la Ligue nationale, on chuchotait que Steinbrenner avait tâté le terrain auprès de Williams par des moyens détournés pour l'intéresser à diriger ses Yankees dès la saison suivante. La rumeur était parvenue aux oreilles de John McHale, alors président des Expos.

Ç'a été la goutte qui a fait déborder le vase. Il faut dire qu'en 1981, Dick semblait avoir perdu sa motivation à diriger les Expos, ne se donnant même plus la peine de réprimander les écarts de conduite de mauvais garçons comme Ellis Valentine ou Rodney Scott et ne trouvant plus le moyen de relancer une équipe en panne. Quand il a constaté que la rumeur provenant de New York ne cessait pas, McHale a décidé que c'en était assez et il a montré la porte à son gérant.

Finalement, Williams n'a pas obtenu le poste de gérant des Yankees – ni en 1982, ni après –, et c'est plutôt à San Diego qu'il a poursuivi sa carrière, propulsant l'équipe vers sa première – et seule à ce jour – présence en Série mondiale.

Après quelques années à San Diego, Dick s'est brouillé avec la direction des Padres, comme il l'avait fait précédemment à Boston, Oakland, Anaheim et Montréal. Il a ensuite brièvement dirigé les Mariners de Seattle, où il s'est rendu compte qu'il n'avait plus envie d'être «le *babysitter* de multimillionnaires qui courent après leur agent ou le propriétaire pour pleurer dès que quelque chose ne fait pas leur affaire». Il faut dire que son autoritarisme ne convenait plus au baseball de la fin des années 1980.

J'ai applaudi la décision des membres du Baseball Writers Association de lui ouvrir les portes du Temple de la renommée de Cooperstown en 2008. À mes yeux, Dick Williams a toujours été un gérant de très haut calibre et cet honneur était on ne peut plus mérité. Je l'avais d'ailleurs joint au téléphone à sa résidence de Las Vegas pour lui transmettre mes félicitations de vive voix.

Trois ans plus tard, à l'âge de 82 ans, il nous quittait définitivement – pour un monde que je lui souhaite meilleur et où, je l'espère, il ne se querellera pas aussi souvent...

Jim Fanning (1981-1982, 1984)

Jim Fanning a toujours été dans le sillage de John McHale. Il avait travaillé avec lui à Milwaukee et ensuite à Atlanta avant de se retrouver au bureau central du dépistage du baseball majeur, alors que McHale était le bras droit du commissaire William Eckert.

Lorsque McHale a accepté la présidence des Expos, il est allé chercher Fanning et lui a confié le poste de directeur-gérant de la nouvelle équipe de Montréal.

« Gentleman Jim », comme on l'avait surnommé en raison de sa grande affabilité, a toujours accepté les rôles que McHale lui confiait, que ce soit comme directeur-gérant, responsable des filiales ou, plus tard, commentateur au réseau anglophone des Expos. Ce qu'il n'avait sûrement pas prévu, c'est qu'un jour, le président des Expos lui demanderait de revêtir l'uniforme et d'aller gérer le club au plus fort d'une course au championnat...

Lorsque John McHale a relevé Dick Williams de ses fonctions dans les premiers jours de septembre 1981, avec moins d'un mois à faire en saison régulière, il savait qu'il offrirait le poste à Jim Fanning. C'était un pari pour le moins risqué, la seule expérience de Jim comme gérant ayant été acquise de 1958 à 1963 auprès de clubs écoles des Cubs et des Braves.

Le bon soldat et joueur d'équipe qu'était Jim Fanning a décidé d'attraper la balle au bond, sachant qu'il pouvait compter sur l'appui d'adjoints expérimentés comme Galen Cisco, Pat Mullins, Ozzie Virgil et Norm Sherry.

Au début, les arbitres ont été indulgents à son endroit alors qu'en quelques occasions, il voulait retourner au monticule pour s'entretenir avec son lanceur alors qu'il venait tout juste de lui rendre visite. L'officiel lui rappelait une règle fondamentale de gestion de match : deux visites au lanceur dans la même manche signifient qu'il faut le remplacer par un autre...

Or, malgré son inexpérience comme gérant, Fanning a souvent démontré d'excellentes intuitions, particulièrement dans l'utilisation de son personnel. Sa décision de donner la balle à Steve Rogers pour affronter Rick Monday dans le fatidique cinquième match de la Série de championnat de la Nationale s'est peut-être retournée contre lui, mais elle était téméraire et originale, et n'eût été d'une mauvaise exécution – un lancer juste un peu trop haut –, elle aurait pu s'avérer un coup de génie.

Une fois la saison terminée, quelques joueurs – Bill Lee était un de ceux-là – ont soutenu que les joueurs avaient remporté le championnat *malgré* la présence de Fanning dans l'abri. C'est un point de vue, mais il demeure que la seule fois où les Expos de Montréal ont participé aux séries de fin de saison, c'est Jim Fanning qui était à la barre du club. Ça, on ne pourra jamais le lui enlever.

Les succès de l'équipe à l'automne 1981 ont convaincu John McHale de laisser Fanning en poste pour une deuxième saison. Malheureusement, l'équipe a joué bien en deçà de son potentiel et une succession de circonstances – le départ de Larry Parrish, les congédiements de Rodney Scott et Bill Lee, la faiblesse défensive de l'avant-champ et les problèmes de consommation de Tim Raines – ont miné l'équipe, qui a glissé au 3e rang de sa division alors que les experts lui prédisaient le championnat en début de saison.

Fanning n'a pas été invité à reprendre son poste la saison suivante. Ça tombait bien : il n'était plus intéressé à diriger ce groupe de joueurs dissipés... John McHale l'a alors réinstallé dans des fonctions plus familières en lui redonnant son ancien poste de vice-président au développement des joueurs et au recrutement.

Le plus grand fait d'armes de Jim Fanning chez les Expos est évidemment le fait d'avoir été le seul gérant de l'histoire des Expos à mener l'équipe à un championnat. Sa fiche victoires-défaites comme gérant (116 victoires et 103 défaites, moyenne de ,530) en fait également un de seulement quatre gérants des Expos à avoir maintenu une fiche supérieure à ,500 (les autres étant Dick Williams, Buck Rodgers et Frank Robinson). Tout cela est plutôt ironique puisque le rôle de gérant n'était pas précisément celui pour lequel il était le mieux préparé...

Bill Virdon (1983-1984)

Bill Virdon est arrivé à Montréal avec une feuille de route très intéressante.

Les plus vieux se souviennent de l'excellent voltigeur de centre qu'il avait été pour les Pirates de Pittsburgh dans les années 1950 et 1960. Choisi recrue de l'année en 1955, il a connu une très belle carrière de 12 saisons dans les majeures.

Virdon est ensuite devenu gérant au début des années 1970 et a tout de suite connu du succès. En 1972, il avait conduit les Pirates de Pittsburgh au championnat de la division Est et, en 1980, il avait mené les Astros de Houston au premier rang de la division Ouest. De plus, il avait mérité le titre de Gérant de l'année dans la Ligue américaine avec les Yankees en 1974 et le même honneur en 1980 dans la Nationale.

Mais lorsque Bill est arrivé à Montréal en 1983, j'ai rapidement eu l'impression qu'il était désabusé, qu'il n'avait déjà plus le goût de gérer une équipe de baseball. Il ne souriait jamais, au point où Serge Touchette du *Journal de Montréal* l'avait surnommé «sœur Sourire»...

Son grand copain Mel Wright avait été son adjoint à Pittsburgh, New York et Houston, et Virdon lui avait demandé de le suivre à Montréal. Mais Wright souffrait alors d'un cancer et il a été hospitalisé une semaine après le début de la saison. Quelques semaines plus tard, Wright mourait, à 55 ans seulement. Bill a mis beaucoup de temps à s'en remettre.

C'est un euphémisme de dire que Bill Virdon était un homme de peu de mots. À un moment donné, j'avais pris l'habitude de jouer au racquetball en sa compagnie. Après un match à l'étranger, quand je passais dans le vestiaire, il me disait: «Racquetball, Jacques?» Je lui demandais à quelle heure et on se donnait rendez-vous pour le lendemain matin vers 6 h 30. Le lendemain, à l'heure convenue, on se rencontrait et c'était simplement un bonjour et une courte période de réchauffement. Une fois le match entamé, nos seuls échanges consistaient à nous donner le score. Et le match terminé, il me disait simplement qu'on se retrouverait au stade!

Les choses se sont déroulées ainsi pendant deux saisons. Je ne me souviens pas de m'être vraiment assis avec Virdon pour discuter de baseball, comme je l'avais fait avec Gene Mauch et Dick Williams, et comme je le ferais plus tard avec Buck Rogers ou Felipe Alou.

Vers la fin de la saison 1984, Bill semblait terriblement s'ennuyer. Il en avait assez de voyager, assez des joueurs qu'il dirigeait depuis deux ans. Un jour, il est allé voir son patron John McHale pour lui annoncer sa décision de ne pas revenir l'année suivante. McHale n'a pas attendu la fin de la saison pour le sortir de sa misère : il l'a immédiatement remplacé par Jim Fanning, qui est venu fermer les livres en attendant la nomination d'un nouveau gérant.

Même si Virdon a alors définitivement mis un trait sur sa carrière de gérant, il n'a pas complètement tourné le dos au baseball et on l'a revu par la suite agir comme instructeur chez les Pirates pour lesquels il a œuvré jusqu'en 2002.

Buck Rodgers (1985-1991)

Après le succès mitigé de l'expérience Bill Virdon, les Expos ont décidé d'offrir le poste de gérant à quelqu'un venant de leur cour : Buck Rodgers, le gérant de leur club-école AAA, les Indians d'Indianapolis. En 1984, Buck avait guidé l'équipe au championnat de l'Association américaine (fiche de 91-63), se valant ainsi l'honneur d'être élu Gérant de l'année du baseball mineur. Avant sa nomination chez les Expos, Buck avait aussi eu une première expérience de quelques saisons dans les majeures, conduisant même les Brewers de Milwaukee au championnat de la deuxième moitié de saison en 1981.

L'arrivée de Rodgers chez les Expos constituait tout un changement d'atmosphère avec ce qu'on avait connu durant le régime Virdon. Buck adorait jaser avec les gens des médias ; tout comme Dick Williams, il m'accueillait souvent dans sa suite à l'hôtel pour obtenir mes impressions sur l'atmosphère de l'équipe. On parlait baseball, on jouait aux cartes, on bavardait de tout et de rien.

Contrairement à un Gene Mauch ou un Dick Williams, Rodgers était d'une patience angélique avec les journalistes, même ceux qui avaient une connaissance sommaire du baseball.

Un jour, à l'issue d'un long exercice lors d'un camp d'entraînement à West Palm Beach, un jeune journaliste de la Floride est entré dans son bureau pour l'interviewer.

Je bavardais avec Rodgers lorsque le jeune est arrivé. Je me suis levé et ai dit à Buck que je repasserais plus tard. Mais il m'a tout de suite arrêté : « Non, non, reste. Tiens, prends-toi donc une bière. » Je me suis rassis et suis resté à écouter l'entrevue.

La première question que lui a posée le journaliste en était une que Buck avait dû entendre au moins vingt fois, une question qui dénotait que le jeune n'avait pas suivi l'évolution du camp d'entraînement.

« *Well…* », a commencé le gérant en se penchant vers le frigo pour prendre une bière. Ce faisant, il a tourné le dos au journaliste et m'a regardé en levant les yeux au ciel comme pour dire : « Il sort d'où celui-là ? » Il a attrapé sa bière, s'est retourné vers le journaliste et a commencé à répondre à sa question avec respect et affabilité, comme si c'était la question la plus intéressante du monde. Ça, c'était Buck Rodgers.

Buck avait une philosophie bien différente de celle de Gene Mauch ou de Dick Williams. Si les deux derniers aimaient mettre la main à la pâte en ce qui concerne les lanceurs, les frappeurs ou encore la défensive, Buck disait toujours qu'il avait des adjoints compétents qui pouvaient agir comme gérants des lanceurs, des frappeurs, etc. « Si l'un de mes adjoints ne parvient pas à faire passer son message, alors j'interviendrai. Pas avant », répétait Buck qui, toutefois, était bien évidemment le grand stratège durant le déroulement d'un match.

Sous ses ordres, les Expos de l'ère post-Gary Carter ont connu de beaux succès, particulièrement en 1987 et 1989, où ils ont lutté chaudement pour se tailler une place dans les séries.

Dès que les Expos eurent confié le rôle de directeur-gérant à Dave Dombrowski en juillet 1988, le statut de Rodgers à la tête du club s'est fragilisé. Murray Cook, le DG qui avait engagé Buck à la fin de la saison 1984, n'était plus dans le décor, et bientôt, Charles Bronfman, un des plus grands défenseurs de Rodgers, mettrait l'équipe en vente. À 31 ans, Dombrowski devenait le plus jeune DG des majeures, et plus ou moins 20 ans d'âge le séparaient de Rodgers. Le courant ne passait pas entre les deux hommes : le jeune Dombrowski était un homme pressé de faire sa marque et il avait du mal à tolérer l'esprit *country club* que Rodgers avait installé dans son club. Le gérant avait-il besoin de passer tout ce temps à discuter avec les journalistes alors qu'il y avait tant de travail à faire dans la préparation de l'équipe ?

Quand les Expos ont eu du mal à se mettre en marche au début de la saison 1991, Dombrowski n'a pas perdu de temps à faire savoir à Rodgers qu'il lui avait trouvé un remplaçant. « Il m'a appelé en matinée, m'a confié Rodgers des années plus tard. Et je pense que s'il avait pu le faire à 6 h du matin, il l'aurait fait. »

En presque sept ans à Montréal, Buck Rodgers a marqué l'histoire du club, enregistrant 520 victoires en 1 020 matchs. Mais il a aussi contribué à maintenir la popularité du baseball par ses remarquables talents d'ambassadeur auprès des médias et du public – il est d'ailleurs certainement le meilleur gérant-relationniste que les Expos aient eu. Comme Rusty Staub et Gary Carter l'avaient fait avant lui, il avait compris que le rôle d'une tête d'affiche d'un club dépasse largement les lignes du terrain. Et ce rôle de promoteur de son sport, il l'a joué à merveille à Montréal.

Tom Runnells (1991-1992)

Aux yeux du DG Dave Dombrowski, Tom Runnells était le gérant tout désigné pour présider au virage que les Expos étaient en train d'amorcer : ils avaient de nouveaux propriétaires, et le mot d'ordre de cette nouvelle administration était de miser sur la jeunesse (lire : tirer la masse salariale radicalement vers le bas). Buck Rodgers avait fait ses valises pour la Californie, Tim Raines pour Chicago, et bientôt, on laisserait partir un vétéran comme Andres Galarraga, dont le salaire ne correspondait plus à la nouvelle « philosophie » du club.

Runnells avait eu passablement de succès comme gérant dans les rangs mineurs, compilant une fiche de 241-188 en trois saisons, se méritant au passage le titre de Gérant par excellence dans l'Association américaine en 1989. Qui plus est, Runnells (36 ans au moment de son embauche) était de la même génération que Dombrowski et, comme lui, il était complètement centré sur la tâche. C'était, se disait-on, l'homme qu'il fallait pour remettre de l'ordre dans ce vestiaire devenu un peu trop relax sous la direction du Roger-bon-temps qu'était Buck Rodgers.

Il arrive que certaines personnes se nuisent en voulant trop en faire. C'est ce qui est arrivé avec Tom Runnells.

Le jeune gérant avait annoncé qu'il amorcerait la saison 1992 en force en instaurant une discipline de fer dès l'ouverture du camp d'entraînement. Ce genre de résolution, courante lors d'un changement de régime, ne pose normalement pas de problème. Mais pour marquer le coup – et, en même temps, dérider ses joueurs –, Runnells a eu l'idée d'arriver à la première journée du camp vêtu de la tête aux pieds en général Schwarzkopf, le militaire américain qui avait frappé l'imaginaire en s'imposant comme l'homme fort de l'application de la stratégie étatsunienne lors de la guerre du Golfe de 1991.

Malheureusement pour lui, le gag était tombé à plat, les joueurs trouvant l'initiative plutôt ridicule. Puis, dans les semaines qui ont suivi, il s'est mis à dos le vétéran capitaine Tim Wallach lorsqu'il a voulu le muter au premier coussin pour confier le troisième but au jeune Bret Barberie, qui n'avait pratiquement aucune expérience à ce poste. La saison n'était pas commencée et Tom Runnells avait déjà deux prises contre lui.

Malheureusement, la troisième prise lui pendait déjà au-dessus de la tête : son principal défenseur – celui qui lui avait offert le poste – n'était plus là pour lui procurer son soutien. En effet, quand il a réalisé que sa marge de manœuvre serait passablement réduite sous la nouvelle direction des Expos, Dave Dombrowski a décidé de quitter l'équipe pour se joindre aux Marlins de la Floride, un club de l'expansion soutenu par des propriétaires « en moyens »...

Si bien que quand les Expos ont commencé la saison 1992 en jouant du baseball indifférent, il était écrit dans le ciel que Runnells ne terminerait pas la saison dans le rôle de gérant. Et en effet, le 22 mai, les Expos le congédiaient. Pour la deuxième fois de l'histoire des Expos, un «gérant de carrière» voyait son avenir de gérant court-circuité à la ligne de départ par quelques mauvaises décisions et la réunion de circonstances défavorables.

Comme Karl Kuehl avant lui, Runnells n'a plus jamais eu l'occasion de gérer une équipe des majeures.

Felipe Alou (1992-2001)

Avant d'amorcer la saison 1992, Tom Runnells savait que son travail serait scruté à la loupe. Dan Duquette, le nouveau DG des Expos, s'était assuré de bien encadrer son jeune gérant en lui adjoignant un gars d'expérience, un pro possédant une solide feuille de route: Felipe Alou. L'ancien voltigeur vedette des Giants et des Braves (il avait même brièvement joué pour les Expos en 1973) était dans l'organisation des Expos depuis 1977, pour lesquels il avait géré des clubs des mineures pendant 12 saisons. En 1992, Felipe était adjoint sur le banc (*bench coach*), question d'épauler Runnells dans sa gestion de matchs.

Bientôt, Duquette en est venu à la conclusion que c'était Alou lui-même qui devrait être à la barre de son club, et le 22 mai, il donnait les rênes du club à l'homme de 57 ans.

Ce matin-là, je me trouvais justement avec Felipe et quelques amis au lac Saint-Pierre en train de pêcher le brochet. À un moment donné, Felipe a reçu un appel le convoquant au Stade olympique, soi-disant pour régler des affaires d'assurances.

C'est plus tard, une fois rentré chez moi, alors que je préparais mon émission d'avant-match, que la relationniste des Expos Monique Giroux m'a joint pour m'informer qu'il y aurait conférence de presse à 16 h pour annoncer que Felipe allait succéder à Runnells.

À mon arrivée au stade, je me suis rendu dans le vestiaire et Felipe n'avait pas encore pris possession du bureau du gérant. Il était encore dans le secteur réservé aux instructeurs, seul, en train de ranger des choses. « Felipe, pourquoi tu nous as rien dit ? » Le nouveau gérant du club m'a regardé droit dans les yeux : « Jacques, je ne le savais pas, ils ne m'ont rien dit au téléphone. Je l'ai appris en mettant les pieds ici. » Je voyais bien qu'il disait vrai.

Mon amitié et mon respect pour Felipe Alou ont commencé en 1973 lorsqu'il a fait son premier séjour dans l'uniforme des Expos. Nous avions deux choses en commun : notre passion pour le baseball et celle pour la pêche.

Plus tard alors qu'il était gérant des Expos de West Palm Beach Felipe allait souvent pêcher sur le petit pont reliant Singer Island à North Palm Beach, et chaque matin, j'allais chercher mes journaux en passant par là. C'est à cette époque-là que nous avons commencé à pêcher ensemble.

Mon bon ami, le regretté chroniqueur de plein air Guy Pagé, y a été pour beaucoup dans les voyages de pêche que nous avons faits ensemble, car c'est lui qui nous a ouvert les portes de nombreuses pourvoiries à travers le Québec. D'ailleurs, Pagé et moi avons pu aller à la pêche en haute mer avec Felipe lorsque Guy était venu passer quelques semaines en Floride chez moi. Des moments inoubliables !

Felipe était un peu à l'image de Gene Mauch et de Dick Williams, car il acceptait difficilement qu'on mette en doute ses stratégies. Et à l'instar de ses deux prédécesseurs, il me faisait une confiance aveugle lorsqu'il me faisait des confidences.

Moins d'un an après son embauche, à son premier camp d'entraînement comme gérant de l'équipe, j'étais aussi l'éditeur du magazine *Les Expos* et c'est évident que l'article principal et les photos allaient porter sur Felipe Alou.

Je me suis rendu chez lui avec mon enregistreuse mais tout juste avant de commencer l'entrevue, il m'a demandé de fermer l'appareil.

C'est alors qu'il m'a posé la question suivante : « Jacques, qu'est-ce que je fais ici ? Qu'est-ce que je fais chez les Expos comme gérant ? Depuis 1969, les Expos n'ont jamais formé des Québécois ou des Canadiens pour assumer ces fonctions-là ? » Cela voulait tout dire…

Au fil des années, j'ai suffisamment gagné la confiance de Felipe pour lui dire le fond de ma pensée. Je me souviens d'un voyage de pêche que j'avais fait en sa compagnie, en plus de ses adjoints Jerry Manuel, Tim Johnson et Luis Pujols.

Après une bonne journée passée à taquiner la truite, nous étions tous assis autour de la table à manger un excellent repas tout en sirotant un verre de vin. Soudainement, Jerry Manuel m'a demandé tout bonnement quelle était mon appréciation de l'équipe.

J'ai commencé à faire le tour des joueurs et lorsque je suis arrivé au nom de Moises Alou, j'ai osé dire qu'il était tout un joueur de balle, mais qu'il avait la tête dure et qu'à l'occasion, il se traînait les pieds. Felipe n'a rien dit sur le coup, mais il m'a jeté un regard qui en disait long. Je venais de porter un jugement assez sévère non seulement sur une des vedettes de l'équipe, mais sur son fils!

Quelques mois plus tard, alors que j'entrais dans le vestiaire des Expos, Felipe m'a demandé de fermer la porte de son bureau. Je n'avais aucune idée de ce qui allait se passer... C'est alors qu'il m'a rappelé la conversation que nous avions eue lors de ce voyage de pêche et qu'il m'a avoué que... j'avais raison! Il a ajouté que Moises était un joueur qui n'écoutait pas toujours les conseils de ses instructeurs, précisant que ce jour-là, en arrivant au stade, on avait averti les joueurs de faire attention en sautant sur le terrain pour l'exercice d'avant match, car le gazon synthétique était détrempé puisqu'on avait tenté d'effacer les lignes du terrain de football. Moises n'avait pas écouté la mise en garde: il avait sauté sur le terrain sans ses souliers à crampons et il s'était blessé à une jambe en glissant sur le gazon mouillé.

Chaque fois que je me suis trouvé seul avec Felipe dans une chaloupe pour pêcher la truite, le doré ou le brochet, jamais nous ne discutions des Expos à moins que ce soit Felipe qui oriente nos échanges sur ce sujet bien précis. Nous parlions de baseball en général, de pêche, de tout et de rien et souvent... en français!

Ses premiers contacts avec le français remontaient à 1973. Plus tard, lorsqu'il a rencontré celle qui est aujourd'hui sa femme, Lucie Gagnon, ces contacts se sont transformés en immersion...

Felipe comprenait très bien notre langue et pouvait s'y exprimer de façon convenable. Mais il refusait toujours de le faire en présence de journalistes quand il était question des Expos ou du baseball en général. Il estimait que s'il accordait une entrevue en français et que ses paroles ne traduisaient pas justement le fond de sa pensée, il serait alors obligé de faire des rectifications le lendemain. Sa langue maternelle était l'espagnol et c'est à la dure qu'il avait appris l'anglais lorsqu'il avait émigré aux USA pour amorcer sa carrière dans le baseball. Chat échaudé craint l'eau froide, et Felipe connaissait trop bien les pièges qui l'attendaient s'il s'aventurait à s'exprimer publiquement dans une langue qu'il maîtrisait mal.

Quelque temps après l'arrivée de Jeffrey Loria et de David Samson, l'atmosphère est devenue très tendue entre ces deux hommes et Felipe.

Un jour, pendant une matinée de pêche, Felipe m'a confié que les patrons voulaient le forcer à remettre sa démission pour nommer un homme de leur choix. Peu avant, ils avaient fait sauter son bon ami Luis Pujols et son instructeur des lanceurs Bobby Cuellar, comme par hasard deux Latinos-Américains... On s'est toujours douté que Loria et Samson avaient comme lecture de chevet *Le Prince* de Machiavel.

L'idée de Felipe était faite : il lui restait encore une année avant la fin de son contrat et il allait l'honorer jusqu'à la toute fin, à moins qu'on ne le congédie. Et si cela devait arriver, il n'allait accepter aucun autre poste ailleurs, de façon à ce que Loria et Samson lui versent son salaire jusqu'au dernier cent !

C'est d'ailleurs exactement ce qui s'est produit : après 53 matchs de la saison 2001, on a congédié Felipe. L'année suivante, il a été l'adjoint de son bon ami Luis Pujols, gérant des Tigers, et c'est seulement en 2003 qu'il a de nouveau revêtu un uniforme en allant diriger les Giants de San Francisco.

En un peu moins de 10 saisons à la barre des Expos, Felipe Alou a remporté 691 matchs, plus que tout autre dans l'histoire du club (Buck Rodgers est 2e avec 520).

Felipe avait et a toujours le logo des Expos tatoué sur le cœur. Lorsqu'il vient au Québec visiter sa belle-mère de Laval, nous tentons toujours de nous retrouver, comme nous l'avons d'ailleurs fait tout récemment à l'été 2014.

Et il a toujours accepté de s'impliquer pour aider le baseball amateur. Il y a quelques années, la direction de Baseball Québec souhaitait qu'il vienne s'adresser aux instructeurs dans le cadre de leur congrès à Trois-Rivières. Il a accepté d'emblée, précisant qu'il ne voulait aucun cachet, simplement qu'on défraie son voyage en avion.

Après sa conférence alors que j'allais le reconduire à Montréal, le président de Baseball Québec lui a remis un chèque qui représentait le double du montant de son billet d'avion. Il l'a refusé, insistant pour qu'on lui rembourse seulement le transport.

Puis, en 2011, les gens du programme sports-études de Québec désiraient organiser une levée de fonds dans le cadre d'un brunch où Felipe serait l'invité d'honneur. Il n'a accepté aucun cachet, refusant même un chèque-cadeau d'un magasin… d'articles de pêche!

De tous les joueurs ou entraîneurs qui ont porté l'uniforme des Expos de Montréal, une demi-douzaine seulement sont devenus emblématiques de l'équipe. Felipe Alou est sans contredit l'un de ceux-là.

Jeff Torborg (2001)

Lorsque Jeff Torborg a été invité par Jerry Loria et David Samson à se joindre à l'équipe à titre de «conseiller», on a rapidement compris qu'il allait être celui qui succéderait éventuellement à Felipe Alou.

Torborg avait dirigé les Indians de Cleveland (1977-1979), les White Sox de Chicago (1989-1991) et les Mets de New York (1992-1993) avant de devenir analyste pour le compte des réseaux CBS et Fox.

J'avais croisé Torborg pour la première fois au cours des séries éliminatoires de 1995, au moment où Jim Beattie venait d'être nommé au poste de directeur-gérant des Expos, et je lui avais demandé son appréciation du nouveau DG du club. J'avoue que malgré l'attitude affable de Torborg, je n'avais pas été impressionné plus qu'il ne le fallait par celui qui, je l'ignorais à ce moment-là, était un bon ami de Loria.

Quand on l'a nommé à la tête de l'équipe en mai 2001, je n'étais pas très chaud à l'idée de me lier d'amitié avec celui qui avait remplacé Felipe. Torborg n'avait rien d'arrogant, mais comme il était l'homme de Loria et Samson – qui tramaient l'éventuel départ des Expos –, disons que j'avais mes réserves à son égard et que nos échanges portaient strictement sur le baseball.

Personne n'a été surpris quand il a suivi Loria et Samson à Miami où il a dirigé les Marlins jusqu'à ce qu'il soit remplacé peu après par Jack McKeon, celui qui a conduit dès 2003 l'équipe floridienne à un titre de Série mondiale.

Frank Robinson (2002-2004)

Lorsque le baseball majeur a nommé Frank Robinson pour diriger les Expos en 2002, je dois avouer que mon premier contact avec lui n'a pas produit beaucoup d'atomes crochus.

Certes, j'étais impressionné par celui qui avait été et qui est toujours l'un des meilleurs joueurs de son époque, sinon de l'histoire du baseball majeur. Après tout, il était membre du Temple de la renommée, auteur de 586 circuits et le seul joueur à avoir mérité le titre de Joueur le plus utile à son équipe dans la Nationale et l'Américaine.

Mais lorsqu'il s'est présenté au camp d'entraînement, son arrogance et sa froideur m'ont immédiatement déplu. Il regardait les employés des Expos de haut, donnant l'impression qu'il ne voulait rien savoir d'eux.

On a par la suite compris qu'on lui avait imposé ce poste puisqu'il semblait donner des ulcères à bien des gens au bureau du commissaire où il avait occupé diverses fonctions, notamment comme préfet de discipline.

En exil à Montréal, donc, il ne semblait pas vraiment intéressé à piloter un club qui, en 2002, devait disputer sa dernière saison. On parlait de dissolution pour la fin de la campagne, sinon de déménagement.

Frank Robinson s'est d'abord adjoint son grand copain Tom McCraw et a ajouté d'autres instructeurs peu connus comme Manny

Acta, Dick Pole, l'ancien des Expos Bob Natal, Jerry Morales et Wendell Kim. Sans oublier Claude Raymond, qu'il avait accepté parce que son nom lui avait été fortement suggéré par la direction de l'équipe.

Il est difficile de blâmer Robinson pour son attitude à son arrivée à Montréal alors qu'il semblait plus intéressé à jouer au golf qu'à diriger l'équipe. Après tout, la saison 2002 devait être la dernière des Expos, et les enjeux sur le terrain ne devaient pas être très élevés.

Mais lorsque, contre toute attente, les Expos se sont retrouvés dans une lutte pour une place en séries d'après-saison, son attitude n'a pas changé, tout comme lorsque la «vie» des Expos s'est prolongée de deux années additionnelles: Frank avait encore l'air d'un gars pressé d'en finir.

Un jour que nous étions dans l'avion qui nous conduisait de San Francisco à Philadelphie, où nous allions atterrir vers les 3 h du matin, je l'ai entendu demander à certains de ses instructeurs s'ils étaient prêts à aller disputer une ronde de golf – alors que le club devait disputer un match plus tard en soirée... Âgé alors de près de 70 ans, Robinson aimait bien se vanter d'avoir joué 36 trous avant de se présenter au stade le jour d'un match.

Est-il surprenant alors que les caméras du réseau ESPN l'aient surpris en train de cogner des clous durant un match?

Est-il surprenant que lors d'une rencontre contre les Marlins de la Floride, Robinson se soit rendu au monticule pour faire un changement de lanceur alors qu'aucun releveur ne se réchauffait dans l'enclos?

Est-il surprenant que certains journalistes de Washington aient mis en doute son bon jugement lorsque venait le temps d'opposer tel ou tel frappeur à tel ou tel lanceur, faisant fi des statistiques qui lui étaient disponibles, préférant prendre ses décisions selon son «instinct»?

Est-il surprenant que la revue *Sports Illustrated* ait publié, en 2005, le résultat d'un sondage mené auprès de 450 joueurs du baseball majeur, sondage établissant Frank Robinson comme pire gérant des majeures?

Je crois que cela suffit à résumer pourquoi je n'aimais pas vraiment l'homme et le gérant qu'était Frank Robinson.

Un jour, lors d'une partie de pêche en compagnie du dernier président des Expos, Tony Tavares, j'avais demandé à ce dernier s'il regrettait certaines des décisions qu'il avait prises depuis qu'il occupait ce poste et il m'avait répondu sans hésiter : « Celle d'ignorer la lettre de démission que Frank Robinson a déposée sur mon bureau il y a quelque mois. »

Frank se plaignait constamment à propos de certains avantages qu'il croyait lui être dus en raison de son statut d'ex-vedette et de sa notoriété, invoquant souvent que ces choses lui étaient refusées en raison de la couleur de sa peau !

Robinson est sans aucun doute le gérant des Expos avec lequel j'ai eu le moins de conversations au cours de ma carrière de 36 ans comme journaliste et commentateur.

Lors du dernier camp d'entraînement des Expos en 2004, Frank brillait par son absence lorsque je me suis présenté à son bureau pour le saluer, à l'ouverture du camp. On m'a dit qu'il serait là le lendemain. Ce jour-là, il jouait au golf.

Le lendemain, lorsque je l'ai rencontré, il m'a apostrophé en me disant qu'il était temps que j'arrive, puisque le camp avait déjà débuté. Je me suis contenté de lui répondre que MOI, j'étais au camp la veille.

Il y a un certain nombre de choses que je n'arrive pas à pardonner à Frank Robinson.

Je ne lui pardonne pas d'avoir retiré Vladimir Guerrero avant la fin de son dernier match à Montréal en 2003 et encore moins d'avoir déclaré ensuite : « Si les amateurs voulaient tant le voir que ça cette saison, ils n'avaient qu'à se déplacer plus souvent. »

Je ne lui pardonne pas le geste qu'il a fait lors du dernier match des Expos à Montréal, le 29 septembre 2004, geste qui a failli déclencher une émeute en retirant son équipe du terrain parce que quelques idiots avaient lancé des balles de golf sur la surface de jeu. J'ai toujours soupçonné Robinson d'avoir fait ça dans le but de provoquer du grabuge et de ternir la réputation de Montréal et de ses amateurs de baseball.

Je ne lui pardonne pas non plus la formation qu'il a présentée sur le terrain des Mets à New York, le 3 octobre 2004, pour le tout dernier match de l'histoire des Expos. Une formation où les noms de Brian Schneider et Tony Batista n'apparaissaient pas, tandis que Brad Wilkerson ne devait se présenter que trois fois au bâton.

Ce n'était pas la meilleure formation pour espérer une victoire contre l'excellent gaucher Tom Glavine. Plus tard, en 6ᵉ manche, avec les buts remplis et un seul retrait, alors que son club tirait de l'arrière 4-1, Robinson aurait pu utiliser un puissant frappeur droitier comme Batista pour tenter de réduire l'avance des Mets. Mais il a préféré laisser frapper la recrue Ryan Church (un gaucher) et le receveur Einar Diaz, auteur d'un total de 21 circuits en 11 saisons dans les majeures. Les Expos ont perdu le match, le dernier de leur histoire, 8 à 1.

Ce jour-là, je n'ai pu m'empêcher de dire en ondes que la façon dont Frank Robinson gérait l'équipe était une insulte à notre intelligence. Ce fut la seule fois de toute ma carrière que je me suis permis d'émettre un commentaire aussi virulent sur un gérant des Expos.

En terminant, je tiens à préciser que non, je ne suis jamais allé à la pêche avec Frank Robinson !

Un personnel d'entraîneurs de rêve

Si j'avais à choisir pour mon équipe de rêve un seul gérant parmi les 11 gérants de l'histoire des Expos de Montréal, mon choix s'arrêterait sur **Dick Williams,** principalement pour une raison : Dick a gagné partout où il est passé. Et je l'entourerais des trois autres meilleurs gérants qu'on ait vus à Montréal : **Gene Mauch, Buck Rodgers** et **Felipe Alou.** Une équipe pilotée par un tel quatuor ne perdrait pas beaucoup de matchs par un point…

CHAPITRE 7

Grands et moins grands patrons

De Charles Bronfman jusqu'à Tony Tavares, j'ai vu passer au fil des ans autant de décideurs que de styles de gestion dans les bureaux des Expos.

Dans ce chapitre, je discute des administrateurs – propriétaires, gestionnaires et directeurs-gérants – qui ont contribué à façonner l'histoire de l'équipe, souvent pour le mieux, parfois pour le pire.

Charles Bronfman, propriétaire majoritaire (1968-1990)

Il y a une chose de certaine à propos du rôle qu'a joué Charles Bronfman dans l'histoire des Expos : sans lui, il n'y aurait jamais eu de baseball majeur à Montréal.

À la suite de campagnes soutenues – et convaincantes – de la Ville de Montréal, le baseball majeur a accordé en mai 1968 une concession à la métropole canadienne sans même avoir d'engagement solide de la part d'un éventuel investisseur.

Gerry Snyder, président du conseil exécutif de la Ville et bras droit de Jean Drapeau, avait centré son pitch de vente aux autorités du baseball autour d'une promesse : si jamais Montréal se voyait octroyer un club, 10 entrepreneurs québécois (et canadiens) s'engageraient à investir chacun un million de dollars pour acquitter les coûts (10 millions) de la concession.

Or, tous les entrepreneurs qui avaient donné leur parole à Gerry Snyder – et cela inclut Charles Bronfman – l'avaient fait dans la conviction absolue que jamais Montréal n'obtiendrait une concession du baseball majeur !

Quand la nouvelle de l'octroi d'un club à Montréal fut connue, presque tous ces entrepreneurs, dont Jean-Louis Lévesque, alors propriétaire de la piste de chevaux Blue Bonnets, ont pris le maquis, reniant sans vergogne leur engagement verbal. Mais ce n'était pas tout : Drapeau, Snyder et compagnie commençaient aussi à réaliser que leur projet de transformer l'Autostade – le stade de football érigé sur l'île Sainte-Hélène – en stade de baseball ne tenait tout simplement pas la route.

Montréal avait peut-être une équipe de baseball majeur, mais elle n'avait ni propriétaire, ni stade. Si bien qu'en juillet 1968, tout semblait indiquer que la concession serait transférée à une autre ville comme Buffalo ou Milwaukee.

C'est alors que Jean Drapeau s'est tourné vers celui qui, pensait-il, était le seul homme capable d'empêcher ce ratage spectaculaire : Charles Bronfman, le fils de Sam Bronfman, fondateur de la distillerie Seagram. Quand Charles s'était engagé à investir son million dans le projet, ce n'était certainement pas dans la perspective d'en devenir le chef de file. C'est pourtant ce que Drapeau lui demandait maintenant de faire.

Après y avoir longuement réfléchi, Bronfman a décidé qu'il ne pouvait pas laisser Montréal, le Québec et le Canada se couvrir de ridicule de la sorte face à leurs voisins états-uniens. Il plongerait seul (avec une poignée d'investisseurs minoritaires) dans l'aventure. Mais un problème majeur restait encore à régler : le stade. Où diable cette équipe jouerait-elle ses matchs ? En 24 heures, Jean Drapeau et ses hommes ont élaboré un plan d'agrandissement du stade du parc Jarry – alors un petit stade de 3 000 places – et l'équipe était sauvée.

Mes premiers contacts avec Charles Bronfman ont eu lieu alors que j'étais journaliste à *La Presse*. Il s'est toujours plié de bonne grâce à mes demandes d'entrevues, et au fil des années, il a insisté pour qu'elles se déroulent en français.

Nos rencontres étaient souvent limitées au camp d'entraînement, où il venait passer quelques jours chaque printemps (en portant à l'occasion un uniforme numéro 83, un chiffre évoquant le whisky Seagram's 83). Ces rares entretiens étaient toujours riches et intéressants : l'homme avait son franc-parler et ne se défilait pas à l'aide de formules creuses.

Je me souviens d'un jour où, au terme d'une discussion où nous avions parlé de baseball et des chances du club pour la saison à venir, je m'étais permis de lui poser une question sans doute un peu audacieuse : « Vous êtes une des grandes fortunes du pays. Mais savez-vous combien d'argent vous avez exactement ? » Il m'avait alors regardé sans broncher : « Je ne sais pas, Jacques. Je sais juste que j'en ai plus que lorsque nous avons commencé cette entrevue tout à l'heure. »

Lorsque je suis entré à l'emploi des Expos à l'automne 1972, il m'a fait venir à son bureau pour me souhaiter officiellement la bienvenue. À l'époque, les bureaux administratifs des Expos étaient situés au 1010, rue Sainte-Catherine Ouest, l'adresse même où Seagram avait pignon sur rue. C'est cette fois-là qu'il m'a dit que son nom était « Charles » et pas « Charlie », et qu'il préférait qu'on l'appelle « Monsieur Charles » plutôt que « Monsieur Bronfman ».

Plus tard, il m'a convoqué à son bureau au sujet d'une affaire concernant ses cousins Peter et Edward Bronfman. Ceux-ci avaient décidé d'acheter les Canadiens de Montréal et Monsieur Charles m'a dit qu'il tenait à ce qu'on ne relie jamais son nom à cet achat. J'ai cru comprendre à ce moment-là que ce n'était pas l'harmonie parfaite dans le clan Bronfman.

Au fil des années, bien qu'il fût consulté lors de transactions majeures (comme celles de Rusty Staub ou de Gary Carter, par exemple), Monsieur Charles ne s'est jamais mêlé directement des décisions du secteur baseball de son entreprise, laissant ce domaine à l'expertise de son président (et parfois directeur-gérant) John McHale.

Cela ne l'a pas empêché d'être de plus en plus apprécié et considéré dans les hautes sphères du baseball majeur. Au fil des ans, il est devenu l'un des propriétaires les plus estimés des divers commissaires du baseball et de la communauté des propriétaires d'équipes.

Même si le baseball ne constituait pas son premier emploi du temps, Bronfman avait à cœur la destinée de son équipe. Il se réjouissait des succès de son équipe et avait du mal à digérer ses revers de fortune. Il considérait ses joueurs comme faisant partie de la famille. Pendant des années, il a envoyé une lettre personnelle à chaque joueur qui quittait l'organisation, le remerciant de ce qu'il avait accompli pour le club.

Dans les années 1980, il était de plus de plus évident que le propriétaire des Expos voyait d'un mauvais œil la flambée des salaires dans le baseball majeur, surtout depuis qu'on l'avait convaincu – contre son gré – d'accorder un lucratif contrat à long terme de 2 millions par année à son receveur étoile Gary Carter.

Quand les rumeurs voulant qu'il songe à vendre les Expos ont commencé à circuler, je lui avais demandé dans une entrevue à la radio s'il y avait quelqu'un dans sa famille qui pourrait assurer sa succession à la tête des Expos.

Sa réponse avait été catégorique : « NON. » Il avait précisé que ses enfants étaient trop jeunes et qu'ils avaient d'autres projets de carrière. Son fils Stephen était un grand amateur de baseball – il avait même brièvement travaillé au département de mise en marché des Expos en 1986 – mais il arrivait tout juste au tournant de la trentaine quand Charles a mis l'équipe en vente.

En 1991, après une longue et ardue recherche d'acheteurs parrainée par Claude Brochu et Jacques Ménard, Charles Bronfman a vendu l'équipe à un consortium ayant à sa tête Claude Brochu, un ancien vice-président chez Seagram, l'homme qu'il avait choisi en 1986 pour succéder à John McHale comme président des Expos.

Monsieur Charles est aujourd'hui âgé de 84 ans et partage son temps entre New York, la Floride, Israël et Montréal.

Engagé dans des activités caritatives depuis des décennies, il s'est récemment joint à Bill Gates et plusieurs autres milliardaires qui ont convenu de céder la moitié de leur fortune à des causes charitables.

Et, soit dit en passant, la fortune du père fondateur des Expos est aujourd'hui évaluée à plus de 2 milliards de dollars…

John McHale, président et directeur-gérant (1968-1990)

Premier président de l'histoire des Expos, John McHale est celui qui a jeté les bases de ce qui devait être la première équipe du baseball majeur en dehors des USA.

Ancien joueur de premier but de l'organisation des Tigers de Detroit, John McHale a épousé la fille du propriétaire des Tigers, Walter Briggs Sr, et cette union l'a mené à une carrière d'administrateur une fois qu'il eut accroché son gant et ses crampons. Sa carrière comme joueur avait été limitée à 64 matchs en saison régulière et à trois présences au bâton (trois retraits sur des prises!) dans la Série mondiale de 1945.

Comme administrateur, McHale a d'abord été directeur des opérations des filiales des Tigers avant d'en devenir le directeur-gérant en 1957, à l'âge de 35 ans. Il s'est ensuite retrouvé à la barre des Braves de Milwaukee, succédant à John Quinn en 1959. À la suite de la saison 1965, il a chapeauté le déménagement des Braves à Atlanta avant d'être remplacé par Paul Richards, en milieu de saison 1966.

Devenu l'adjoint du commissaire William Eckert, il était perçu comme son probable successeur lorsqu'il a accepté l'offre de Charles Bronfman de se joindre à l'équipe d'expansion de Montréal.

Cette décision fut marquante dans l'histoire des Expos, puisque la réputation de McHale dans le baseball a énormément contribué à établir la crédibilité de l'organisation de l'équipe dans les cercles du baseball. Quand, à l'été 1968, l'avenir de la concession ne tenait qu'à un fil, c'est lui qui rassurait les autorités du baseball, leur demandait plus de patience, leur jurait que tout finirait par se mettre en place.

John McHale était un homme strict et très catholique. Il était concentré sur la tâche et n'avait pas le sourire facile.

Je n'oublierai jamais un incident survenu lors du premier camp d'entraînement des Expos alors que John McHale avait invité les gens des médias montréalais à un «5 à 7» à sa résidence en banlieue de West Palm Beach.

Les invités se sont présentés à l'heure prévue, mais ont quitté à une heure beaucoup plus tardive que l'hôte n'avait anticipé! Le président des Expos ignorait sûrement que pour les journalistes de Montréal, un 5 à 7 signifiait habituellement de 5 h de l'après-midi à 7 h le lendemain matin!!! Ce fut la dernière invitation du genre de M. McHale...

McHale était aussi un homme à cheval sur les principes. Il n'a jamais permis à un joueur ou encore à un membre des médias de voyager à bord de l'avion avec une compagne s'il n'était pas marié.

Dans les premières années des Expos, la direction invitait les gens des médias à se faire accompagner de leurs épouses une fois par saison, lors d'un séjour en Californie.

Dans mon cas, j'étais récemment divorcé, tandis que mon collègue Rodger Brulotte n'était pas encore marié. Alors, nous avons dû, à nos frais, faire voyager nos compagnes afin qu'elles puissent venir nous rejoindre à San Diego... mais elles pouvaient tout de même partager nos chambres payées par les Expos!

John McHale aura été un excellent président et un très bon directeur-gérant pour les Expos de Montréal. À part de rares exceptions – comme la saison 1976, par exemple –, les Expos auront présenté aux amateurs des équipes sinon compétitives, du moins excitantes et colorées. Il aura présidé à l'acquisition de Rusty Staub, la première vedette du club, à l'établissement d'un solide réseau de filiales, au développement de joueurs étoiles (Carter, Rogers, Dawson, Raines, etc.) et de très bons jeunes lanceurs (Sanderson, Gullickson, Palmer, Lea, etc.), à l'obtention de plusieurs joueurs clés (Tony Perez, Dave Cash, Bill Lee, Jeff Reardon) et à la mise sur pied d'une redoutable équipe au tournant des années 1980. Lui et Charles Bronfman ont par ailleurs fait de l'organisation des Expos de Montréal une terre d'accueil exceptionnelle pour les joueurs et leurs familles.

Personne n'est à l'abri d'erreurs et McHale aura lui aussi commis les siennes. Quelques choix de gérants (Karl Kuehl, Bill Virdon) ont tourné au vinaigre, et, cédant aux pressions de Gene Mauch, il a autorisé le pire échange de l'histoire du club, celui qui a envoyé Mike

Torrez et Ken Singleton aux Orioles de Baltimore contre le lanceur Dave McNally. Par ailleurs, il n'a pas toujours su aller chercher les éléments complémentaires qui auraient pu faire la différence dans quelques courses au championnat.

Finalement, j'ai toujours pensé que McHale n'a pas suffisamment cherché à développer de talents locaux, tant sur le terrain que sur le plan administratif. Comment se fait-il qu'en 18 ans à la présidence des Expos, McHale n'ait pas pu trouver un seul administrateur de la qualité d'un Claude Delorme, par exemple ? Au moment d'embaucher de nouvelles têtes, le réflexe de John était toujours le même : s'en remettre à son réseau de contacts... américain.

Au cours de son séjour à Montréal, il a donné la chance à deux de ses fils de faire leurs premiers pas dans le domaine administratif du baseball. Dans le cas de Kevin, il devait éventuellement emprunter une autre voie. Mais John Jr, lui, est actuellement vice-président de MLB après avoir été, comme son père, l'un des artisans de la fondation de l'équipe d'expansion les Rockies du Colorado en 1993 et, par la suite, président des Tigers de Detroit durant six saisons.

Après avoir cédé la présidence du club à Claude Brochu dans le courant de la saison 1986 – il avait alors 65 ans et souhaitait réduire sa charge de travail –, John McHale est demeuré dans l'entourage du club jusqu'en 1990, l'année où Charles Bronfman a vendu les Expos. Il a plus tard siégé au comité des vétérans au Temple de la renommée du baseball jusqu'à son décès en janvier 2008, à l'âge de 86 ans.

Avec Charles Bronfman et Jean Drapeau, John McHale complète le trio de pères fondateurs des Expos de Montréal.

Jim Fanning, directeur-gérant (1969-1976)

Receveur de carrière dans l'organisation des Cubs de Chicago, Jim Fanning a brièvement joué dans les majeures vers la fin des années 1950, sans vraiment arriver à s'établir dans les grandes ligues.

Par la suite, il a occupé le poste de gérant dans les filiales des Cubs avant de se joindre à l'organisation des Braves au milieu des années

1960 où il a connu John McHale et a assumé les fonctions de directeur des filiales et d'adjoint au directeur-gérant.

Après John McHale, Jim Fanning a été le deuxième homme embauché par l'administration des Expos de Montréal. Comme premier directeur-gérant, c'est à lui qu'a incombé la tâche de sélectionner les meilleurs joueurs disponibles lors du repêchage de l'expansion de 1968.

Malgré un choix de joueurs très restreint et un très court laps de temps pour se préparer, il a assemblé une équipe comprenant un certain nombre de vétérans, comme Manny Mota, Mack Jones, Jim Grant, Maury Wills ou Donn Clendenon, qui pouvaient aider la cause du club à court terme ou encore servir de monnaie d'échange.

Quelques mois plus tard, il réalisait la première transaction d'envergure des Expos, celle qui a amené à Montréal Rusty Staub, la vedette montante des Astros de Houston. Compte tenu du rôle que Staub a joué avec les Expos à un moment où l'équipe cherchait à s'établir à Montréal, il s'agit probablement de la meilleure transaction jamais réalisée par un directeur-gérant des Expos.

Mais ce n'est pas le seul bon coup que Fanning a réalisé comme directeur-gérant. Des acquisitions comme celles qui ont amené à Montréal Ron Fairly, Mike Marshall ou Ron Hunt ont renforcé l'équipe de façon significative. Le fameux échange qui a envoyé Staub à New York contre Ken Singleton, Mike Jorgensen et Tim Foli était un pari osé, mais les Expos ont pu compter sur trois joueurs de qualité qui ont figuré dans l'alignement tous les jours pendant au moins trois saisons et leur ont rendu d'excellents services.

Bien sûr, il y a eu cet atroce échange du 4 décembre 1974, qui a vu Ken Singleton et Mike Torrez passer aux Orioles de Baltimore en retour du vétéran lanceur gaucher Dave McNally, du voltigeur Rich Coggins et de Bill Kirkpatrick. McNally n'a lancé que 12 matchs avec les Expos en 1975 (3-6, 5,24) avant d'annoncer sa retraite tandis que Coggins, ennuyé par des problèmes de glande thyroïde, n'a joué que 13 matchs avec les Expos avant de voir son contrat vendu aux Yankees plus tard cette année-là. Singleton et Torrez, eux, ont continué d'exceller au niveau majeur pendant de longues années. Mais cet échange n'était pas de la seule initiative de Fanning : tant lui que John McHale et Gene Mauch l'avaient plébiscité.

L'impact de cette transaction s'est surtout fait sentir en 1976, une atroce saison qui a vu les Expos remporter seulement 55 matchs contre 107 défaites. Fanning a fini par en payer le prix et l'année suivante, les Expos l'affectaient au rôle de vice-président au développement des joueurs, un poste important mais beaucoup plus loin des projecteurs que celui de directeur-gérant.

Comme on l'a vu plus tôt, John McHale a, quelques années plus tard, surpris le monde du baseball en confiant le poste de gérant à Fanning alors que l'équipe était en pleine course au championnat. Jim n'a fait rien de moins que de conduire l'équipe au seul championnat de son existence. Mais après une deuxième année – éprouvante, celle-là – à la barre du club, McHale l'a rapatrié au poste de vice-président au développement, un rôle qui lui convenait bien davantage.

Il est bien connu que les « bons gars » ne survivent pas longtemps comme gérants d'équipes de baseball, une fonction dans laquelle réussissent davantage les Dick Williams ou Leo Durocher de ce monde. Or, la plupart des gens qui ont côtoyé Jim Fanning tout au long de son séjour avec les Expos – et je suis du nombre – considèrent qu'il a peut-être été l'homme le plus gentil, le plus attentionné envers les autres que cette organisation ait jamais embauché.

Son surnom – « Gentleman Jim » – ne lui avait pas été donné de façon ironique : il avait en effet tous les attributs du gentleman.

J'ai renoué avec Jim au moment de préparer le livre *Il était une fois les Expos* et j'ai constaté qu'il avait la même amabilité et la même générosité qu'à l'époque où nous nous croisions sur une base régulière. Nos entretiens – réalisés à son domicile près de London, en Ontario – m'ont aussi rappelé à quel point il était un communicateur hors pair : intelligent, drôle, et doté d'une mémoire phénoménale.

Parmi ses qualités personnelles figurent aussi discrétion et diplomatie. Abaisser l'autre ou émettre des opinions intempestives n'est pas trop son genre.

À l'époque où il était directeur-gérant, cette discrétion n'apparaissait toutefois pas toujours comme une qualité pour les journalistes… À l'image de son patron John McHale, Jim était à cheval sur les principes, surtout lorsqu'il s'agissait d'annoncer des transactions. Jamais il n'aurait laissé filtrer d'informations (même aux commentateurs, pourtant plus proches de l'équipe) en cours de pourparlers. Certains directeurs-gérants ne se privent pas de le faire, sachant qu'il s'agit d'une bonne façon de se gagner la sympathie des membres des médias. Fanning ne cédait pas à cette tentation.

Or, comme je l'ai mentionné dans un chapitre précédent, les équipes avec lesquelles il transigeait n'avaient pas toujours ces principes, si bien que nous, à Montréal, nous faisions souvent damer le pion par nos collègues américains… Sur le plan strictement professionnel, donc, cette qualité personnelle de Jim n'était pas celle que nous appréciions le plus…

Lorsque Charles Bronfman et John McHale ont quitté les Expos à la fin de la saison 1990, Jim a continué de travailler pour l'équipe pendant quelque temps dans le secteur du recrutement, jusqu'à ce que la nouvelle direction force sa sortie. Compte tenu des loyaux services que Jim avait rendus au club depuis sa toute première heure, il me semble qu'on aurait dû trouver les moyens de le garder dans une fonction ou une autre. À mes yeux, un gars comme Jim Fanning aurait dû être avec les Expos jusqu'à la toute fin.

Après son départ de Montréal, il a été dépisteur chez les Rockies du Colorado et a par la suite occupé le poste d'adjoint au directeur-gérant chez les Blue Jays de Toronto avant de devenir leur ambassadeur pour le baseball amateur canadien.

Élu à juste titre au Temple de la renommée du baseball canadien en 2000, Jim a adopté la citoyenneté canadienne en février 2012.

Murray Cook (1984-1987)

Si on fait exception de Claude Delorme, à qui on a confié le rôle de vice-président exécutif dans les dernières années de l'équipe, Murray

Cook aura été le seul administrateur de baseball d'origine canadienne embauché par les Expos.

Originaire de Sackville, au Nouveau-Brunswick, Cook a commencé sa carrière dans le baseball comme joueur d'intérieur dans l'organisation des Pirates de Pittsburgh en 1962. Il est ensuite devenu dépisteur et adjoint au directeur des filiales des Pirates avant d'être promu au poste de directeur du dépistage, poste qu'il a occupé de 1977 à 1982 avant de se retrouver dans les mêmes fonctions chez les Yankees de New York. Puis, en juin 1983, on l'a promu au titre de directeur-gérant, poste qu'il a occupé jusqu'en août 1984.

Un mois plus tard, les Expos le mettaient sous contrat en remplacement de John McHale.

La première embauche de Murray Cook fut celle du gérant Buck Rodgers. Quant à sa première transaction, elle fut rien de moins qu'explosive : il a envoyé Gary Carter aux Mets de New York, une transaction commandée par Charles Bronfman lui-même.

Lors de son premier camp d'entraînement avec les Expos, Cook avait appris que plusieurs membres des médias adoraient jouer au tennis, un sport qu'il affectionnait aussi. Comme il avait manifesté le désir de livrer quelques matchs, nous avons organisé un match amical avec un de nos bons amis qui se trouvait dans la région de West Palm Beach, un type du nom de Rolland Godin.

Godin, un type pas très grand, était âgé d'environ 55 ans alors que Cook, grand et athlétique, paraissait encore plus jeune que ses 47 ans. Mais voilà que dès les premiers échanges de balles, Murray a compris qu'il en aurait plein les bras. Une heure plus tard, Godin n'avait fait qu'une bouchée du DG des Expos.

Incrédule, Cook n'arrivait pas à s'expliquer comment ce petit bout d'homme avait pu l'humilier de la sorte. Mais il a tout compris lorsqu'on lui a dévoilé la feuille de route de Rolland Godin, ancien membre de la coupe Davis du Canada ! Cook avait bien ri.

Dans les années qui ont suivi, Murray Cook s'est avéré un excellent directeur-gérant (le meilleur de l'histoire des Expos selon Charles Bronfman), n'hésitant pas à transiger et mettant la main sur des joueurs de qualité comme Hubie Brooks, Mike Fitzgerald, Tim Burke, Vance Law et Tom Foley, pour ne nommer que ceux-là.

Le 11 août 1987, une bombe explosait au Stade olympique : sans qu'on n'ait rien vu venir, Murray Cook annonçait sa démission, évoquant comme motif d'importantes difficultés familiales. Dans les semaines qui ont suivi son départ, on a appris que le directeur-gérant avait eu une liaison avec la femme du président Claude Brochu... Cook a ensuite divorcé pour épouser l'ex-femme de son patron.

Murray Cook n'a pas tardé à se trouver de l'emploi, les Reds de Cincinnati lui offrant le poste de directeur-gérant dès la fin de 1987. Après une fructueuse première saison à Cincinnati, la suspension de Pete Rose a plombé la saison suivante et Cook en a éventuellement fait les frais.

Par la suite, le natif du Nouveau-Brunswick a agi comme dépisteur pour les Marlins et les Red Sox pendant près de deux décennies.

En juin 2014, sa longue et prolifique carrière dans le baseball a été célébrée par son élection au Temple de la renommée du baseball canadien de St. Marys, en Ontario.

Claude Brochu, président et commandité (1986-1999)

Le 4 septembre 1986, les Expos surprenaient le petit monde sportif montréalais en procédant à la nomination de Claude R. Brochu comme président et chef de l'exploitation des Expos de Montréal. Comme M. Brochu n'avait jamais œuvré dans le sport avant sa nomination, à peu près personne n'avait entendu parler de lui.

Charles Bronfman, lui, le connaissait bien : Brochu était vice-président au marketing chez Seagram. Fréquent partenaire de tennis de M. Bronfman, le gestionnaire de 40 ans possédait les qualités que recherchait le principal actionnaire des Expos : un *background* en marketing, de l'ambition – il avait monté les échelons un à un depuis son entrée chez Seagram en 1976 – et du leadership. Et il était parfaitement bilingue.

L'entrée en scène de Claude Brochu s'est faite en douce. Souhaitant une transition sans heurts, Charles Bronfman s'était assuré de la pré-

GRANDS ET MOINS GRANDS PATRONS • 251

sence de John McHale dans l'entourage de l'équipe en le nommant «président adjoint du conseil et directeur général» pour la saison 1987.

L'embauche de Brochu représentait quelque chose de spécial pour les employés de l'équipe puisque pour la première fois, ils pouvaient s'adresser à leur patron en s'exprimant dans leur langue maternelle. Après 18 ans à faire affaire avec un patron américain, le contraste était saisissant.

Sur un plan personnel, j'avoue que j'ai entretenu une belle amitié avec Claude Brochu. Non seulement nous jouions occasionnellement au tennis, mais j'ai souvent été invité à souper chez lui en compagnie d'autres employés des Expos; il est même venu à une occasion prendre un repas chez moi. Notre relation était très cordiale.

La vente du club en 1990 par M. Bronfman a considérablement changé la vie de Claude Brochu. Il est devenu non seulement actionnaire minoritaire (parmi un groupe hétéroclite de propriétaires incluant, entre autres, Bell, Provigo et le Fonds de solidarité du Québec) mais il s'est surtout vu confier le rôle de commandité de l'équipe.

Le baseball majeur ayant l'habitude de s'adresser à un seul interlocuteur par équipe, il était prévu qu'un club appartenant à plusieurs entités désigne un porte-parole, un commandité qui s'exprimerait au nom de tous.

Bien que cette façon de procéder assurait en théorie plus de cohérence dans les vues du club, elle conférait aussi passablement de pouvoirs à ce commandité, même s'il n'était pas le principal bailleur de fonds (M. Brochu avait investi seulement 2 millions sur les 100 millions qu'avait coûté l'équipe).

Les trois premières années du nouveau régime (de 1991 à 1993) se sont déroulées plutôt harmonieusement mais petit à petit, des actionnaires ont commencé à murmurer que le commandité en menait large dans le groupe de partenaires. Certains ont dit souhaiter une autre structure décisionnelle qui s'apparenterait à un conseil d'administration. Comme Brochu savait cette façon de procéder irrecevable dans les bureaux du baseball, il s'y est opposé vigoureusement, ce qui a fait qu'il s'est aliéné quelques-uns des actionnaires.

Les choses se sont davantage compliquées quand l'Association des joueurs et les propriétaires n'ont pas réussi à s'entendre sur le principe de partage des revenus. Les propriétaires y voyaient une occasion de rétablir un équilibre entre équipes riches et pauvres et aussi (surtout, sans doute) de mettre un frein à la hausse effrénée des salaires.

La menace d'une grève a rapidement plané sur les négociations. Pour les propriétaires de petit marché comme Claude Brochu, ce bras de fer était indispensable à la survie de leur club. Le commandité militait pour le maintien d'une ligne dure auprès des autres proprios des majeures, même si cela risquait de sacrifier la saison. Pour lui, il n'y avait pas de doute : l'avenir des Expos passait par le partage des revenus.

Le problème, c'est que ce bras de fer avait lieu l'année où les Expos étaient imbattables (1994), semblant voguer de manière certaine vers la Série mondiale (et vers le pactole accompagnant les matchs d'après-saison). Certains des actionnaires des Expos n'étaient pas convaincus du bien-fondé de la stratégie de Brochu, préférant sauver la saison et profiter tout de suite de la manne. Mais comme ces actionnaires n'étaient que consultatifs, leur point de vue n'a pas été entendu…

Finalement, la stratégie des tenants de la ligne dure a prévalu et la grève a été déclenchée. Malheureusement, la saison ainsi que les séries d'après-saison seraient bientôt sacrifiées.

Brochu avait perdu son pari et les autres actionnaires du club avaient dû regarder le naufrage sur la touche, sans possibilité d'intervenir.

Trois ans plus tard, Claude Brochu, découragé des sièges laissés vacants au Stade olympique, lançait une importante initiative : un projet de nouveau stade en plein air dans le centre-ville de Montréal, la seule façon, affirmait-il (à raison), d'augmenter les revenus et d'assurer la survie du club à Montréal.

Malheureusement, non seulement Brochu n'est pas parvenu à convaincre le gouvernement du Québec à investir dans le projet, il n'a même jamais réussi à rallier totalement ses partenaires à cette idée de nouveau stade.

Lorsqu'en septembre 1998, le premier ministre du Québec Lucien Bouchard a convoqué Brochu à son bureau pour lui confirmer de vive voix que son gouvernement ne participerait pas à son projet, le président et commandité des Expos, sachant qu'il n'avait plus l'appui des actionnaires du club, a tout de suite baissé les bras. Immédiatement et irrévocablement.

À mon avis, l'abdication de Claude Brochu à la suite du refus du gouvernement est LE point tournant qui a ouvert toute grande la porte au départ des Expos de Montréal.

Bill Stoneman, directeur-gérant (1987-1988)

Bill Stoneman, le 10ᵉ choix des Expos lors du repêchage de l'expansion de 1969, est sorti de l'anonymat en signant le premier match sans point ni coup sûr de l'histoire des Expos le 17 avril 1969 à Philadelphie. Dans les années qui ont suivi, il s'est avéré être le meilleur lanceur de son équipe. Malheureusement, une blessure au bras a mis fin à sa carrière prématurément, alors qu'il n'avait que 30 ans.

Après avoir accroché son gant, Stoneman a entrepris une carrière dans le monde des affaires avec le Royal Trust, d'abord à Montréal, puis à Toronto.

Il est revenu chez les Expos en novembre 1983, acceptant le poste d'adjoint au président avant d'être nommé vice-président, administration baseball, en septembre 1984.

À titre d'administrateur, Stoneman a toujours eu la réputation d'être très réticent à dépenser l'argent de l'équipe. Quand on était à l'étranger et qu'on croisait un Motel 8, on ne manquait pas de blaguer : « Si Bill est encore là l'année prochaine, peut-être qu'on va finir par aller coucher là… » D'ailleurs, si ma mémoire est fidèle, Stoneman n'a jamais perdu une cause en arbitrage, ce qui n'en a pas toujours fait l'administrateur du club le plus populaire auprès des joueurs…

Quand le directeur-gérant Murray Cook a dû quitter précipitamment son poste en août 1987, les Expos se sont tournés vers Bill pour le remplacer. Bien qu'il fût plutôt conservateur à ses débuts au poste, Stoney a fait quelques bons coups en tant que DG, comme les rappels des mineures d'Otis Nixon et de Rex Hudler, deux laissés-pour-compte qui ont donné des ailes aux Expos de 1987.

Toutefois, les Expos savaient qu'ils avaient un administrateur de talent dans leurs rangs – le jeune Dave Dombrowski, qui avait alors à peine plus de 30 ans –, et peut-être parce qu'ils craignaient de le perdre à un autre club, ils ont décidé de le substituer à Stoneman, qu'on a alors ramené dans ses fonctions antérieures.

Claude Brochu admet aujourd'hui qu'un de ses plus grands regrets à la présidence des Expos est de ne pas avoir vraiment donné sa chance à Stoneman comme directeur-gérant.

Bill Stoneman a été un bon soldat pour le club pendant les dures années qui ont suivi la vente de feu de 1995, aidant la direction à tenir bien serrés les cordons de la bourse. Mais à un moment donné, il en a eu assez de la bisbille entre propriétaires et en 1999, quand il a appris que c'est Jeffrey Loria qui prendrait la direction de l'équipe, il a mis fin à sa longue association avec le club pour accepter le poste de directeur-gérant des Angels de Los Angeles.

C'est lui qui a embauché le gérant Mike Scioscia et trouvé les éléments qui manquaient afin de conduire les Angels au championnat de l'Américaine et aux ultimes honneurs dans la Série mondiale de 2002.

Stoneman a démissionné en 2007, après que Arturo Moreno eut acheté les Angels de la compagnie Walt Disney. Aujourd'hui âgé de 70 ans, Stoney travaille encore pour les Angels, mais à titre de conseiller senior auprès du président de l'équipe.

Dave Dombrowski (1988-1991)

Dave Dombrowski a entrepris sa carrière administrative dans le baseball chez les White Sox de Chicago, sous l'égide de Roland Hémond dont il était devenu l'adjoint alors qu'il n'avait même pas franchi le cap de la trentaine.

Lorsque Dombrowski a été embauché par les Expos à titre de directeur du développement des joueurs, j'avais bavardé avec Hémond (un

Franco-Américain qui parlait encore un français fort respectable) et c'est avec enthousiasme qu'il m'avait vanté les talents du jeune administrateur. Un peu plus d'un an après, soit en juillet 1988, Dave devenait le plus jeune directeur-gérant du baseball majeur en succédant, à 31 ans, à Bill Stoneman.

Pendant les trois premières années de sa direction, les Expos ont offert un rendement de ,500 ou plus. Mais c'est en mai 1989 que D.D. (son surnom chez les Expos) a le plus fait parler de lui en réalisant une transaction rien de moins que spectaculaire : pour obtenir le lanceur vedette Mark Langston des Mariners de Seattle, Dombrowski avait laissé partir trois jeunes lanceurs d'avenir : Brian Holman, Gene Harris, et un grand droitier du nom de Randy Johnson.

Le jeune administrateur des Expos jouait gros. Certes, Langston était un lanceur de grande qualité – un gaucher par-dessus le marché –, mais il obtiendrait son autonomie à la fin de la saison 1989 et la rumeur courait qu'il souhaitait poursuivre sa carrière en Californie, entre autres parce que son épouse – une animatrice de télévision – aurait des belles possibilités d'emploi là-bas.

Mark Langston a connu un départ du tonnerre avec sa nouvelle équipe, collectionnant victoires et retraits au bâton. Du 26 juin au 6 août, les Expos se sont maintenus seuls au premier rang de l'Est, et dans les tribunes téléphoniques du Québec, on commençait à rêver de championnat. Mais dans les semaines qui ont suivi, Langston a « manqué de gaz », et l'équipe au complet s'est écrasée : 9 victoires, 19 défaites en septembre. Les Expos ont terminé la saison en 4ᵉ position avec une fiche d'exactement ,500 et quelques semaines plus tard, Langston et son épouse prenaient un vol, aller simple, vers la Californie. Plus tard, à Seattle, on verrait éclore un grand lanceur du nom de Randy Johnson…

L'étoile de D.D. a alors commencé à pâlir un peu, et quand les Expos ont changé de main à la fin de 1990 et que la nouvelle direction lui a exposé son plan de match (austérité, austérité, austérité), Dombrowski a commencé à s'interroger sur son avenir à Montréal.

Peu après, la Ligue nationale annonçait qu'elle allait agrandir ses cadres en ajoutant deux clubs pour la saison en 1993. Un de ces clubs

cherchait justement un bon directeur-gérant pour lancer la concession. En septembre 1991, D.D. annonçait son départ.

Puis, dans les mois qui ont suivi, plusieurs administrateurs des
filiales des Expos – dont le réputé dépisteur Gary Hughes – ont tous
aussi décidé de plier bagage pour suivre le patron jusqu'en Floride.
L'exode fut si important qu'il a forcé le commissaire Fay Vincent à
intervenir pour demander à Dombrowski d'arrêter d'utiliser l'organisation des Expos comme pépinière de talents.

En 1997, seulement cinq ans après leurs débuts, les Marlins de Dave
Dombrowski, grandement favorisés par un budget apparemment
illimité, ont remporté une première Série mondiale.

Les quatre dernières saisons de Dombrowski avec les Marlins n'ont
pas été aussi heureuses puisque le propriétaire Wayne Huizenga, soudainement inspiré du modèle montréalais, avait décidé de laisser
partir tous les vétérans qui coûtaient trop cher à ses yeux.

En novembre 2001, Dave Dombrowski a quitté les Marlins pour
accepter la présidence des Tigers de Detroit. Après le début de saison
atroce de l'équipe le printemps suivant (six défaites de suite),
Dombrowski a relevé Randy Smith de son poste de directeur-gérant
et a décidé de cumuler les deux fonctions.

En 2006, après avoir embauché Jim Leyland (celui-là même qui
avait mené les Marlins en Série mondiale en 1997), Dombrowski a vu
ses Tigers remporter leur premier championnat de la Ligue américaine
depuis 1984, exploit qu'ils ont aussi répété en 2012. Mais les deux fois,
Detroit s'est incliné en Série mondiale, d'abord aux mains des Cards
de Saint Louis puis à celles des Giants de San Francisco.

Dommage, car à mon avis, un homme de la trempe de Dave
Dombrowski mériterait bien de remporter à nouveau les plus grands
honneurs.

C'est que si le sobriquet de «Gentleman Jim» n'avait pas déjà été
accolé au nom de Jim Fanning, on aurait facilement pu surnommer
Dave Dombrowski «Gentleman Dave».

Dombrowski a eu la délicatesse, en 2004, à la suite de mon élection
au Temple de la renommée du baseball canadien, de me faire parvenir

une lettre, écrite à la main, me félicitant de cet honneur et me souhaitant d'être un jour admis à Cooperstown.

Aussi, je n'oublie pas une faveur que m'a rendue Dave il y a quelques années – en 2011. Cette année-là, le championnat canadien de baseball junior se déroulait à Windsor, en Ontario (à quelques kilomètres de Detroit).

Le chef de mission de l'équipe canadienne m'avait joint à Québec (où je travaillais pour les Capitales) pour me demander si je pouvais trouver des billets afin de permettre aux joueurs d'aller assister à un match entre les Tigers et les White Sox de Chicago. J'ai alors tenté d'appeler Dombrowski à Detroit, mais son adjointe m'a informé qu'il se trouvait avec les Tigers à Cleveland, m'assurant toutefois qu'elle lui ferait savoir que je cherchais à le joindre. Moins d'une demi-heure plus tard, le téléphone sonnait à Stoneham, où j'habitais pendant l'été. C'était le président des Tigers au bout du fil.

Je l'ai d'abord félicité de sa récente prolongation de contrat et ensuite lui ai fait part de ma demande. Il a d'abord été incertain de pouvoir y acquiescer, car lorsqu'il avait quitté Detroit, on prévoyait faire salle comble pour le match en question. Il a toutefois ajouté qu'il allait s'informer et qu'il me reviendrait là-dessus. Une quinzaine de minutes plus tard, un employé de la billetterie des Tigers me passait un coup de fil pour me demander le nombre de billets requis et à quel nom il devait les laisser…

Lorsque le second tome du bouquin *Il était une fois les Expos* a paru plus tard cette année-là, Dave est le seul ancien Expo qui a pris la peine de nous écrire pour nous féliciter et nous souhaiter bonne chance.

Cela donne une idée du genre de bonhomme qu'est Dave Dombrowski.

Dan Duquette (1991-1994)

Dan Duquette était au début de la vingtaine quand il est entré à l'emploi des Brewers de Milwaukee. Au début des années 1980, il a entrepris son apprentissage sous l'égide d'un excellent professeur : Harry Dalton.

C'est en 1987 qu'il a accepté l'offre des Expos à titre de directeur du développement des joueurs. C'est dans ce rôle qu'il a déniché des joueurs fort prometteurs comme Marquis Grissom, Cliff Floyd et Rondell White, en plus de faire signer des contrats, entre autres, à Vladimir Guerrero et Orlando Cabrera. Quand Dave Dombrowski a quitté les Expos en septembre 1991, c'est à lui qu'on a offert le poste de directeur-gérant de l'équipe.

J'ai toujours eu une excellente relation avec Dan. Peut-être à cause de son nom de famille qui ressemblait au mien. Chaque fois que je le rencontrais, je le saluais comme étant mon « cousin » tandis qu'il me rendait la pareille, mais en me qualifiant d'être son « oncle », car j'étais beaucoup plus âgé que lui.

Si Duquette a eu la main heureuse pour dénicher des futurs Expos dans ses anciennes fonctions, le succès l'a également suivi dans ses transactions comme directeur-gérant. En effet, on le crédite d'avoir été celui qui a bâti la fameuse édition 1994 des Expos puisqu'il a réalisé les transactions qui ont amené à Montréal des gars comme Kenny Hill, Jeff Shaw, John Wetteland et Pedro Martinez.

L'échange qui a amené Pedro à Montréal – et envoyé le populaire Delino DeShields à Los Angeles – a certes été le plus spectaculaire. Échanger un joueur en pleine ascension contre un autre qui, lui aussi, est plein de promesses est un exercice périlleux. Les observateurs passent les années suivantes à comparer les deux joueurs pour savoir quelle équipe a eu le dessus.

À Montréal, l'annonce de la transaction n'avait réjoui à peu près personne, les observateurs voyant dans cette initiative une autre façon de maintenir la masse salariale au plus bas.

Les chiffres pointaient en effet dans cette direction. Alors que DeShields soutirerait 2 700 000 dollars à ses nouveaux employeurs à Los Angeles en 1994, Pedro, lui, devrait se contenter de 200 000 dollars.

Or, Duquette était sûr de son coup. Une fois l'échange conclu, il a passé un coup de fil au président Claude Brochu : « Claude, nous allons gagner le championnat cette année. »

Mais Dan Duquette ne serait plus en poste pour voir sa prédiction (presque) se réaliser : en janvier 1994, il quittait les Expos et acceptait le poste de directeur-gérant chez les Red Sox de Boston.

C'est que plus jeune, Duquette était un grand fan des Red Sox et quand le poste de DG s'est ouvert à la fin de 1993, Dan est allé voir son président Claude Brochu pour lui demander de le libérer de ses obligations à Montréal (il avait encore un an à faire à son contrat) afin de pouvoir réaliser son rêve de diriger l'équipe de ses premières amours. Certes, le président des Expos aurait souhaité le garder. Mais quand un employé a l'occasion de grimper un échelon, il est toujours malvenu de tenter de l'en empêcher. Brochu a donc acquiescé à sa demande et Duquette a pris le chemin de la Nouvelle-Angleterre.

Dan a connu beaucoup de succès à la tête des Bostonnais. Sous sa férule, les Red Sox ont compilé un dossier de 656-574, et à compter de 1998, ils ont établi toutes sortes de records d'assistance et de revenus. À l'automne 1997, quand les Expos ont fait savoir qu'ils cherchaient à échanger un Pedro Martinez devenu trop coûteux, Duquette n'a pas raté l'occasion de rapatrier le brillant jeune lanceur dans son club.

Malheureusement pour lui, l'arrivée d'un nouveau propriétaire à Boston en 2002 a signifié la fin de son parcours là-bas. Il n'était donc plus avec les Red Sox lorsqu'ils ont remporté la Série mondiale deux ans plus tard. Il pouvait tout de même se consoler : l'édition des Red Sox de 2004 portait encore sa signature.

Dans les années qui ont suivi, Duquette a disparu des manchettes. Il a fondé une académie sportive en Nouvelle-Angleterre, a participé à l'instauration d'un programme de baseball en Israël en plus d'acquérir une équipe de la ligue de baseball indépendante Can-Am.

En novembre 2011, il est revenu en force dans les majeures en acceptant le poste de directeur-gérant des Orioles de Baltimore. Dès la saison suivante, les Orioles se classaient dans les séries d'après-saison pour la première fois en 14 ans.

Dan Duquette est un autre de ces anciens dirigeants des Expos qui a connu beaucoup de succès après son départ de Montréal. Et un autre qui mériterait bien d'accéder un jour aux plus grands honneurs.

Kevin Malone (1994-1996)

Kevin Malone avait une longue feuille de route avant d'arriver à Montréal, ayant joué dans le réseau des filiales des Indians de Cleveland avant de se joindre aux Angels de la Californie à titre de dépisteur de 1984 à 1987.

Dans l'organisation des Expos, il a occupé le poste d'instructeur des frappeurs avec la filiale de Jamestown en 1988 pour ensuite devenir superviseur des dépisteurs sur la côte est pour le compte des Twins du Minnesota.

Nommé directeur du dépistage chez les Expos en 1991, Malone a rapidement été surnommé « Cowboy » quand il a été promu au poste de directeur-gérant en 1994. Le surnom lui venait en partie des flamboyants Stetson qu'il aimait bien porter, mais aussi en raison de sa grande volubilité – probablement le directeur-gérant le plus extraverti que les Expos aient engagé de leur histoire.

Sa semaine la plus sombre à Montréal est évidemment survenue lors du camp d'entraînement de 1995, alors qu'il avait dû se plier aux volontés de ses patrons et échanger en quelques jours trois des meilleurs joueurs du club : Marquis Grissom, Ken Hill et John Wetteland. Dégoûté de voir les considérations monétaires prendre autant de place dans le baseball, le très chrétien Malone avait déclaré que le baseball majeur était dorénavant contrôlé par le « diable »…

Après cet épisode, Malone a perdu un peu de sa légendaire volubilité et il a senti le besoin d'inventer quelques raisons farfelues – comme les allergies de son fils – pour quitter les Expos à la fin de 1995 et devenir l'adjoint au directeur-gérant des Orioles à Baltimore.

Il a toutefois pleinement retrouvé son exubérance quand les Dodgers de Los Angeles l'ont nommé directeur-gérant en septembre 1998. Dès son arrivée là-bas, il s'est proclamé le « nouveau shérif en ville » !

Habitué qu'il était de travailler avec un budget restreint, Malone se retrouvait désormais avec une équipe dont les coffres étaient bien garnis. Oubliant peut-être ses déclarations passées sur l'argent et le diable, Malone s'est empressé d'offrir des contrats fort lucratifs à des joueurs comme Kevin Brown, Shawn Green et Gary Sheffield. Malheureusement pour lui, cette généreuse distribution de billets verts ne s'est pas traduite par des championnats.

En avril 2001, après s'être querellé avec un fan qui harcelait un de ses joueurs depuis les gradins du stade des Padres à San Diego, Cowboy Malone a donné sa démission.

Aux dernières nouvelles, il travaillait comme vendeur d'automobiles de luxe en Californie.

Jim Beattie (1995-2000)

En Jim Beattie, les Expos ont embauché un directeur-gérant de format géant pour succéder à Malone en 1995. L'ancien lanceur des Yankees et des Mariners en imposait par son gabarit de 6' 5".

Une opération à la coiffe du rotateur ayant mis fin à sa carrière comme lanceur, Beattie est retourné aux études à l'Université de Washington et après avoir obtenu son diplôme (MBA), il a été embauché par les Mariners à titre de directeur du développement des joueurs en 1990.

Avec les Expos, Beattie a dû rapidement apprendre à fonctionner à l'intérieur d'un microbudget. Il comprenait la situation du club et ne s'est jamais plaint d'avoir à opérer dans un cadre restreignant. De toute façon, contrairement à son prédécesseur, Beattie n'était pas le plus loquace des hommes et il n'aurait pas été du genre à provoquer des esclandres.

Il a failli réussir un coup de maître en 2000 alors qu'il croyait avoir conclu un marché qui lui aurait permis d'amener à Montréal le lanceur droitier Éric Gagné – qui n'était pas encore le releveur de puissance qu'il s'apprêtait à devenir.

Après une longue soirée de négociations dans le cadre des assises d'hiver du baseball, Beattie et son homologue à Los Angeles – nul autre que Kevin Malone – s'étaient serré la main pour sceller la transaction.

Mais le lendemain matin, Malone a joint Beattie au téléphone pour lui annoncer qu'à son grand désarroi, ses patrons avaient refusé de sanctionner la transaction… De 2002 à 2004, Gagné deviendrait le releveur le plus dominant du baseball, remportant même le Cy Young en 2003. Gagné serait-il devenu ce lanceur à Montréal ? Ça, on ne le saura jamais.

Beattie devait quitter les Expos à la fin de la saison 2001 pour se joindre une année plus tard aux Orioles de Baltimore à titre de vice-président exécutif, opérations baseball. Il a ensuite partagé le rôle de directeur-gérant avec l'ancien lanceur Mike Flanagan jusqu'à la fin de 2005.

Jeffrey Loria et David Samson (1999-2001)

Jeffrey Loria et son beau-fils David Samson sont indissociables, ayant tous les deux parlé d'une seule et unique voix lors de leur désastreux passage à Montréal : une voix qui se voulait forte – mais qui s'est surtout avérée autocratique.

Quand Claude Brochu avait suggéré aux actionnaires québécois de mettre l'équipe en vente, ceux-ci s'étaient vivement opposés à l'idée. Cependant, aucun d'eux ne s'est levé pour dire qu'il était prêt à investir davantage pour prendre l'équipe en main.

C'est alors que Jacques Ménard et quelques autres actionnaires se sont mis à la recherche d'un investisseur important, tout en insistant sur le fait que cette personne devait s'engager à garder les Expos à Montréal.

Un marchand d'œuvres d'art de New York, Jeffrey Loria, est alors entré dans la danse.

Loria avait déjà été propriétaire d'une équipe de calibre AAA à Oklahoma City, une filiale des Rangers du Texas, en 1989, un club qui avait remporté le championnat de l'Association américaine en 1992.

En 1990, alors que Claude Brochu et Jacques Ménard tentaient de trouver des acheteurs intéressés à acquérir l'équipe de Charles Bronfman, leurs recherches les avaient conduits jusqu'à la porte de

Jeffrey Loria. Mais quand Claude Brochu a réalisé que ce qui intéressait le marchand d'art, c'était de devenir le commandité du club – un rôle qu'il convoitait pour lui-même –, le nom de Loria a rapidement été rayé de la liste des prétendants.

Après avoir vendu son club AAA en 1993, Loria a tenté de se porter acquéreur des Orioles de Baltimore, mais ses efforts ont alors été contrés par Peter Angelos, un riche avocat de Baltimore qui s'est avéré encore plus déterminé que lui à mettre la main sur l'équipe.

Sur cet épisode, Loria m'a d'ailleurs déjà confié, lors d'une de mes rares discussions avec lui, que les autorités du baseball majeur ne l'aimaient pas beaucoup et qu'elles étaient bien heureuses de voir que c'était Angelos qui avait remporté la mise à Baltimore.

Ce qui aurait dû me mettre davantage la puce à l'oreille, c'est que d'anciens responsables de la mise en marché de son équipe AAA à Oklahoma City avaient mis en garde les représentants des Expos lors d'une réunion à Chicago : Loria et Samson, avaient-ils dit, avaient une attitude dictatoriale, voulant contrôler tous les secteurs de l'organisation, de la gestion baseball jusqu'à la mise en marché. En somme, ils étaient loin d'être des patrons modèles…

Mais les multimillionnaires intéressés à acheter une équipe de baseball majeur et prêts à s'engager à la garder à Montréal ne couraient pas les rues, et les actionnaires n'ont pas vraiment eu le choix de jouer leur va-tout sur Loria. En décembre 1999, on annonçait à grands coups de clairon que Jeffrey Loria devenait propriétaire à 24 % des Expos, à raison d'un investissement d'environ 18 millions de dollars canadiens – et qu'il en devenait aussi le commandité.

Loria et Samson étaient-ils bien intentionnés au départ ou savaient-ils exactement où ils s'en allaient lorsqu'ils se sont dits prêts à se porter acquéreurs de l'équipe ? Eux seuls le savent – et on ne connaîtra jamais le fond de leur pensée.

Comme j'en ai parlé au chapitre 4, leurs nobles intentions ont vite fait place à beaucoup d'arrogance – particulièrement de la part de David Samson, alors dans la jeune trentaine. Si les actionnaires québécois trouvaient qu'ils n'étaient pas suffisamment consultés à l'époque ou le commandité était Claude Brochu, ils n'avaient encore rien vu.

La première balle de la saison n'était pas encore lancée que le dynamique duo new-yorkais s'était déjà aliéné partenaires, médias et commanditaires. Serge Touchette du *Journal de Montréal* avait déjà commencé à les appeler « Grand Galop et Petit Trot ».

Plus tard, après avoir essuyé à leur tour un refus du gouvernement du Québec dans le dossier de financement du nouveau stade, Grand Galop et Petit Trot ont dévoilé leurs vraies couleurs : « Nous ne pouvons pas rester ici » ! Prouvant qu'ils ne blaguaient pas, ils annonçaient le 23 août 2000 qu'ils abandonnaient l'option que l'équipe avait prise quelques années plus tôt sur le terrain du centre-ville où le nouveau stade serait érigé.

Leur stratégie suivante a été fort simple. Sachant bien que les actionnaires ne voulaient pas réinvestir dans l'équipe, Loria leur a demandé à répétition de mettre plus d'argent sur la table.

Refusant de le faire, les actionnaires ont vu peu à peu leur participation dans la propriété des Expos décroître au profit du marchand d'art, si bien que Loria s'est bientôt retrouvé majoritaire à environ 94 %.

Régnant en seuls maîtres à bord, Loria et Samson ont continué à faire comme bon leur semblait : ils ont remplacé le directeur-gérant Jim Beattie par Larry Beinfest, un type qui ne semblait pas trop pressé de les contredire, et ils ont montré la porte au gérant Felipe Alou.

À la fin 2001, la concession, désormais en piètre état, semblait vouée à une mort certaine. Le baseball majeur avait décidé de dissoudre tout simplement l'équipe, de même qu'une autre concession en difficultés, les Twins du Minnesota. Mais des procédures judiciaires – venant du Minnesota, pas de Montréal – ainsi qu'une féroce opposition de l'Association des joueurs (la perte de deux équipes signifierait la perte de plusieurs emplois) ont fait reculer le bureau du commissaire.

Les autorités du baseball – avec Bud Selig en tête – ont alors imaginé un tour de passe-passe en trois temps pour se sortir d'embarras.

D'abord, ils ont acheté les Expos de Jeffrey Loria, fixant à 120 millions le prix de la concession.

Puis, ils ont aidé Loria – qui voulait demeurer dans le baseball – à se porter acquéreur des Marlins de la Floride, alors propriété de John W. Henry, en lui accordant un prêt sans intérêt de 38,5 M $, question de lui permettre de payer les 158,5 M $ exigés par Henry. Quant à ce dernier, il réalisait son rêve de mettre la main sur les Red Sox de Boston (prix de vente : 700 M $).

La vente tripartite a incité les actionnaires québécois à intenter une poursuite contre Loria et le baseball majeur, soutenant que ces deux parties avaient contrevenu aux dispositions du Racketeer Influenced and Corrupt Organisations Act (RICO). Mais ils furent éventuellement déboutés devant un tribunal d'arbitrage.

Puis, dans une finale digne des plus cruels films noirs, les Marlins de Jeffrey Loria et de David Samson remportaient la Série mondiale en octobre 2003.

Quelques années plus tard, Grand Galop et Petit Trot ont réussi à convaincre les autorités du sud de la Floride d'investir 350 millions dans la construction d'un nouveau stade pour leurs Marlins.

En 2014, David Samson s'est lancé le défi de participer à la célèbre émission de télévision américaine *Survivor,* où des participants rassemblés sur une île doivent « survivre » à une purge hebdomadaire de concurrents. Dans le dossier de candidature qu'il avait soumis à la chaîne de télé CBS, Samson se vantait d'avoir « réussi l'exploit de soutirer 350 millions aux autorités gouvernementales du comté de Miami-Dade et à la Ville de Miami en pleine période de récession ».

Les participants de son équipe le jugeant insupportable, il fut le premier candidat expulsé de l'émission.

Malheureusement, il aura fallu deux longues années avant que Samson et Loria décampent de l'île de Montréal...

Tony Tavares et Omar Minaya (2002-2004)

La nouvelle équipe de direction qui a débarqué à Montréal en 2002 n'était comme aucune autre avant elle : le président Tony Tavares, le directeur-gérant Omar Minaya et le gérant Frank Robinson n'avaient pas été engagés par le club qu'ils représentaient, mais bien par le bureau du commissaire. Et le bureau du commissaire, c'était en fait les 29 autres clubs des majeures.

En 2002, les Expos disputeraient donc des matchs à des équipes qui défrayaient le salaire de *leurs* joueurs. Une situation aussi inusitée qu'absurde.

J'ai déjà dit tout le bien que je pensais de Frank Robinson dans le chapitre précédent et je ne reviendrai donc pas là-dessus.

Heureusement, les deux autres avaient beaucoup plus d'envergure.

Tony Tavares n'était pas le dernier venu. Il avait occupé le poste de président des Angels de Los Angeles pendant six saisons. En réalité, à titre de président d'Anaheim Sports Inc., il était également responsable des opérations des Mighty Ducks d'Anaheim de la Ligue nationale de hockey.

Contrairement à Loria et son beau-fils, Tavares n'est pas arrivé à Montréal avec l'attitude du gars qui sait tout et qui a tout vu. Il était respectueux, à l'écoute, et il n'a pas craint de faire confiance à un homme comme Claude Delorme (le vice-président exécutif) qui connaissait évidemment mieux que lui le marché montréalais.

Quant à Omar Minaya, il avait été directeur-gérant adjoint des Mets de New York de 1997 à 2001. Précédemment, il avait été directeur du recrutement des Rangers du Texas, où il a participé à l'embauche de joueurs comme Sammy Sosa et Juan Gonzalez. Sa nomination chez les Expos en faisait le premier directeur-gérant d'origine latine de l'histoire des majeures.

De loin le plus sympathique et abordable administrateur des Expos depuis le départ de Dan Duquette, Minaya s'est intégré très facilement à la vie montréalaise, soulignant d'abord qu'il n'y était pas complètement étranger, car il avait fait son voyage de noces dans les Laurentides! Il ne craignait jamais de rencontrer les journalistes et de tirer au clair des situations qui paraissaient confuses. Il était toujours disponible et aimait bien se promener avec une casquette originale des Royaux de Montréal.

Les défis de Tavares et Minaya étaient plus complexes que ceux que doivent normalement affronter les administrateurs d'équipes de baseball. C'est qu'en plus de devoir présenter une équipe compétitive sur le terrain tout en respectant une stricte ligne budgétaire, ils devaient aussi – surtout, peut-être – préparer la fermeture d'une concession. Car la saison 2002 serait la dernière de cette équipe. Après, les joueurs seraient répartis dans les 13 autres équipes de la ligue.

Or, ce que personne n'avait prévu, c'est que le club connaîtrait beaucoup plus de succès sur le terrain qu'escompté. Tavares et Minaya se sont donc rapidement retrouvés devant un curieux dilemme : fallait-il mettre la voiture sur le pilote automatique et attendre que les longues journées de juillet et août viennent à bout de cette équipe n'ayant probablement pas la profondeur pour se rendre jusqu'au bout ? Ou fallait-il mettre l'accélérateur à fond et essayer de gagner comme toutes les autres ? Ils ont choisi la deuxième voie.

Le raisonnement n'était pas bête : si c'était la dernière saison de baseball majeur à Montréal, pourquoi ne pas donner aux fans une ultime occasion de vivre une course au championnat ?

On connaît la suite – détaillée au chapitre 4 –, une transaction jugée parmi les pires de l'histoire du baseball.

Les transactions servant souvent de barème pour juger du travail d'un directeur-gérant, peut-on conclure qu'Omar Minaya a été le pire DG de l'histoire des Expos ? Compte tenu des circonstances dans lesquelles il devait travailler, certainement pas. Voulant offrir à la concession son chant du cygne, il avait joué le tout pour le tout.

Par ailleurs, si Minaya voulait attirer l'attention des directions des diverses équipes des majeures pendant son séjour montréalais, il avait plus de chances d'y arriver en prenant des risques qu'en étant prudent. C'est d'ailleurs ce qui s'est produit puisqu'à la fin 2004, son ancienne équipe, les Mets de New York, lui a offert le poste de directeur-gérant, où il est demeuré jusqu'à la fin 2010.

Quant à Tony Tavares, une fois les Expos transférés à Washington, il a poursuivi son boulot pour le compte du baseball majeur en travaillant à trouver des investisseurs intéressés à acheter les Nationals de Washington.

Puis, en janvier 2011, les Stars de Dallas de la Ligue nationale de hockey l'ont engagé comme président par intérim du club.

CHAPITRE 8

Manches supplémentaires

Pendant l'automne-hiver 2004-2005, j'avais espéré – sans trop y croire, toutefois – que l'injonction déposée par les ex-actionnaires mettrait des bâtons dans les roues du camion de déménagement filant avec les Expos vers Washington. Mais un jugement de la cour américaine a balayé ce dernier espoir du revers de la main. La poursuite des actionnaires était non seulement jugée non recevable, mais « frivole », aussi.

Il fallait me rendre une fois pour toutes à l'évidence : l'équipe était partie et ne reviendrait plus.

Après une année 2005 à ne pas savoir ce qui m'attendait et à me demander si ma longue expérience dans le baseball me serait encore utile sur le plan professionnel, le coup de fil de Michel Laplante des Capitales de Québec est arrivé comme une planche de salut. Comme je le mentionne plus haut dans le prologue, je n'ai pas hésité très longtemps avant d'accepter l'offre des Capitales.

Même si autour de moi on se réjouissait de me voir accepter ce nouveau défi, quelques autres ont exprimé des réserves. Était-ce vraiment une bonne idée de m'associer à une équipe de calibre mineur ? Après tout, j'avais passé la majeure partie de ma carrière dans le circuit professionnel le plus prestigieux d'Amérique. Bernard Derome aurait-il agi comme lecteur de nouvelles dans une télé communautaire après sa retraite de Radio-Canada ?

Je n'avais pas cette lecture de la situation. Les Capitales évoluent dans une ligue professionnelle, et bon nombre de ses joueurs ou entraîneurs sont passés par le baseball organisé.

Surtout, j'allais renouer avec un travail que j'adorais : décrire des matchs de baseball.

On ne peut pas évoquer les Capitales de Québec sans parler d'abord de Miles Wolff.

Entrepreneur visionnaire et véritable passionné de baseball, Wolff est un de ceux qui ont marqué l'histoire de ce sport dans les dernières décennies : il est l'un des fondateurs de la revue *Baseball America*, la référence numéro un de ce sport depuis les années 1980 ; en 1993, il a fondé la Ligue Northern (rebaptisée depuis Can-Am), redonnant un souffle nouveau au baseball indépendant ; il a été propriétaire d'une demi-douzaine d'équipes indépendantes, dont les Bulls de Durham, rendus célèbres en 1988 par le film *Bull Durham*. Auparavant, Miles avait agi comme commentateur de matchs à la radio et publié quelques bouquins. On peut dire que cet homme n'a pas perdu beaucoup de temps dans sa vie...

Au milieu des années 1990, deux passionnés de balle de Québec – Jean-François Côté et André Lachance –, souhaitant voir renaître le baseball professionnel dans la capitale, ont pris contact avec M. Wolff pour savoir s'il pourrait être intéressé à établir une concession à Québec.

Intrigué par l'invitation des deux Québécois, Wolff s'est rendu à Québec. Mais quand il a vu l'état délabré du vieux Stade municipal, il a dû se rendre à l'évidence : il n'était plus possible de présenter du baseball professionnel dans un stade comme celui-là. Construit en 1938, le Stade municipal avait connu ses heures de gloire dans les années 1950, 1960 et 1970, mais, sauf pour la tenue de matchs d'équipes mineures, il avait été par la suite laissé à l'abandon.

C'est alors que quelque chose d'étonnant s'est produit : des citoyens de Québec – mobilisés en partie par l'animateur de radio André Arthur – ont pris la situation en main, consacrant des heures à refaire une beauté aux installations, réparant ce qui était endommagé, et repeignant tout ce qui était écaillé, sale ou délavé. Constatant l'intérêt citoyen pour la revitalisation du stade, la Ville a décidé d'emboîter le pas et de participer au financement des rénovations.

Quand, à la demande de Côté, Miles Wolff est revenu voir le stade un an plus tard, il a aussitôt été conquis. Non seulement a-t-il accordé une concession à Québec, il en est aussi devenu le propriétaire. Qui plus est, lui et son épouse – qui adorait la ville et parlait le français – ont décidé d'élire domicile à Québec malgré les avertissements qu'on leur avait servis à propos des hivers québécois. Après un premier hiver rigoureux, ils ont plutôt décidé de restreindre leurs séjours dans la Vieille Capitale d'avril à octobre. L'histoire a duré jusqu'en 2010, lorsque M. Wolff a vendu le club à des intérêts locaux.

Miles Wolff a également eu la bonne idée de bien s'entourer : il a rapatrié au Québec des gars comme Michel Laplante et Stéphane Dionne – qui évoluaient alors avec le Black Wolf de Madison (Wisconsin), une équipe de la Ligue Northern de l'époque.

Se joignant aux Capitales d'abord comme lanceur, Michel Laplante en est devenu le gérant en 2005. Sa personnalité engageante, ses qualités de leader et ses habiletés d'entrepreneur (il est le fondateur de B45, une entreprise québécoise de fabrication de bâtons de baseball) en ont rapidement fait le visage et la voix de la concession. Quant à Stéphane Dionne (peut-être le plus grand admirateur de Gary Carter au monde !), sa passion du baseball et son dévouement à la cause du club ont aussi énormément contribué aux succès des Capitales de la première décennie.

À mon arrivée en 2006, j'ignorais de quelle façon j'allais être accepté par les gens de Québec. Je n'étais pas sans connaître l'intense rivalité existant entre les résidants de Montréal et de Québec à l'époque où le Canadien croisait le fer avec les Nordiques. Les médias montréalais ont encore le réflexe de parler de « village » quand il est question de la capitale nationale ; inversement, les médias et le public de Québec ont parfois des réflexes protectionnistes quand un Montréalais s'amène chez eux.

Je découvrirais au fil des mois que je n'avais vraiment aucune raison de m'en faire. Les gens de Québec m'ont accueilli à bras ouverts, heureux que la voix qu'ils avaient si longtemps associée au baseball soit désormais au service de leurs Capitales.

Le seul bémol est venu d'un journaliste qui, au lendemain de la conférence de presse qui annonçait mon arrivée à Québec, a écrit que j'étais tombé en bas de l'échelle puisque j'allais maintenant faire la description des matchs d'une équipe de baseball indépendant après avoir œuvré dans le baseball majeur pendant 33 ans.

La réaction de ce scribe m'a fait mal. C'était bien mal me connaître que de croire que j'allais travailler différemment parce que le calibre de jeu était inférieur. Heureusement, ce fut la seule note discordante de la journée.

J'appréhendais aussi un peu la réaction de celui avec qui j'allais partager le micro des Capitales. Depuis quelques années déjà, François Paquet assumait seul la description des joutes à la radio, une situation dont il s'accommodait fort bien. Par ailleurs, les Capitales ne mettaient en ondes que les matchs qu'ils disputaient à l'étranger. Mon arrivée changeait considérablement les choses pour lui : non seulement voyait-il sa tâche de travail doubler, mais il devrait en plus s'habituer à la présence d'un autre commentateur à ses côtés…

Après m'avoir avoué qu'il avait d'abord cru à une plaisanterie lorsqu'on lui a dit que Jacques Doucet s'amenait à Québec pour travailler avec lui, il m'a rapidement mis à l'aise en me disant qu'il était enthousiaste à la pensée de travailler avec moi au micro des Capitales.

Dès nos premiers matches ensemble, j'ai senti une complicité qui normalement ne se crée qu'après quelques mois de travail en duo. J'ai également grandement apprécié le fait que François ait pu m'instruire sur les règlements d'un circuit que je connaissais à peine et me fournir de multiples détails sur les vedettes de la ligue que je ne connaissais, à vrai dire, pas du tout.

J'ai pu, de mon côté, enseigner quelques trucs à François, des idées accumulées au fil de mes 33 années passées derrière un micro. Un jour, il m'a demandé pourquoi j'avais apporté des jumelles dans notre studio. La réponse ? Elles me servaient tout simplement à identifier les releveurs qui se réchauffent dans l'enclos. Ou à admirer les jolies filles dans les gradins.

Le Stade municipal n'ayant pas de galerie de presse proprement dite, on nous a installés, François et moi, dans un petit rectangle aménagé dans les gradins en ligne directe avec le marbre. Placés là, nous étions vraiment situés dans l'action – particulièrement l'action ayant cours dans les gradins!

C'était pittoresque au possible : les spectateurs, assis à quelques mètres de nous seulement, venaient parfois nous parler entre les manches, parfois pour obtenir l'alignement des joueurs ou pour nous poser une question sur une stratégie utilisée par un des gérants ; habituellement, c'était pour nous serrer la pince et nous féliciter de notre travail.

Il est arrivé à l'occasion qu'un spectateur trop bruyant perturbe notre travail. À un moment donné, j'ai dit à l'un d'eux qu'il pouvait continuer de crier mais que j'apprécierais bien qu'il le fasse de plus loin : tout ce qu'il criait entrait en ondes comme une tonne de briques! Je lui ai même offert d'occuper les sièges qui m'étaient réservés près du terrain derrière le marbre, une offre qu'il a finalement acceptée à notre grand soulagement.

Il arrivait aussi par ailleurs que des gens s'installant sur les sièges devant nous tardent un peu trop à s'asseoir, nous bloquant la vue du terrain. On fermait alors nos micros un instant pour leur demander de s'asseoir!

C'est impossible d'imaginer des conditions de travail plus différentes de ce que j'avais connu dans les majeures avec les Expos. Mais bien honnêtement, je ne voyais pas de raisons de m'en plaindre : ça faisait partie du charme des équipes des ligues mineures. Et puis les gens étaient habituellement très respectueux, très gentils avec nous.

J'ai également apprécié l'accueil que les joueurs m'ont fait. Puisqu'ils ne faisaient pas des millions comme leurs collègues du baseball majeur, ils étaient plus faciles d'approche, et les entrevues étaient plus faciles à obtenir. Dans la Can-Am, les joueurs sont aussi très proches des fans. Quand un match était interrompu par la pluie, il n'était pas rare de voir quelques-uns d'entre eux – accompagnés parfois du gérant Michel Laplante – grimper dans les gradins pour aller signer des autographes et bavarder avec les amateurs, une initiative impensable dans les majeures!

Quand les Américains ou encore les joueurs latinos apprenaient que j'avais été avec les Expos pendant 36 ans comme journaliste et commentateur, ils m'interpellaient souvent pour m'interroger sur les joueurs ou instructeurs que j'avais côtoyés durant mon séjour dans les majeures.

Les Capitales alignaient un gros cogneur adoré des fans: Eddie Lantigua. En 2005, le gros Portoricain avait canonné 31 circuits et produit 112 points dans une saison de seulement 90 matches! La première fois que je l'ai vu faire un exercice au bâton, j'ai tout de suite vu que ce joueur avait énormément de puissance. Des liens d'amitié se sont rapidement tissés entre nous deux. Chaque fois que je me présentais sur le terrain avant les matchs, Eddie me tendait la main en disant: « *Hello, living legend of Quebec baseball!* » Je lui répondais toujours: « Salut Eddie Lantigua, légende vivante de la ligue Can-Am! »

Je me suis aussi senti très bien accepté par le grand patron, Miles Wolff. Non seulement mon arrivée à Québec signifierait une augmentation de la masse salariale de l'organisation, mais cela impliquait aussi un changement important: la diffusion radiophonique des matchs locaux. Mais Miles a accepté ces bouleversements sans objection et son attitude à mon égard ne m'a jamais incité à croire le contraire. En fait, il était toujours accessible, et en maintes occasions, il a sollicité mon avis sur divers projets qu'il nourrissait, notamment l'implantation d'équipes de la Can-Am ailleurs au Québec ou à Ottawa.

Somme toute, l'accueil de la direction et des joueurs, ainsi que celui des amateurs de baseball de Québec et des médias en général (mon collègue François Paquet en particulier) m'ont grandement facilité la tâche et m'ont permis de ne jamais regretter un seul instant d'avoir accepté l'offre de Michel Laplante et des Capitales.

Mon premier match au micro des Capitales a été mémorable : ils ont commis six erreurs !

Ça a poussé certains spectateurs à venir me voir après le match pour me dire que le baseball de la Can-Am était bien loin du calibre des majeures... J'ai répondu que j'avais vu les Expos en commettre autant en quatre occasions, soit en 1969 contre les Pirates, en 1975 contre les Braves, en 1999 contre les Pirates et plus récemment en 2002 contre les Marlins !

Ce qui m'a davantage semblé mémorable lors de cette première saison chez les Capitales, ce sont les voyages en autobus...

Avec les Expos, j'avais voyagé en autobus durant les premiers camps d'entraînement. Mais durant le déroulement de la saison, les seuls déplacements en autobus étaient ceux que nous avions à faire entre Philadelphie et New York ou encore San Diego et Los Angeles. Chez les Capitales, on était loin des vols nolisés et des avantages qui sont offerts à ceux qui voyagent avec une équipe des majeures.

N'étant plus une jeunesse, c'est avec une certaine réticence que j'avais accepté de faire un ou deux voyages par saison avec la troupe de Michel Laplante.

Un voyage de 10 ou 12 heures, assis en cherchant une position confortable sur un banc d'autobus ou encore recroquevillé sur le siège pour tenter de dormir, cela ne figurait pas au sommet des moments agréables d'une saison... Surtout qu'en quelques occasions, nous arrivions à destination après avoir voyagé toute la nuit pour nous rendre immédiatement au terrain, car le début de la rencontre était prévu pour 13 h ou parfois même 11 h. Certains terrains se situant au milieu de nulle part – comme le stade Yogi Berra à Newark –, nos chauffeurs avaient parfois du mal à les trouver.

D'aussi longs périples sont également souvent sujets à des imprévus.

Lors d'un voyage sur la côte Est américaine qui devait durer une dizaine d'heures, le climatiseur du car a soudainement cessé de fonctionner. En plein mois d'août, avec une chaleur qui frisait les 90 °F, disons que l'atmosphère était assez pénible.

Se ralliant à l'évidence qu'il serait inhumain de continuer à rouler à bord d'un véritable four, le chauffeur a communiqué avec son patron pour lui faire état de la situation et lui demander une solution. Elle était bien simple : envoyer un autre autobus et un autre chauffeur !

Sauf qu'il a fallu patienter pendant trois longues heures avant que l'autre autocar arrive. À tel point que le début de la rencontre a été retardé. Nous sommes arrivés au terrain avec environ une heure de retard et, sans passer par l'hôtel, les joueurs ont endossé l'uniforme et sauté sur le terrain, vidés de leur énergie par leur expédition. Quant à moi, après avoir été dorloté pendant 36 ans, j'étais plutôt mal placé pour me plaindre…

Il y avait toutefois un autre facteur du travail sur la route qui compliquait la vie du commentateur – la mienne, certainement –, et c'était le fait que le descripteur des matches devait travailler seul. Seul et sans les services d'un technicien.

Ça ne posait aucun problème à mon collègue François Paquet, qui pouvait sans mal tenir seul le fort en ondes pendant deux ou trois heures. La technique entourant la mise en ondes de nos reportages ne lui posait aucun problème non plus.

Ce n'est pas du tout mon cas.

D'abord, j'ai toujours travaillé en duo. Je suis à l'aise dans le mode « conversation » qui accompagne le travail en tandem : le descripteur avance une idée sur un jeu ou un joueur, l'analyste la saisit au vol, y ajoute son grain de sel puis renvoie la balle au descripteur. Chez les Expos, j'avais eu à décrire un match seul à quelques rares reprises et je n'avais pas été enchanté de l'expérience.

Un jour que je décrivais un match des Capitales en solo, les deux équipes ont marqué une douzaine de points chacune, les deux gérants devant procéder à une vingtaine de changements à la défensive et dans l'ordre des frappeurs. Je pensais devenir fou !

Après cette expérience, je suis allé voir Michel Laplante avec une demande bien spéciale : serait-il possible pour un joueur blessé – ou un lanceur partant dont le prochain départ n'était pas pour le lendemain – de venir s'asseoir à mes côtés pendant le match pour agir comme analyste ?

C'est ainsi que j'ai eu l'occasion de travailler en quelques occasions avec des lanceurs comme Michel Simard et Karl Gélinas ainsi qu'avec l'éventuel gérant des Capitales, Pat Scalabrini, lors de matchs à l'étranger. J'ai même pu avoir à mes côtés le gérant Michel Laplante, alors suspendu pour deux matchs. C'était vraiment très intéressant parce que ces gars-là connaissaient bien les joueurs de l'adversaire, leurs points forts et faibles. Une expérience que les auditeurs des Capitales ont sûrement appréciée.

L'autre problème que j'éprouvais à travailler seul, c'était la technique. Non seulement je n'y ai jamais rien compris, mais ça ne m'a jamais tellement intéressé.

Lors du premier voyage que j'ai fait avec les Capitales à l'étranger, la station radiophonique Info 800 avait consenti à ce qu'un technicien m'accompagne. Mais par la suite, je me suis retrouvé fin seul pour établir la communication avec la station. J'avoue qu'en maintes occasions, l'opérateur qui se trouvait à la station a dû me guider pas à pas pour que la communication soit établie à temps. Je sais aussi que parfois, j'ai appuyé sur le mauvais bouton et que nos auditeurs ont raté un jeu se déroulant sur le terrain…

Ma première campagne avec les Capitales (2006) a été couronnée d'un premier championnat : pour l'équipe et… pour moi, alors que les Capitales ont défait le Rox de Brockton dans la série finale 3 de 5.

Malheureusement pour moi, je n'ai pas pu assister au match décisif en personne.

J'avais prévu un voyage en France avec ma conjointe Corrie à la fin des séries d'après-saison. Notre départ, prévu pour le 19 septembre, surviendrait deux jours après le match décisif de la finale 3 de 5 qui, en principe, devait avoir lieu le 17 septembre. Mais la pluie a reporté le match d'une journée et je n'ai pas pu retarder mon départ puisque je devais repasser par Stoneham (où j'étais installé lors des séjours à domicile du club) pour y récupérer mes effets personnels avant de rentrer chez moi à Longueuil.

Une fois cela fait, je me suis précipité au studio de la station Info 800 et j'ai agi comme coanimateur d'après-match pendant que

François se rendait sur le terrain pour interviewer les nouveaux champions de la Can-Am.

Quelques heures plus tard, je me rendais à Dorval sauter dans un avion à destination de la Provence…

Un des défis pour les clubs de baseball indépendant est de mettre la main sur des joueurs de talent… qui ne sont pas déjà sous contrat dans le baseball organisé.

Bon nombre de joueurs de la Can Am ont déjà appartenu à l'une ou l'autre des 30 organisations des majeures. Mais quand une blessure, une performance décevante ou un surplus de joueurs à une position met fin à cette association, les joueurs se tournent alors vers d'autres options. Le baseball indépendant en est une.

Si un séjour dans une équipe indépendante ne permet pas au joueur de relancer sa carrière, ça lui permet au moins de continuer à pratiquer un métier qu'il aime – tout en étant payé pour le faire.

Il faut savoir que personne ne devient riche en jouant au baseball dans la Can-Am : on y gagne environ 1 500 dollars par mois (un salaire qui peut passer à 3 500 ou 4 000 dollars dans le cas des meilleurs joueurs) – pendant cinq mois. Le reste de l'année, les joueurs peuvent évoluer dans des ligues d'hiver d'Amérique latine ou tout simplement occuper un autre emploi.

Restreintes à un plafond salarial d'un peu moins de 100 000 dollars par année, les organisations ne peuvent pas, en théorie, attirer des joueurs en se lançant dans des surenchères ou en offrant des bonis alléchants. Je dis « en théorie », parce que nous avons parfois entendu des histoires selon lesquelles certains clubs ne respectaient pas toujours les balises établies par la ligue. La seule équipe qui s'y conformait rigoureusement était les Capitales puisque son propriétaire – Miles Wolff – était également commissaire de la ligue : il n'allait certainement pas briser les règles qu'il avait lui-même établies !

Les Capitales devaient donc trouver des moyens détournés pour en donner un peu plus à leurs joueurs en leur confiant quelques tâches connexes, comme par exemple l'animation de cliniques de baseball pour les jeunes qu'organisait le club.

Puisque les équipes des ligues indépendantes n'ont pas les moyens de se payer des dépisteurs sillonnant l'Amérique à la recherche d'espoirs, elles doivent utiliser tous les moyens à leur disposition pour trouver la perle rare. Tout le monde met la main à la pâte : le propriétaire, le directeur-gérant, le gérant : on utilise ses contacts, on multiplie les appels... Il arrivait même que des journalistes comme Maurice Dumas du *Soleil* ou Mario Morissette du *Journal de Québec* s'improvisent éclaireurs en utilisant le Web pour repérer un joueur venant d'être mis en disponibilité !

Au fil des années, les Capitales ont mis la main sur plusieurs bons joueurs. J'ai déjà mentionné Eddie Lantigua, mais il y en a eu plusieurs autres : Goefrey Tomlinson, Alex Nunez, Keith Dunn, Rene Leveret sans compter plusieurs excellents joueurs locaux comme Karl Gélinas, Michel Simard, Patrick Scalabrini, Patrick Deschênes, Sébastien Boucher, Ivan Naccarata, Benoît Émond ou encore Pierre-Luc Laforest, un ancien receveur des Rays, des Padres et des Phillies qui, entre 2003 et 2007, a disputé une soixantaine de matchs dans les majeures.

Évidemment, le plus gros nom à avoir porté l'uniforme des Capitales de Québec reste encore Éric Gagné.

Le 26 mai 2009, je me dirigeais vers le camp de pêche de Jean Tremblay, président du groupe Vertdure et grand commanditaire des Capitales – M. Tremblay est depuis 2010 le propriétaire des Capitales –, quand mon cellulaire a sonné.

C'était justement Jean Tremblay qui m'annonçait qu'il y aurait conférence de presse des Capitales en fin d'après-midi. Ce serait une grosse, une très grosse nouvelle... Est-ce que je pouvais rentrer en ville pour y assister ? Après que je l'eus quelque peu cuisiné pour en savoir plus, il m'a alors confié qu'Éric Gagné venait de signer un contrat de joueur avec les Capitales.

Éric Gagné? « Game Over »? Le célèbre releveur des Dodgers de Los Angeles, détenteur du record de sauvetages consécutifs (84) dans les majeures, gagnant en 2003 du trophée Cy Young, viendrait jouer à Québec? Je croyais rêver.

Beaucoup d'eau avait coulé sous les ponts depuis la saison 2003. Des blessures au coude, à l'épaule et des maux de dos avaient fait rater à Éric la majeure partie des saisons 2005 et 2006. Échangé par la suite aux Rangers du Texas, Game Over avait retrouvé ses moyens dans la première demie de 2007 jusqu'à ce qu'on l'échange à nouveau aux Red Sox de Boston, avec lesquels il avait éprouvé énormément de difficultés.

Mais le pire était à venir.

En décembre 2007, le nom d'Éric est apparu sur une liste de 86 joueurs soupçonnés d'avoir fait l'usage d'hormones de croissance. En plus d'impliquer des vedettes comme Barry Bonds, Roger Clemens et Mo Vaughn, le rapport rendu public par George J. Mitchell, un ancien sénateur démocrate, montrait aussi du doigt le commissaire du baseball, les officiels d'équipes et l'Association des joueurs qui avaient, selon le rapport, volontairement fermé les yeux sur l'utilisation de produits dopants dans leur sport depuis deux décennies. Au moment de la publication du rapport, Éric n'est pas passé aux aveux mais il n'a pas nié les allégations non plus.

Les soupçons pesant sur lui n'ont toutefois pas empêché les Brewers de Milwaukee de l'embaucher, lui garantissant la rondelette somme de 10 millions pour une année…

Gagné a vu ses malheurs au monticule se poursuivre en 2008 et après lui avoir offert un ultime essai au camp de 2009, les Brewers ont finalement coupé les ponts avec lui. Libre de toute association avec une équipe des majeures, Éric a alors eu l'idée de recommencer à neuf. C'est là qu'il a offert ses services aux Capitales.

La réaction de Michel Laplante et de la direction du club n'a pas été celle qu'Éric aurait imaginée. En fait, on lui a fait comprendre que ça ne pourrait probablement pas fonctionner. D'une part, les règles de la Can Am permettaient aux équipes d'aligner seulement quatre joueurs comptant six ans et plus d'ancienneté dans les rangs professionnels. L'arrivée récente de Pierre-Luc Laforest avec le club avait justement porté ce nombre à quatre.

Mais il y avait plus : sous Laplante, la philosophie du club privilégiait le développement et la rétention des joueurs, pas l'acquisition ponctuelle d'*outsiders* venant temporairement combler un besoin dans l'alignement. Même si l'embauche de Gagné aiderait sans doute le club sur le terrain (et, très certainement, aux guichets), elle allait contre les principes directeurs de l'organisation.

Laplante savait toutefois que les occasions d'aligner un joueur de la trempe d'Éric Gagné – qui n'avait alors que 33 ans – sont extrêmement rares dans le baseball indépendant. L'homme intelligent qu'est Michel Laplante a rapidement compris que la meilleure approche à adopter dans une situation aussi délicate que celle-là consisterait en une ouverture prudente. Il a donc offert à Éric de venir s'entraîner avec l'équipe – il mettrait un receveur à sa disposition –, et si lui et le club aimaient la façon dont les choses évoluaient, on trouverait une façon de l'intégrer progressivement à l'alignement puisque dans une saison, l'un ou l'autre lanceur doit presque toujours déclarer forfait en raison d'une blessure.

C'est d'ailleurs ce plan de match qui a été expliqué aux médias et au public lors de la conférence de presse du 26 mai 2009. On a également indiqué que c'est comme partant qu'Éric reprendrait sa carrière de lanceur, même s'il n'avait pas commencé de match depuis 2001…

Dans les sports, les choses se passent rarement comme on le prévoit et au début juin, le vétéran lanceur Orlando Trias a subi une blessure au coude qui lui ferait rater le reste de la saison. La longue préparation à laquelle on avait prévu soumettre Éric serait maintenant accélérée…

Le 13 juin 2009, le petit Stade municipal de Québec – qui contient normalement 3 500 spectateurs – fut littéralement pris d'assaut par plus de 5 000 personnes : c'est ce jour-là qu'Éric Gagné lancerait son premier match pour les Capitales de Québec.

Le premier match d'Éric a été une véritable montagne russe sur le plan des émotions.

Dix-huit mois seulement après les révélations du Rapport Mitchell, l'image d'Éric n'était plus celle d'antan et le nouveau lanceur des Capitales ne savait pas comment il serait accueilli par le public québécois. Mais lorsqu'en début de rencontre, il a quitté l'abri des joueurs pour se rendre au monticule, la foule s'est levée d'un bloc pour l'ovationner durant plusieurs minutes. C'était un témoignage d'amour sans équivoque, empreint d'un pardon collectif. Éric en a été ému jusqu'aux larmes.

Mais le début de la rencontre a été pénible pour le droitier de Mascouche alors qu'il a accordé un simple, un double et deux buts sur balles à ses quatre premiers frappeurs pour trois points. Disons que l'atmosphère festive du début de rencontre a vite cédé la place à un silence embarrassant.

Un spectateur a alors sonné la charge en lui lançant quelques mots d'encouragement. D'autres ont suivi et bientôt la foule était à nouveau debout pour appuyer le gars qui semblait plus nerveux qu'à l'époque où il affrontait les meilleurs frappeurs au monde devant 50 000 personnes au stade des Dodgers. Gagné s'est alors sorti de la manche sans plus de dommages.

Éric a par la suite éprouvé d'autres difficultés et on l'a remplacé après quatre manches et deux tiers après qu'il eut accordé neuf coups sûrs et quatre buts sur balles.

Bien que ses sorties subséquentes aient démontré un certain progrès, la pente semblait très abrupte pour l'ancien récipiendaire du Cy Young.

Vers la fin d'août, ennuyé par un malaise au dos, Éric a failli accrocher son gant, réalisant qu'il ne pouvait pas aider son équipe dans la mesure qu'il l'entendait.

Une longue conversation avec son gérant Michel Laplante et le receveur Pierre-Luc Laforest, ainsi qu'un appel à son épouse Valérie l'ont toutefois convaincu de retarder de quelques jours une décision aussi importante.

Il ne l'a jamais regretté.

Dans les semaines qui ont suivi, il s'est remis à lancer avec aplomb, au point où il a recommencé à croire en ses chances de réintégrer les majeures. Le 19 septembre, lors du troisième match de la finale de la Can-Am, Éric avait devant lui l'occasion de montrer qu'il lui restait encore un avenir dans le baseball.

Devant une salle comble – et exaltée – au stade municipal, le jeune vétéran n'a pas raté sa chance. Malgré un mal de dos persistant, Éric a rassemblé toutes ses forces et a réussi ce que peu de gens croyaient encore possible : lancer un match complet.

Au début de la 9e manche, on a – pour la première fois depuis l'arrivée d'Éric à Québec – fait jouer au stade le fameux *Welcome to the Jungle* qui tonnait autrefois au Dodger Stadium à chaque fois qu'il se rendait au monticule pour protéger l'avance des siens. Éric s'est sorti sans mal de la manche, retirant même le dernier frappeur sur des prises pour assurer le gain aux Capitales.

La victoire n'était pas celle qui confirmait le championnat – celle-là viendrait le lendemain – mais tous les joueurs des Capitales ont couru au monticule pour porter Éric en triomphe sur leurs épaules alors que la foule scandait « Ga-gné, Ga-gné, Ga-gné » ! Après être sorti du terrain, le lanceur s'est effondré en larmes dans le vestiaire des joueurs.

Je ne doute pas que l'émotion qu'a ressentie Éric lors de ce match se compare à celles qu'il a vécues à ses plus beaux jours dans les majeures. Il ne l'oubliera certainement jamais, puisque ce fut son dernier match chez les professionnels. Un essai avec les Dodgers le printemps suivant n'a pas été concluant et il a dû se résigner à annoncer sa retraite.

On a beau dire ce qu'on voudra des différences entre les calibres mineurs et majeurs, une partie de baseball reste une partie de baseball et quand les enjeux sont élevés, les grands moments de sport suivent souvent, qu'ils aient lieu dans les grandes ligues ou pas.

Ce match-là a sans doute été le moment le plus fort de mes six années avec les Capitales. Et les sensations qu'il m'a procurées se comparent certainement à celles que j'ai connues à décrire les plus grands moments de l'histoire des Expos.

Le championnat remporté par les Capitales en 2009 fut en fait le premier d'une série de cinq titres consécutifs.

Pour un descripteur qui n'avait jamais eu l'occasion de suivre une équipe remportant les plus grands honneurs, c'était une série victorieuse plus que bienvenue, comme un baume sur les déceptions vécues lors de certaines fins de saison des Expos…

Quand les Capitales ont remporté les grands honneurs en 2012 et 2013, je n'étais cependant plus derrière le micro.

C'est qu'en septembre 2011, j'ai reçu un coup de fil qui m'a étonné et ravi, un peu comme celui que m'avait passé Michel Laplante six ans plus tôt.

À ce moment-là, l'empire Québecor venait de lancer sa première chaîne de nouvelles sportive, TVA Sports, avec l'intention d'y diffuser éventuellement les matchs d'une équipe de hockey de la LNH si la ligue en venait à octroyer une concession à la ville de Québec. Mais à l'autre bout du fil, Serge Fortin, le vice-président de TVA Nouvelles-Sports-Agence QMI, ne m'appelait pas pour parler de hockey. En fait, le réseau venait de parapher une entente de 2 ans avec les Blue Jays de Toronto pour la télédiffusion de 60 matches de baseball par année. Monsieur Fortin m'invitait à venir le rencontrer pour discuter de mon intérêt pour le poste de descripteur de ces matchs! Je ne pouvais croire qu'à l'âge de 71 ans, on m'offrait l'occasion de retourner dans le baseball majeur!

J'ai évidemment tout de suite manifesté mon intérêt. J'adorais mon expérience à Québec, mais l'occasion de travailler près de chez moi (la description se ferait dans les studios de TVA à Montréal) et de retrouver mon vieux compagnon de radio Rodger Brulotte – qui avait déjà accepté le rôle d'analyste – était trop belle pour que je la laisse passer. Qui plus est, la rémunération se comparait à ce que je gagnais chez les Expos…

Il n'y a pas de doute dans mon esprit que n'eût été le coup de téléphone de Michel Laplante, en janvier 2006, qui m'offrait de déterrer mon micro pour aller continuer de vivre ma passion à Québec, les gens de TVA n'auraient peut-être pas pensé à moi puisque j'aurais été hors du circuit pendant six ans.

C'est pourquoi ce n'est pas sans un certain pincement au cœur que j'ai quitté le charmant petit studio aménagé parmi les spectateurs derrière le marbre du Stade municipal, un espace partagé pendant six étés avec mon sympathique collègue François Paquet.

Les figures publiques sont souvent plus sujettes à la critique que la plupart des gens.

Je dois toutefois admettre que j'ai eu de la chance dans ma carrière, puisque les marques de reconnaissance à mon égard ont été assez nombreuses pour que j'en arrive à ne pas trop m'en faire avec les critiques !

En 2002, le Temple de la renommée du baseball québécois m'a fait l'honneur de m'introniser dans son panthéon, me permettant de rejoindre les lanceurs Jean-Pierre Roy, Claude Raymond, Ron Piché et Georges Maranda, ainsi que Richard Bélec (bâtisseur du baseball mineur québécois), pour ne nommer que ceux-là.

L'année suivante, ce fut au tour des Expos de m'ouvrir les portes de leur Temple de la renommée qui comptait déjà un certain nombre de membres émérites comme Rusty Staub, Gary Carter et Andre Dawson.

Puis, en 2004, le Temple de la renommée du baseball canadien – dont les assises sont à St. Marys, en Ontario – a décidé de souligner mon travail en me remettant le Jack Graney Award, un prix offert aux descripteurs de la radio et de la télévision qui, estime-t-on, ont contribué à l'essor du baseball au Canada.

Ce sont des honneurs qui m'ont, bien évidemment, ravi au plus haut point.

Toutefois, un honneur qui m'a tout autant réchauffé le cœur en est un que je n'ai PAS eu : le Ford C. Frick Award, décerné annuellement à un commentateur par le Temple de la renommée du baseball de Cooperstown.

Comment être fier d'un prix qu'on n'a pas reçu ? C'est que depuis qu'on a commencé à permettre au public de voter pour établir une liste de finalistes qu'utilise un comité de sélection pour arrêter son choix, mon nom est apparu sept fois en dix ans parmi les trois premiers finalistes. Compte tenu que je ne suis connu qu'au Québec – alors que tous les autres descripteurs ont un bassin de supporters 40 fois plus grand –, ces résultats me soufflent à chaque fois.

Évidemment, des résultats comme ceux-là ne s'obtiennent pas sans le concours de plusieurs personnes. Comme pour les Oscars de Hollywood, le travail d'arrière-scène explique toujours en partie la distribution des statuettes !

Au cours des saisons qui ont précédé le départ des Expos, un groupe de mordus de baseball, des gens comme Sylvain Tremblay, Maryse Filion et son mari Michel Filteau, Pierre Morin, Mathieu Bibeau, Gilbert Pelletier (et bien d'autres), avaient créé un groupe – Encore Baseball Montréal – visant à stimuler l'intérêt des amateurs et du milieu des affaires pour favoriser le maintien de la concession à Montréal. Ce sont ces mêmes personnes, appuyées tour à tour par Baseball Québec, Marc Griffin, Rodger Brulotte et Benoît Lavigne – pour ne nommer que ceux-là –, qui ont par la suite déployé de multiples efforts pour mousser ma candidature à Cooperstown : ils ont préparé un imposant dossier de presse à l'intention du comité de vote, ils ont établi des liens avec les divers médias, ils ont prévu des communications avec le public de façon à lui faciliter le processus de vote.

Malheureusement, leurs efforts n'ont pas – jusqu'à maintenant, du moins – donné les résultats escomptés. Mais, comme je l'ai appris au fil des ans, recevoir le prix Ford C. Frick n'est pas une mince affaire.

Composé d'anciens récipiendaires du prix ainsi que de cinq historiens du baseball majeur, le panel décisionnel étudie dix candidatures ; trois viennent du vote populaire, sept sont sélectionnées parmi une centaine d'autres candidats (descripteurs actifs, à la retraite ou décédés). Au final, une seule candidature est retenue.

Si les critères de sélection sont connus (longévité, exposition à de larges auditoires, description de matchs de séries ou de moments importants – matchs parfaits, etc.), le processus de vote, lui, reste secret. Par exemple, on ne connaît pas l'identité des sept candidats ajoutés aux trois choisis dans le scrutin populaire ; on ignore aussi selon quels critères ils ont été retenus. Mon nom aurait-il eu une chance de figurer à une ou plusieurs reprises sur la liste des dix finalistes si le vote populaire n'existait pas ? Aurais-je de meilleures chances si j'avais travaillé dans une langue que les voteurs peuvent comprendre ? Impossible de le savoir. Par ailleurs, les chiffres du vote final ne sont jamais dévoilés. L'heureux élu l'a-t-il été à l'unanimité ou encore par la faible marge d'un seul vote ? Mystère…

Je ne serais pas honnête si je vous disais que le fait de ne pas avoir été choisi lors des dix dernières années m'a laissé indifférent. Quand on entend les gens nous dire qu'ils y croient, que nos chances sont bonnes, on finit par y croire soi-même. Et puis, bien sûr, je serais très flatté de voir mon nom à Cooperstown aux côtés de grands du micro comme Vin Scully, Harry Kalas, Bob Prince ou Harry Caray.

Mais je ne peux pas dire non plus que la situation me laisse amer. En fait, je me sens plutôt privilégié du témoignage continuel de la part des amateurs de baseball du Québec qui m'ont permis de figurer aussi souvent sur la liste de finalistes.

Mon plus grand regret, c'est de voir que tous les efforts (en temps et en argent, aussi) des bénévoles qui moussent ma candidature année après année n'ont pas abouti. Tous ces gens – ainsi que les médias qui ont bien voulu m'appuyer – ont vraiment toute ma reconnaissance.

Un honneur qui m'a été fait en 2011 m'a complètement pris par surprise. Durant l'été, j'ai reçu un appel du département du Protocole du gouvernement provincial m'apprenant que j'avais été choisi pour être décoré de la Médaille d'honneur de l'Assemblée nationale du Québec.

J'en fus littéralement estomaqué.

Deux autres lauréats seraient honorés en même temps que moi le 6 décembre de cette année-là : Mme Sylvie Fréchette et M. Georges Brossard.

Évidemment, je connaissais de réputation Mme Fréchette, cette grande championne olympique en nage synchronisée. Mais j'avoue ma complète ignorance quant au champ d'activité de M. Brossard. Une fois renseigné à son sujet (Georges Brossard est l'entomologiste qui a – entre autres réalisations – initié l'insectarium de Montréal), j'avoue en toute humilité que je me demandais bien ce qu'un commentateur sportif faisait aux côtés de ces deux sommités !

L'accueil qu'on nous a fait à l'Assemblée nationale, où j'avais pu inviter ma conjointe Corrie, mes enfants Martine et Jean-Marcel, mes amis Gabriel Goulet et André Hamel, ainsi que deux de mes parrains de Québec, Michel Laplante et Pierre Tremblay, a été fort émouvant.

Plus tard, lors de la présentation des médailles, dans un salon particulier où on nous a réunis, les commentaires à mon sujet venant du président de l'Assemblée nationale et des représentants de chacun des partis politiques m'ont beaucoup touché, particulièrement ceux de Mme Line Beauchamp, alors ministre de l'Éducation et des Sports, qui a rappelé les moments qu'elle avait partagés avec son père à écouter ma description des matchs des Expos à la radio.

Quand les Expos ont quitté Montréal au terme de la saison 2004, j'étais convaincu que je ne décrirais plus jamais un match de baseball majeur – encore moins un match de baseball majeur au Stade olympique. Pas que je croyais impossible le retour d'une équipe des majeures à Montréal ; mais je n'imaginais pas que ça se produirait de mon vivant.

Or, non seulement j'assure la description des matchs des Blue Jays de Toronto pour TVA Sports depuis avril 2012, mais j'ai aussi eu le plaisir de décrire deux de ces matchs au Stade olympique lorsque les 28 et 29 mars 2014, moins de dix ans après le départ des Expos de Montréal, les Blue Jays de Toronto sont venus disputer les deux derniers matchs de leur calendrier pré-saison à Montréal.

Scénario improbable quelques années plus tôt, une initiative conjointe de la RIO et de la direction des Blue Jays a soudainement rendu le rêve possible. Et les amateurs ont merveilleusement répondu à l'appel : plus de 96 000 personnes ont franchi les tourniquets du Stade lors des deux rencontres.

Faut-il pour autant rêver d'une nouvelle concession de baseball majeur à Montréal ? Pas pour l'immédiat, certainement. Il manque encore trois gros morceaux du casse-tête pour que cela se produise : un investisseur aux goussets bien remplis, un nouveau stade au centre-ville et une ouverture du baseball majeur au marché de Montréal.

Une grosse commande, bien sûr, mais qui semble plus réalisable maintenant qu'il y a cinq ans : le potentiel de revenus provenant des réseaux sportifs est meilleur, le dollar canadien est plus robuste qu'avant, et le baseball remonte peu à peu la pente dans la faveur du public. Finalement, il est certain que la réponse des amateurs lors du week-end de la fin mars 2014 a attiré l'attention de quelques personnes en position d'autorité dans le baseball majeur.

On verra bien. L'avenir nous réserve toujours des surprises – et, parfois, de fort agréables.

Lorsqu'à l'automne 1971 j'ai accepté l'offre des Expos de devenir le descripteur radio de leurs matchs, je n'avais aucune idée de l'envergure de ce que j'allais entreprendre.

Comme je n'avais vraiment à peu près aucune préparation pour une carrière de commentateur à la radio, j'ignorais si j'allais être apte à relever le défi, si j'allais aimer décrire des matchs de baseball jour après jour et, surtout, si le public allait m'adopter ou me rejeter.

La seule chose dont j'étais sûr, c'était que j'adorais le baseball. Surtout depuis que j'avais découvert le baseball majeur avec l'arrivée des Expos en 1969.

Ce que je ne savais pas encore, c'était combien j'étais ignorant en matière de baseball.

Même si j'avais eu la chance de couvrir l'équipe comme journaliste pendant trois saisons avant de devenir commentateur, mon véritable apprentissage a commencé avec mon travail à la radio puisque je n'étais plus un journaliste en quête de nouvelles mais un membre en bonne et due forme de la grande famille des Expos.

C'est alors que j'ai pu profiter de plusieurs discussions avec de vrais pros, avec Gene Mauch, le premier gérant des Expos – mon plus grand professeur dans le domaine – et avec certains de ses adjoints comme Dick Williams, Cal McLish ainsi qu'avec le directeur des filiales, Mel Didier, et certains de ses dépisteurs. De plus, je pouvais toujours me tourner vers d'anciens joueurs comme Jean-Pierre Roy ou Claude Raymond, qui ont été des ressources formidables pour moi.

Au fil des années, les gérants se sont succédé chez les Expos et j'ai pu profiter des expertises de personnes aguerries comme Dick Williams, Buck Rodgers et, évidemment, Felipe Alou. D'autres hommes de base-ball de qualité comme les instructeurs Billy DeMars, Larry Bearnarth, Norm Sherry, Bobby Winkles, Duke Snider ou Jim Brewer étaient toujours disponibles pour répondre à mes questions.

Je n'oublie pas non plus la contribution de plusieurs joueurs qui ne se prenaient pas pour d'autres et qui ne cherchaient pas à blâmer le voisin pour les bévues qu'ils avaient commises, des gars qui vous donnaient toujours l'heure juste, des joueurs comme Ron Hunt, Bill Stoneman, Ron Fairly, Woodie Fryman, Gary Carter, Marquis Grissom, Larry Walker ou Pedro Martinez, pour ne nommer que ceux-là.

J'ai été chanceux de rencontrer d'aussi bons hommes de baseball sur mon chemin. Des gens qui m'ont fait confiance, car ils savaient que nos discussions ne seraient pas étalées au grand jour.

J'ai aussi eu la chance de travailler avec des gens compétents qui œuvraient dans l'ombre à la réalisation de nos reportages, et qui souvent nous ont bien fait paraître, nous les commentateurs.

Surtout, j'ai eu la chance d'exercer un métier que j'adore.

On dit souvent que pour jouer au baseball, il ne faut pas que ce soit un travail, il faut aimer jouer, il faut avoir un enfant en soi. Gary Carter était comme ça, il adorait se rendre au stade, il adorait jouer ; l'enfant en lui n'était jamais loin. En plus, on le payait – et drôlement bien ! – pour ça.

Je ne pense pas que j'aurais eu du succès dans ma carrière si le baseball n'avait pas été une passion pour moi. Être commentateur m'a demandé beaucoup de temps et d'efforts, mais ça n'a jamais été du travail pour moi.

Parfois, des gens nous faisaient remarquer, à moi et à Rodger Brulotte, qu'on travaillait fort. Notre réponse était toujours la même : «On *donne l'impression* qu'on travaille fort.» Mais pour nous, ce n'était pas du travail.

Malgré les embûches que j'ai pu avoir au fil des ans, je ne me suis jamais rendu au travail à reculons. Pas une fois. Chaque jour, je me levais et j'avais envie d'aller au bureau – probablement parce que mon bureau était un parc de baseball. À chaque fin de saison, j'avais le feu, j'avais juste hâte que ça reprenne. Je sais qu'il n'y a pas beaucoup de gens qui peuvent dire ça. Je sais aussi que ça n'a pas de prix.

J'ai aujourd'hui 74 ans et quelques années d'expérience derrière moi, mais je ne prétends pas connaître la recette du bonheur au travail.

Je sais seulement qu'il faut plonger dans un travail, être curieux ; il faut y mettre le temps et l'effort. Il faut aussi de la chance, s'arranger pour être à la bonne place au bon moment, des choses qu'aucune école ne peut enseigner, malheureusement.

Je sais aussi qu'un métier contribue énormément à définir la personne que l'on devient. Je crois que le métier de descripteur de matchs de baseball a fait de moi quelqu'un qui aime aller à la rencontre des autres, quelqu'un qui est resté curieux, quelqu'un qui aime profiter des bonnes choses de la vie.

Je sais surtout que si on aime profondément le métier qu'on a choisi de faire, on ne s'arrêtera peut-être jamais de travailler. Et qu'on aura l'impression de ne pas avoir travaillé une seule journée de sa vie.

Je suis choyé, je le sais : devant moi, j'ai encore des matchs de baseball à décrire. Et qui sait ? Avec un peu de chance, ça continuera peut-être comme ça jusqu'à la fin…

Remerciements

Je ne sais jamais de quelle façon aborder ce texte au cours duquel je veux remercier ceux et celles qui ont contribué à publication d'un livre. J'ai toujours peur d'en oublier, certains des plus importants.

D'abord, Marc Robitaille.

Un bourreau de travail dont le souci de l'exactitude et de la langue m'a toujours impressionné. Sa manière d'imager chaque situation me fascine. Il faut sans doute y voir là son grand talent de scénariste.

Depuis que nous avons entrepris le long parcours de l'histoire des Expos jusqu'à la parution des *Mémoires d'un micro*, Marc a été le partenaire rêvé. Pourquoi ? Parce qu'il y a cru.

MERCI MARC.

Que dire de notre éditeur André Gagnon et des Éditions Hurtubise ?

André a été, à mes yeux, le grand responsable de la trilogie qui se complète aujourd'hui. N'eût été un courriel de lui insistant pour que l'histoire de Nos Amours soit publiée, nous n'en serions pas là.

Sans lui, le triumvirat Robitaille-Gagnon-Doucet n'aurait jamais vu le jour. Il n'y aurait probablement pas eu deux briques totalisant plus de 1 400 pages, car il a dû convaincre la maison d'édition qu'un tel ouvrage méritait d'être à ce point complet, de sorte que les lecteurs ne restent pas sur leur appétit. Et s'il a réussi à le faire, c'est qu'il en était lui-même convaincu.

Il en va de même pour toute l'équipe des Éditions Hurtubise qui, de près ou de loin, ont mis la main à la pâte dans le cadre de ce projet.

MERCI ANDRÉ.

Je veux aussi dire un gros merci à l'épouse de Marc Robitaille, Sylvie, qui a fait preuve d'une grande patience et de beaucoup de compréhension. Au cours des neuf dernières années, elle a souvent été privée de son mari qui, à travers d'autres contrats peut-être plus pressants, trouvait quand même le temps d'exécuter nos travaux.

MERCI SYLVIE.

Aussi, un gros merci à Jeanne Gauthier qui a passé des heures à transcrire nos enregistrements qui, en plus de nous être fort utiles lors de la préparation des deux premiers bouquins, nous ont servis d'aide-mémoire pour le troisième.

MERCI JEANNE.

Et finalement, un gros merci aux amateurs de baseball du Québec qui ont fait des deux tomes de *Il était une fois les Expos* un succès avec des ventes qui ont dépassé 10 000 exemplaires chacun. Cet ouvrage continue d'intéresser une génération qui n'a pas connu, ou si peu, l'équipe de baseball majeur de Montréal.

AMATEURS DE BASEBALL, MERCI!

Jacques DOUCET

Crédits photographiques

Tous les documents contenus dans ce livre proviennent des archives personnelles de Jacques Doucet, à l'exception des trois clichés en page 7 du second cahier-photos, fournis gracieusement par le photographe Eddie Michels.

Toutes les recherches nécessaires ont été effectuées pour retracer la provenance de certaines photographies parmi les archives personnelles de Jacques Doucet; nous invitons quiconque posséderait des informations à ce sujet à contacter notre maison.

Table des matières

Suivez-nous

Achevé d'imprimer en novembre 2014
sur les presses de l'imprimerie Marquis-Gagné
Louiseville, Québec